엑셀을 활용한
재무관리

조재민 지음

UUP

엑셀을 활용한 재무관리

- 2018년 12월 24일 **초판 인쇄**
- 2018년 12월 28일 **초판 발행**
- **지은이** 조재민
- **펴낸이** 오연천
- **펴낸곳** UUP(울산대학교출판부) 44610 울산광역시 남구 대학로 93(무거동) 울산대학교 출판부
- 전화 (052)259-2488 팩스 (052)277-3011 ▪ **홈페이지** http://uup.ulsan.ac.kr
- **출판등록** 제370-1996-000001호(1996.3.13)
- ₩ 16,000

ISBN 978.89.7868.557.3 (93320)

목차

제1편 재무관리의 기초

제 1 장 재무관리의 기초개념

제 2 장 현금흐름의 시간가치

제2편 자산의 가치평가

제 3 장 금융자산의 가치평가

제3편 장기투자결정

제 4 장 자본예산 I : 투자안의 현금흐름측정

제 5 장 자본예산 II : 투자안의 평가방법

제4편 포트폴리오와 CAPM

제 6 장 위험과 수익률

제 9 장 자본구조

제6편 배당정책

제 10 장 배당정책

제1편

재무관리의 기초

제1장

재무관리의 기초개념

재무관리(financial manager)는 기업의 자금조달 및 운용을 다루는 학문으로서 그 궁극적인 목적은 기업의 현재가치를 극대화하는 것이다.

본 장에서는 재무관리의 기초개념으로서 재무관리의 개념, 발전과정, 학문체계에 대해서 알아본다. 그리고 재무관리담당자의 역할과 재무관리의 목표에 대해서 설명하고자 한다.

1. 재무관리의 개념, 발전과정, 학문적 체계

1) 재무관리의 개념

기업경영(Management)은 생산관리, 마케팅, 인사/조직관리, 재무관리, 회계, 경영정보관리 등과 같이 여러 가지 기능적인 관리분야로 나누어진다. 재무관리(Financial Management)는 이러한 관리분야 중의 하나로서 기업이 필요로 하는 자금을 조달하고, 조달된 자금을 운용하는 것을 의미한다. 그러나 우리가 흔히 재무관리라고 이야기 할 때에는 광의(廣義)의 재무관리와 협의(狹義)의 재무관리 개념이 혼용되고 있다.

학문적 분류로서 재무관리[1]는 광의의 의미로 재무론(Theory of Finance) 또는 재무학(Finance)이라고 하는 전통적인 금융경제학(Financial Economics)을 의미하며, 금융시장론, 금융기관론, 기업재무론, 투자론 등이 포함된 넓은 뜻으로 사용되기도 한다.

좁은 뜻에서 재무관리는 기업재무론(Corporate Finance)으로 해석되며, 기업경영에서

1 재무관리는 돈의 관리와 관련된 학문이라고 할 수 있다. 이런 관점에서 본다면 포괄적인 개념인 금융(Finance)이라는 개념과 가까우며, 모든 개인이나 기업 및 조직들은 자금을 조달하고, 지출하며, 여유자금은 투자하여 관리하게 된다. 재무관리는 경제주체인 개인, 기업, 정부 사이에 발생하는 돈의 흐름과 연관된 과정(Process), 기관(Institutes), 시장(Markets), 도구(Instruments)에 대한 탐구이며, 시대의 변화와 함께 재무관리의 취급영역도 넓어지고 변화하고 있다.

관리분야의 하나로 인식되고 있다.

따라서 기업경영자(CEO : Chief Executive Office)나 기업재무담당자 (Financial Manager)의 입장에서 기업에 필요한 자금을 금융시장을 통해서 조달하고 운용하는 자금관리(Fund Management), 기업경영의 현황을 진단하고, 경영성과를 분석하는 재무분석(Financial Analysis)이 포함되고, 기업의 업종선택이나 투자안 평가 등 기업의 중요한 재무의사결정인 자본예산(Capital Budgeting), 그리고 배당정책, 운전자본관리(Working Capital Management) 등이 주요한 내용으로 다루어져 왔다.

2) 재무관리의 발전과정

재무론 및 재무관리의 연구대상은 기업내부의 여러 요인과 기업외부환경의 변화에 따라서 주된 연구초점과 연구내용이 다르게 전개되어 왔다.

재무관리가 무엇을 공부하는 학문인지를 파악하기 위해서 재무관리의 발전과정을 살펴볼 필요성이 있다. 기업의 재무관리는 1910년 이전에는 경제학의 한 분야인 화폐금융론의 내용을 취하고 있다가 1900년대 초 독립된 학문으로 분리되었고, 이후 많은 변화를 겪어왔다.

1900년대 초 재무관리의 주된 연구대상은 제도적 법률적 측면에서의 합병, 기업창설 그리고 증권의 발행이었다. 1900년 초 급속한 산업화의 영향으로 기업의 성장이 두드러지자, 기업확장을 위한 자본조달이 그 당시 기업의 최우선 과제였다. 이 당시 미국의 주요 기업들은 기업확장을 위해서 더 많은 자본이 필요하였고, 그 결과 유동성관리, 사채와 주식의 발행을 통한 외부자금조달에 치중하게 되었다.

1930년대에는 세계적인 대공황으로 재무관리의 중심과제가 변화하였다. 1920년대의 성장과 확장을 위한 공격적인 재무관리에서 기업의 존립을 위한 보수적 재무관리로 방향을 전환하게 되었다. 따라서 기업의 유동성(Liquidity) 확보와 파산(Bankruptcy)에 대비하기 위한 기업의 정리(Liquidation)와 재조직(Reorganization)이 중심 과제로 대두되었고, 기업들은 존립을 위한 유동성관리로서 재무위험을 고려한 자본구조에 관심을 두기 시작했다. 한편 많은 기업들이 파산상태에 빠지게 되자 정부는 기업과 투자자의 관계가 국민경제에 미치는 영향을 고려하여 증권시장에 대한 규제를 실시하기 시작했다. 이에 따라 회계자료의 공개와 재무제표의 작성 등 상장기업의 공시제도가 확립되어 기업에 대한 재무분석이 점차로 보급되기 시작했다.

그러나 1940년대에 있어서도 여전히 기술적이고 제도적인 문제를 취급하는 전통적인 재무관리 접근방법이 여전히 적용되고 있었다. 특히, 기업에 대한 채권자나 투자자의 입장에서 기업을 분석하는 것이 강조되었으며, 기업내부에서의 의사결정이 중요한 몫을 차지하지는 못했다.

1950년대에 들어서면서 전후 기업들이 급속도로 성장을 구가함에 따라 재무관리자의 관심이 대차대조표의 부채와 자본란에서 자산란으로 옮겨졌다. 1951년에 출간된 2가지의 저서, 딘의 「자본예산론[2]」과 룻츠의 「기업투자론[3]」에서는 자본투자자의 선택과 자본할당에 대한 연구가 체계적으로 진행되었다.

이들 저서가 가지는 의의는 현가(present Value)개념을 도입하여 투자결정론과 기업가치평가이론의 기반이 구축되어 현대 재무관리의 이론체계가 정립되었다는 것이다.

1960년대 재무관리의 관심은 대차대조표의 자산란에서 다시 부채와 자본란으로 환원하게 되었다. 특히, 1952년 마코위츠의 포트폴리오 선택이론[4]과 1958년 밀러와 모딜리아니가 발표한 자본비용과 자본구조이론[5] 등에 의해서 포트폴리오 이론이 정립되었다.

불확실성에서의 투자수익과 위험의 관리와 관련하여 포트폴리오 이론이 정립되기 시작한 것은 1960년대 일이지만 이 이론은 처음 H. Markowitz에 의해서 발표된 그의 논문[6]에 의해서 시작되었다. 그 후 W. Sharpe, J. Linter, J. Mosin, E. Fama, M. Miller 등에 의해서 계속 연구·발전되었으며, 자본자산가격결정모형(CAPM : Capital Asset Pricing Model)으로 체계화되었다. 그리고 1970년대에는 차익거래결정이론(APT : Arbitrage Pricing Theory)가 S. Ross에 의해 개발되었으며, CAPM에 이은 자산가격결정이론으로서 자리를 잡았다. 이로 인하여 재무관리는 기업뿐만 아니라 투자자, 기업, 정부 등의 모든 경제주체들이 넓은 의미에서의 재무의사결정의 문제와 자

2 Joel Dean, *Capital Budgeting (*New York, N.Y.: Columbia University Press, 1951)

3 Friederich and Vera Lutz, *The Theory of Investment of the Firm*(New Jersey: Prinston University press,1951)

4 Harry Markowitz, "Portfolio Selection," *Journal of Financ*e (March,1952), pp.77～91.

5 Franco Modigliani and Merton H. Miller, "The Cost of Capital, Corporation Finance and The Theory of Investment," *American Economic Review* 48 (June 1958), pp.261～297.,

6 H.M. Markowitz, "Portfolio Selection," *Journal of Finance,* Vol.8)Mar. 1952), pp.77～91

본시장의 균형에서의 자본자산의 가격인 균형수익률의 결정을 분석하는 광범위한 학문으로 발전해 왔다.

1980년대에 접어들면서 기업의 재무환경이 급격히 변화함으로써 기존의 재무관리 연구대상과 영역에 변화를 초래하고 있다.

첫째, 1980년대 들어와서는 금융제도에 대한 규제 완화, 그리고 외환자유화, 자본자유화 조치로 인한 금융의 국제화가 진전되었고, 인플레이션과 이자율 및 환 위험이 증가하고 있다. 따라서 외환, 주식, 채권뿐만 아니라 선물 및 옵션 등 파생금융상품을 비롯한 다양한 금융상품의 도입으로 환 위험과 이자율 위험에 대비한 투자전략이 요청되고 있다.

둘째, 은행, 증권, 보험 등 여러 금융기관을 포함하는 금융시스템이 기술의 발달로 금융정보시스템으로 바뀌고 있다. 따라서 금융데이터 분석기술의 발달, IT 시스템의 발달로 전 세계에 흩어져 있는 재무 및 금융정보의 수집, 분석이 가능하게 되었고, 모바일을 통한 금융거래가 일반화 되게 되었다. 뿐만 아니라 인터넷 뱅크와 전자화폐의 출현, 데이 트레딩 거래량의 증가 등 금융산업 전반에 걸쳐서 커다란 변화가 초래되고 있다.

셋째, 과거에는 금리(이자율)와 환율이 안정되어 있었지만 변동환율제도로 환율시스템이 바뀌고, 고정금리에 대한 규제가 완화됨으로서 변동금리, 변동환율이 일반화되었다. 이에 따라 은행, 증권, 보험산업간의 장벽이 무너지고, 서로의 영역을 침범하는 금융겸업화 현상이 진행되어 종합금융업무를 보는 시스템으로 전환되었다. 따라서 종전의 저축과 대출만을 업무중심으로 삼아 예금·대출 금리 마진으로 수익 기반을 삼았던 은행은 경쟁에서 낙오되기 쉽게 되었으며, 그 타개책으로 증권·보험시장 등으로 영업범위를 넓히고 있다. 예를 들면 미국의 Bank of America라는 은행은 2008년 Merrill Lynch를 인수하여, 주식거래, 투자상담 등 증권회사가 하던 일들을 함께 하고 있다.

넷째, 경제의 증권화, 혹은 증권경제주의라고도 지칭될 수 있을 정도로 기업의 자금조달방식이 은행 차입금을 통한 간접금융에서 직접 증권시장에서 주식과 회사채를 발행하여 직접 자금을 조달하는 직접 금융의 형태로 변화하고 있다. 이에 따라 증권회사들도 일반 투자자들을 위해 고정된 위탁 수수료를 철폐하고 투자자를 위한 투자상담, 개인자산관리 등과 같은 업무에 치중하게 되었다.

다섯째, 기업활동의 영역이 한 국가 내에서 머무는 것이 아니라 수출입 등 무역거래와 외국자본 조달과 투자활동이 수반될 경우, 환율, 이자율, 물가수준 등 거시경제 지표가 앞으로 어떻게 움직일 것인지에 대한 정확한 예측을 하고 아울러 이들 환·이자율 리스크를 회피할 수 있는 헷징 전략을 채택하게 되었다. 특히 채권시장, 금융시장을 포함한 전면적인 금융·자본시장의 개방으로 우리나라 증시에서의 외국인 투자자들의 역할이 강화되고 있으며, 주식거래 패턴이 미국의 뉴욕증권거래소 등과 같아지는 동조화 현상까지 보이고 있다.

3) 재무관리의 학문체계

넓은 의미의 재무론(Theory of Finance) 혹은 재무학(Finance)의 학문적 영역은 다음과 같이 크게 기업재무론, 투자론, 금융론의 세 가지로 나누어진다.

재무학은 미시경제학(Micro Economics)과 매우 유사한 학문적 체계를 갖는다. 재무학이 자본자산(Capital Asset)에 대한 미시적 의사결정과 시장균형이론을 다루고 있는 반면에 미시경제학은 소비재(Consumer Products)에 대한 미시적 의사결정과 시장균형이론을 다루고 있다.

이들의 차이점을 언급하면 미시경제학에서 소비재는 그 자체가 소비의 대상이 되며, 구체적으로 효용을 가져다 주지만, 재무학에서 자본자산은 그 자체 소비대상이 아니고, 화폐와 같은 가치 저장과 교환의 수단이며, 현재 소비가 아닌 미래 소비(투자)의 대상으로 수익을 발생시키는 투자의 한 수단이라는 점이 다르다.

첫째, **기업재무론(Corporate Finance)**은 기업의 자본조달과 자본운용에 관련된 재무의사결정의 문제를 다룬다. 이중에서 기업가치를 극대화시키는 최적자본구조의 결정, 자본조달 원천에 따른 자본 비용의 결정, 경영성과의 측정 기준이 되는 재무분석 등이 주요 내용이 되고, 배당결정 그리고 일상적인 운전자금의 관리도 다룬다.

둘째, 투자론(Investment mangement)은 증권시장과 금융시장으로 구성되는 자본시장에서의 개별 투자자의 소비와 투자의 결정문제, 자본시장 균형에서의 자본자산의 가격(Capital Asset Price)인 균형수익률과 이자율의 결정문제를 다루고 있다. 특히, 주식, 채권, 부동산, 선물, 옵션 등 투자수익과 위험이 질적으로 상이한 개별 자산에 어떻게 자금을 배분하여 투자종목을 선정할 것인가 하는 포트폴리오 구성과 투자평가 그리고 위험관리가 중요한 내용이다.

셋째, 금융론(Banking)은 자본시장에서의 자금의 수요자와 공급자를 중개하는 역할과 일반 투자자를 대신하여 투자위험을 관리하는 역할을 담당하는 금융기관의 경영과 금융시장의 기능을 분석하는 문제, 금융정책의 문제까지 폭 넓게 다루고 있다. 따라서 재무관라를 접하게 되는 독자들은 주식과 채권뿐만 아니라 각 금융기관이 개발하여 제공하는 각종 금융상품의 수익률과 위험에 대한 정보를 파악하여 그 특성을 이해하고 있어야 할 것이다.

다음 그림은 재무학의 학문적 체계를 경제학(특히 미시경제학)과 비교하여 설명한 것이다. 재무학(Fiance)은 재무경제학(Financial Economics)라고 불리우는데 그 이유는 수익률이 불확실한 투자의 문제를 다룰 때 불확실성(Uncertainty)과 위험(Risk)에 관한 문제를 중시하기 때문이다. 즉, 수익(Returns)과 위험(Risk)은 서로 **상관관계(Tradeoff)**에 있기 때문에 **불확실성**의 문제는 자본자산가격결정이론에 있어서는 물론이고 모든 재무관리이론의 핵심이 되고 있다.

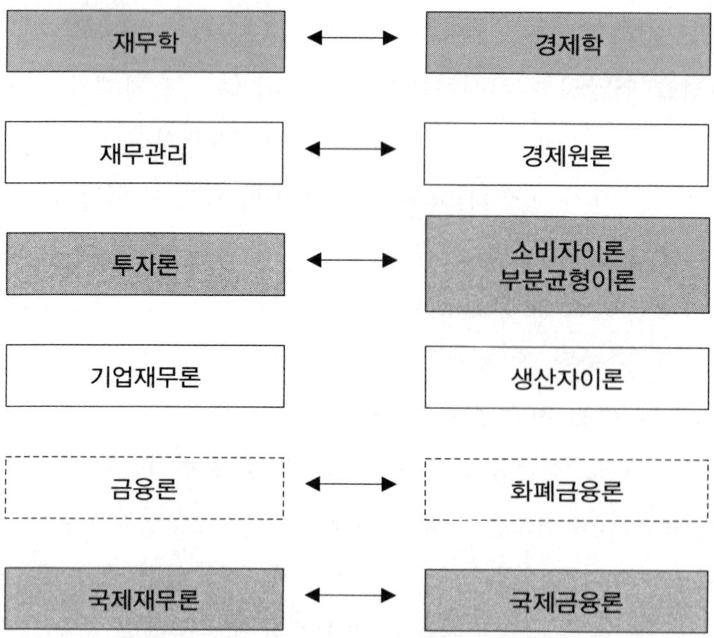

그림1-1 재무학과 경제학의 학문체계 비교

2. 재무관리의 역할, 재무관리의 목표

1) 재무관리의 역할

일반적으로 기업경영에서 재무담당자(Financial manager)가 수행하는 재무관리의 역할을 살펴보자. 기업은 이윤창출을 위해서 제조업이든 서비스 기업이든 보유한 실물자산을 이용하여 재화와 서비스를 생산하고 판매하는 일련의 순환과정을 가지고 있다. 의류생산업체인 이랜드나 서비스업체인 롯데호텔의 경우도 모두 재화나 서비스를 생산하기 위해서 공장, 실험실, 물류 창고, 사무실, 객실, 식당, 슬롯머신 등의 유형자산(Tangible Assets)과 전문기술, 상표권, 특허권 등의 무형자산(Intangible Assets)을 보유하여 기업활동을 수행하고 있다.

그런데 기업활동을 수행하기 위해서 필요한 실물자산을 직접 구입하거나 렌트하려면 자금이 필요하게 된다. 기업이 필요한 자금은 우선 내부 적립된 자기자금을 사용하면 되지만 충분한 기업활동자금을 마련하기 위해서는 은행으로부터 차입을 하거나 주식 또는 채권을 발행하여 조달하게 된다.

재무관리란 간단히 정의하면 자금과 관련된 기업활동을 다루는 학문으로서 자금조달과 운용이라고 말할 수 있다. 즉, 실물자산의 구입을 위해 먼저 투자의 결정, 자본예산과 필요한 자금의 조달과 운용이 중심이 되고, 투자활동의 결과 생성되는 성과(현금흐름)는 자금 제공자인 투자자(주주 또는 채권자)에게 배당 혹은 이자의 형태로 지불되거나 재투자를 위해 사내에 유보되어야 한다. 물론 기업은 법인세를 납부한 후 투자자가 애초에 제공했던 자금보다 더 많은 현금흐름을 투자자에게 제공하여야 할 것이다. 기업활동의 최종목표가 기업가치의 극대화이고, 새로운 부가가치(Value Added)를 창출하여야만 기업이 계속 존속할 명분이 있다고 할 수 있다.

기업의 재무담당자가 수행하여야 할 재무의사결정은 다음과 같이 네 가지로 요약할 수 있다.

① 투자결정 : 기업의 업종을 선택하고 어떤 자산을 보유하여 어떤 기업활동을 할 것인지를 결정해야 한다. 투자결정에 의해서 자산의 규모와 구성이 결정되고, 그 결과는 재무상태표상의 차변에 표시된다. 기업이 보유할 자산의 결정을 자본예산

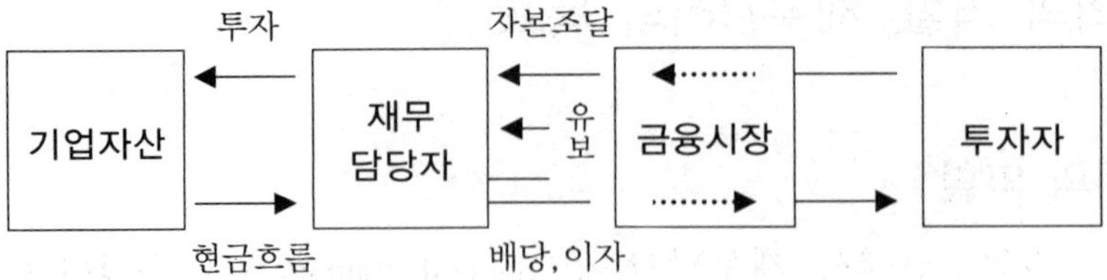

그림1-2 기업의 재무활동과정

(Capital Budgeting) 이라 하며, 가장 중요한 재무의사결정이기 때문에 보통 최고경영자(CEO: Chief Executive Office)수준에서 의사결정이 이루어진다.

② 자본조달결정 : 투자에 필요한 자금을 어떤 방법으로 조달 할 것인지를 결정해야 한다. 자본조달결정에 의해서 부채 및 자기자본의 규모와 구성이 결정된다. 이 결과는 곧바로 재무상태표상의 대변에 표시된다. 기업이 자본을 조달하는 방법은 주식발행을 통한 방법과 채권을 발행하여 조달하는 방법이 있다. 주식발행에 의한 자본, 그리고 기업의 이익 중 배당금을 지급한 후 사내 유보에 의한 자본을 합쳐서 자기자본이라 하고, 채권발행과 은행 차입에 의한 자본을 타인자본 혹은 부채라고 한다.

③ 배당결정 : 기업활동의 결과 발생한 현금흐름을 어떻게 배분할 것인지를 결정하는 일이다. 기업이 창출한 현금흐름에는 차입금에 대한 지급이자, 법인세, 배당금을 공제하고 남은 것은 사내 유보된다. 따라서 기업이 최우선적으로 지급해야 할 지급이자, 법인세를 제외하고서는 주주들에게 지급되는 배당금과 유보금액을 구분하는 일은 자금조달과도 관련이 있는 의사결정이라 하겠다. 이와 같이 기업내부에 유보되는 현금흐름과 배당금의 규모를 결정하는 과정을 배당정책(Dividend Policy)라고 한다.

④ 운전자본관리 : 기업의 자산을 고정자산과 유동자산으로 분류하여 볼 때 총자산중 얼마만큼을 유동자산으로 보유할 것인지를 결정하여야 한다. 이른 바 유동자산과 관련된 운전자본(Working Capital)관리의 문제인 바, 실제적으로 재무

관리자의 대부분의 업무시간이 운전자본관리에 소요된다고 한다. 운전자본은 총운전자본과 순운전자본으로 구분되는데, 총운전자본은 유동자산총액으로서 현금과 예금, 유가증권, 매출채권 등의 당좌자산과 상품, 제품 등의 재고자산이 포함된다. 따라서 총운전자본은 설비자금인 고정자산이 아닌 것을 의미한다. 여기에 비해서 순운전자본이란 유동자산에서 유동부채를 뺀 금액을 의미한다. 환언하면 유동부채를 초과하는 유동자산부분을 순운전자본이라 하는데, 순운전자본이 "0"인 경우는 유동자산과 유동부채가 같다는 말이고, 자산과 자본의 성격이 일치한다는 의미이다. 일반적으로 기업에서는 순운전자본이 플러스(+)가 되도록 관리하는데, 이것은 유동자산의 일부가 장기자본에 의해서 보유되고 있다는 의미가 된다.

이상과 같은 기업의 재무의사결정과 재무상태표와의 관계를 그림으로 표시하면 다음과 같다.

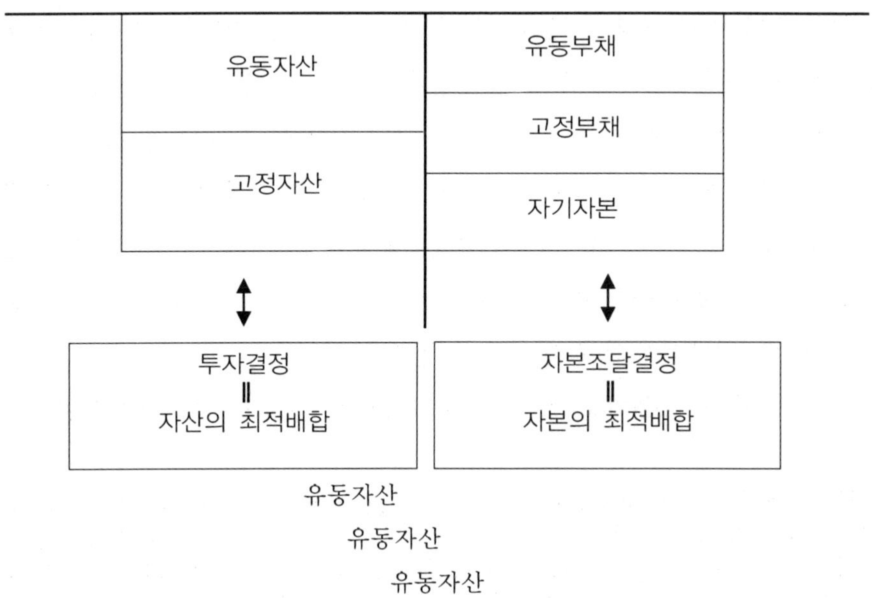

그림1-3 재무의사결정과 재무상태표

2) 재무관리의 목표

이상에서 재무관리담당자의 주된 역할이 투자결정과 자본조달결정 그리고 운전자본관리임을 살펴보았다. 그러면 재무관리담당자가 이와 같은 재무의사결정을 실행할 때 지향하는 목표는 무엇일까? 다시 말하면, 재무관리담당자가 구체적으로 투자를 결정하고 자본조달계획을 수립할 때 궁극적으로 추구하는 목표는 무엇일까?

간단히 말하자면 재무관리의 목표는 기업 이익의 극대화이다. 기업을 소유하고 있는 사람 즉 주주를 위해서 돈을 벌거나 기업가치를 증가시키는 것으로 주주의 부를 극대화시키는 것을 의미한다. 이익 극대화 개념은 전통적 미시경제학에서 기업이 추구하는 목표로서 인식되고 있다. 현실적으로 기업이 추구하는 목표로서는 이익극대화, 매출 극대화, 시장점유율 극대화, 비용의 극소화를 들 수 있고, 현금흐름의 효율적 관리로 부도를 방지하거나 기타 기업 리스크 관리활동, 치열한 기업경쟁에서 살아남기 위한 경쟁우위의 확보로 지속적인 기업성장과 생존도 기업의 목표가 되기도 한다.

기업의 재무담당자는 주주(소유주)의 관점에서 주주의 부를 극대화시키는 재무의사결정을 하여야 한다. 즉 주주의 부를 극대화한다는 것은 증권시장에서 거래되는 해당 기업의 주식 주당 가격이 극대화됨을 의미한다. 주식회사 형태의 기업[7]은 주식을 발행하여 자본을 조달하고 주식을 취득한 주주는 언제든지 증권시장에서 주식을 매도하여 투자수익을 실현할 수 있다. 따라서 주주의 입장에서 주주의 부(투자한 주식 수에 주당 가격을 곱한 금액)가 극대화 되도록 하는 것이 재무관리의 목표이다. 그런데 증권시장에서 거래되는 주식가격은 해당기업의 기업가치를 반영하고 있다. 기업가치는 기업이 벌어들일 미래의 현금흐름을 그 발생시기와 불확실성을 적절히 고려하여 할인한 현재가치의 총합을 의미한다.

기업가치는 기업이 보유하고 있는 총자산가치와 부채의 총시장가치를 합한 것이

7 기업의 형태는 개인기업(sole proprietorship), 합명회사(general partnership), 합자회사(limited partership), 주식회사(corporation) 등이 있다. 재무관리에서 논의의 대상은 주식회사를 중심으로 설명을 전개한다. 주식회사의 대표적인 특징은 소유(ownership)와 경영(management)이 분리되어 있다는 점이다. 주식을 취득한 주주는 이사회를 구성하고 이사회에서 전문경영인을 선임하도록 위임되어 있다. 따라서 주주는 유한 책임을 지고 자신이 투자한 금액에 한하여 책임을 지고, 보유한 주식은 증권시장에서 매도하여 투지수익을 실현할 수 있다. 이런 의미에서 주식회사의 수명은 영속적이라고 볼 수 있다. 마지막으로 주식회사의 단점은 이중과세(double taxation)를 들 수 있다. 법인으로서 법인세를 부담하고 주주는 배당수익에 대하여 납세의무를 진다. 즉 기업이 실현한 수익에 대해 기업차원에서 법인세를 내고, 개인차원에서 소득세를 또 낸다는 것이다.

다. 이것을 그림으로 표시하면 다음과 같다.

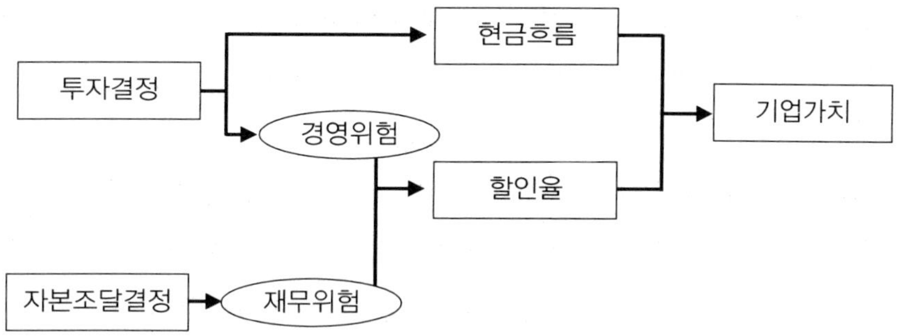

그림1-4 재무의사결정과 기업가치의 관계

위 그림에서 부채의 시장가치는 고정 금리로 금융기관으로부터 자금을 차입하였다든지, 기업이 발행한 사채의 지급이자가 정해져 있기 때문에 일정하다는 것을 알 수 있다. 그렇다면 기업가치의 극대화는 주주 부의 극대화 (Shareholder's Wealth)와 동일한 개념이 된다. 현대 재무관리 교과서에서는 모두 기업의 경영목표를 주주 부의 극대화라고 가정하고 이론을 설명하고 있다.

3. 주주 부의 극대화와 대리인 문제

주식회사는 현대 기업의 대표적인 기업형태이다. 주식회사는 기업 소유주인 주주와는 분리된 법인으로서 자연인과 마찬가지로 권리와 의무의 주체이며, 법률상 소송을 하고 소송의 대상이 되기도 한다. 주식회사에서 주주는 투자한 금액에 대해서만 책임을 지는 유한책임을 지기 때문에 널리 다수의 투자자로부터 기업경영에 필요한 자금을 조달 받을 수 있다는 장점이 있다. 오늘날 기업간 경쟁이 치열해 지고 시장상황이 급변하는 기업경영환경에서 주주(기업 소유주)들이 회사경영에 대한 모든 의사결정을 직접 행하지 않고 그들의 대리인으로서 기업경영을 책임질 전문경영자를 선임하는 것은 일반적인 현상이 되고 있다.

그런데 주주가 아닌 경영자가 기업에 대한 의사결정권을 이양 받게 되자 주주 부의 극대화와 어긋나는 사적 이익극대화를 위한 행동 가능성이 있게 되었다. 이와 같이 현대 기업경영의 특징인 소유와 경영이 분리되어 주주와 경영자의 목표가 달라짐으로써 발생하는 주체와 대리인간의 갈등을 대리인 문제(Agency Problem)[8]라고 한다.

경영의 주체인 주주(Stockholder)로부터 대리인(Agent)인 경영자로의 의사결정권한이 위임되어 주주의 이해와 경영자의 이해가 상호 갈등(Conflict)을 빚게 되는 이유는 다음과 같다.

첫째, 기업가치 극대화를 위해서 다소 위험이 높지만 기업의 성장가능성이 높은 장기투자안을 채택하지 않고(만약 채택된 투자안이 실패했을 경우 경영자의 자리가 보전되기 어렵기 때문에) 단기적인 이익실현이 높은 단기 투자안에 치중하는 경향이 있다.

둘째, 경영자들은 주주 부의 극대화보다는 호화스런 집무실(비서, 넓은 사무실, 회의실 등 부속실), 최고급 승용차, 불필요한 자가용 비행기, 별장 등 자신의 특혜적 소비(Perquisite Consumption)를 위해서 기업재산을 사용하거나, 기업의 외형적 확장 혹은 자신의 파워를 증대시키기 위해 불필요한 부서의 설치, 연고 기업을 위한 과다구매 등 권력과 부의 남용 가능성이 크다.

셋째, 경영자는 자신의 재임기간 중 자리보전에 연연하는 무사안일주의에 빠지기 쉽고, 단기 실적에 민감하다. 이상과 같은 대리인 문제는 기업으로 하여금 대리인 문제를 적절히 해결하기 위한 비용 지출을 요구하게 한다. 즉, 경영자의 활동을 감시하기(Monitor) 위한 외부감사비용이 든다.

대리인 문제를 해결하기 위한 제도적 장치로서는 다음을 들 수 있다.

첫째, 주주들이 기업의 경영통제권을 행사한다. 주주총회에서 구성된 이사회에서 경영자를 선임하거나 해임함으로서 경영자들을 간접적으로 통제할 수 있다.

둘째, 현행 경영자들을 견제할 수 있는 방법으로 Proxy Fight를 들 수 있다.

셋째, 무능한 경영자들로 경영상태가 악화되어 주식가격이 폭락한다면 다른 기업에 의한 기업인수(Takeover)가 이루어질 수 있다. 만약 기업인수가 이루어진다면, 피인수기업의 경영자는 직위를 상실하게 되기 때문에 경영자들은 기업인수의 불안을

---

8 주주와 경영자이외에도 기업과 이해관계를 가지는 많은 다른 집단, 예를 들어 채권자, 종업원, 정부, 소비자, 등이 있으며, 이들과도 이해관계가 서로 상충될 수 있다. 다양한 이해관계자집단간의 갈등으로부터 발생하는 모든 문제들을 광의 대리인문제로 인식할 수 있겠다. IMF이후 금융기관의 구조조정에 따라 퇴직자들에게 후하게 지급되었던 퇴직금 처리문제 등과 부실 금융기관 최고 경영자들의 경영관리상 발생한 부실 여신문제 등도 모두 도덕적 해이에서 비롯된 것으로 보여진다.

극복하기 위해 자사 주식가격을 높이려고 노력하게 될 것이다.

넷째, 일정한 가격에 자사주식을 매입할 수 있는 권리 즉 주식옵션(Stock Option)을 제공함으로써 경제적 인센티브를 준다. 이 방법은 경영자들이 열심히 노력하여 자사의 주식가격이 상승했을 경우에만 가치가 있는 것이기 때문에 기업경영에 관심을 가지게 될 것이다.

다섯째, 경영자 인력시장에서의 경쟁으로 경영자들은 주주의 이익을 위해서 노력할 것이다. 만약 주주의 의도대로 노력하지 않는다면 새로운 경영자를 채용하면 될 것이다.

대리인 문제는 주주와 경영자이외에도 기업과 이해관계를 가지는 다양한 집단(Stakeholder)이 있다. 채권자, 종업원, 정부, 소비자들은 서로 기업의 현금흐름에 대해 이해관계가 서로 상충된다. 예를 들면 부도기업의 경우 정부가 가지는 세금징수는 종업원 체불임금 보다 선순위에 있다. 이와 같이 다양한 이해관계집단들의 갈등으로부터 발생하는 모든 문제들을 광의의 대리인문제로 생각할 수 있다.

4. 재무관리와 금융시장

기업의 재무의사결정은 금융시장과 관련을 맺고서 이루어진다. 실제 기업에서 이루어지는 어떤 형태의 재무의사결정도 금융정책, 금융제도, 금융기관, 금융시장 즉 총체적 금융시스템으로부터 서로 영향을 주고받으면서 이루어지고 있다. 한마디로 금융시스템이란 한나라의 경제체제 내에서 마치 혈액의 순환시스템과도 같이 실물경제의 흐름을 원활히 해주는 기능을 수행하고 있다. 다음 그림과 같이 금융시장(Financial market)은 자금의 여유가 있는 공급자(투자자)로부터 자금 수요자인 기업으로 자금을 이전시키는 메카니즘을 수행하고 있으며, 주식, 채권, 기타 금융증권들의 가치를 평가할 수 있는 장(Market)을 형성한다. 이 때 일반 투자자와 자금의 수요자인 기업이 발행한 직접 증권을 대상으로 자금공급자인 일반투자자와 거래가 이루어지는 시장을 직접금융시장(Direct Financing Market)이라 한다. 직접금융시장에서는 기업, 정부 등 자금의 수요자가 직접 증권을 발행하고, 자금의 공급자가 이를 매입함으로써 거래 이루어지며, 매매를 중개하는 금융기관은 발행된 증권의 형태를 바꾸지 않는다. 한편 은행과 같은 금융중개기관이 자신의 책임으로 자금공급자로부터 예금을 수납하여 자금수요자에게 대출하는 금융거래를 간접금융시장(Indirect Financing market)라고 한다. 은행의 예금증서, 보험회사의 보험증서, 투자신탁회사의 수익증권과 같이 금융기관이 자신의 명의로 발행한 증권을 간접증권이라 하며, 양도성이 없는 청구권이이다.

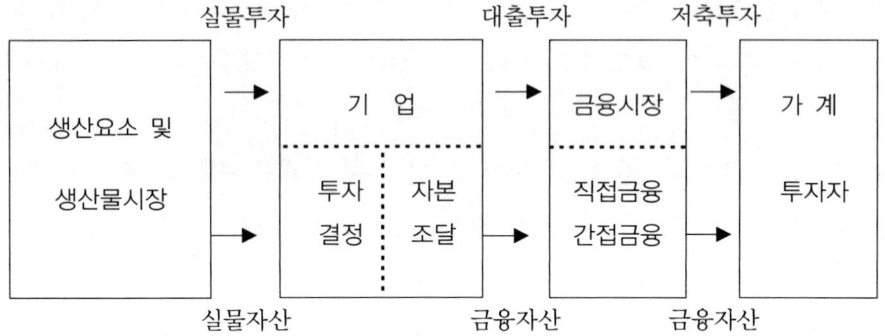

그림1-5 금융시장을 통한 자금의 흐름

금융시장은 거래되는 자금의 사용기간에 따라서 단기자금의 거래가 주종을 이루는 **화폐시장**(Money Market)과 1년 이상의 장기 자금거래가 이루어지는 **자본시장**(Capital Market)으로 구분된다.

단기금융시장인 화폐시장은 단기자금을 취급하는 금융기관들로 구성되는데, 은행, 투자금융회사, 상호신용금고, 신용협동조합 등이 여기에 해당된다. 단기금융시장에서 거래되는 대표적인 상품으로서는 양도성예금증서(CD), 환매조건부채권(RP), 신종기업어음(CP), 은행인수어음(BA) 등이 있다. 이들은 유동성이 높고 상대적으로 부도의 위험이 낮은 특징을 가지고 있다. 장기금융시장인 자본시장은 기업이나 정부기관이 장기적인 자금수요를 충당하기 위해 발행한 상품이다. 따라서 유동성이 낮고 상대적으로 위험이 높다. 각종 장기 국공채, 공사채, 기업이 발행한 회사채와 주식이 전형적인 예이다.

증권시장(Security market)은 자본시장을 형성하는 주체로서 여기에 속한다. 증권시장은 발행시장과 유통시장으로 구분된다. **발행시장**은 1차 시장(Primary Market)이라고도 하며, 기업들이 자본조달을 위해 주식이나 채권을 발행하여 투자자들에게 매각하는 시장을 말한다. 유통시장은 2차 시장(Secondary market)이라고도 하며, 이미 발행된 자본증권을 일반 투자자들 사이에서 상호 매매가 이루어지는 시장을 말한다. 발행시장과는 달리 유통시장에서의 거래대금은 증권의 매입자로부터 기업에게 조달되지 않고, 거래쌍방 당사자간에 자금의 수수가 이루어진다.

증권의 발행시장에서 증권을 매각하는 방법에는 공모(公募 : Public Offerings)와 사모(私募 : Private Offerings)가 있다. 공모는 발행회사에서 다수의 일반 투자자들을 대상으로 증권을 공개로 매각하기 때문에 발행규모와 발행위험이 큰 경우가 일반적이다. 따라서 단일 인수기관이 혼자서 발행위험과 사무를 처리할 수 없기 때문에 다수의 인수관련기관이 공동으로 이를 분담하는 것이 일반적이다. 사모는 직접 모집, 연고모집이라고도 하는데, 발행회사에서 특정투자회사(보험회사, 투자신탁회사)와 개별적인 교섭을 통해서 발행증권 전체를 인수하도록 하는 방법이다. 사모의 방법을 취하면, 발행절차가 간편하고 발행비용이 적게 드는 이점이 있다.

또한 증권의 유통시장에는 거래소시장(Exchange Market)과 장외시장(Over-The-Counter Market)이 있다. 거래소시장은 한국거래소(KRX)의 유가증권시장(KOSPI), 코스닥시장(KOSDAQ)처럼 상장된 회사의 증권을 매도할 사람들과 매수할 사람을 매일 일정한 시간에 증권의 매매를 체결해 주는 계속적인 시장이다. 한국거래소에서 증권거래는 거래원인 증권회사를 통해서 매매가 이루어진다. 장외거래는 한국거래소에서 거래되지 못하는 비상장증권들이 거래시간과 장소에 구애받지 않고 거래담당자끼리 직접 또는 증권회사를 통해서 거래가 이루어지는 비조직화된 시장이다.

연습문제

1. 현대 기업에서 재무담당자의 역할은 무엇인가?

2. 자본예산(capital budgeting)이란 무엇인가?

3. 중소기업 재무담당자가 실제 업무활동 중 주로 직면하는 재무의사결정은 자본예산(capital budgeting), 자본구조(capital structure), 운전자본관리(working capital management) 중 어느 것이라 생각하는가?

4. 재무관리의 전개과정을 설명하고 자본시장의 균형분석이론이 가지고 있는 한계점을 언급해 보시오.

5. 기업 목표로서 이익극대화 목표가 가지는 문제점 그리고 기업가치 극대화 목표와의 차이점을 들어보시오

6. 주주와 경영자 사이에 발생할 수 있는 대리인문제의 실제 발생한 사례를 조사해 보고, 그 해결방안을 토의 해보시오.

7. 단기금융시장과 자본시장은 어떻게 다른가?

8. 주요 금융기관에서 취급되고 있는 금융상품을 열거해 보시오.

9. 최근 진행되고 있는 금융기관의 구조조정에 대하여 조사해 보시오.

10. 우리나라 기업들의 자금조달 방식을 조사해 보시오.

제2장

현금흐름의 시간가치

재무관리에서 중요한 개념인 현금흐름이란 어떤 의미를 갖고 있는지 알아본 다음, 현금흐름의 시간가치란 무엇을 의미하는지 살펴본다. 재무관리가 기업이 보유한 자산으로부터 창출하는 현금흐름과 자본시장에서 조달한 현금흐름의 차이를 극대화시키는 것이라면 두 가지 현금흐름의 크기를 비교하는 일부터 시작해야 할 것이다. 그리고 현금흐름의 시간가치에서 현금흐름이 빠를수록 가치가 높게 평가되는 이유는 무엇인가? 그것은 동일한 크기의 현금흐름이라도 현재의 현금흐름을 미래의 현금흐름보다 더 선호한다는 시차선호(Time Preference)에 의해서 설명될 것이다.

재무관리에서 이루어지는 대부분의 의사결정은 기본적으로 현금흐름의 현재가치와 미래가치의 계산에서부터 출발한다. 예를 들어 현재시점에 1억원을 연이자율 10%인 정기예금에 30년간 저축을 한다면, 30년 후에는 17.4억원의 금액을 지급 받게 된다. 이 경우 오늘의 1억원과 30년 후에 받게 될 17.4억원의 가치를 서로 비교하여야 한다. 이를 비교하기 위해서는 오늘의 1억원이 갖는 30년간의 연평균 기회비용이 얼마인가를 고려하여야 한다. 만약 연평균 기외비용이 정기예금이자율과 같은 10%라면 30년 후의 17.4억원은 오늘의 1억원과 동일한 것이다. 이와 같이 서로 다른 시점에 발생하는 현금흐름을 비교할 때 시간가치가 고려되어야 한다. 미래가치(Future Value)는 현재시점에 발생한 현금흐름을 미래시점의 가치로 환산한 것이며, 현재가치(Present Value)는 미래시점에 발생하는 현금흐름을 현재시점의 가치로 환산한 것이다.

이 장에서는 먼저, 현금흐름의 의미, 미래가치, 현재가치의 개념을 설명한 다음, 화폐의 시간가치를 구하는 데 필수적인 네 가지 조건 테이블, <부록 1: 미래가치요소>, <부록 2: 연금미래가치요소>, 부록 3: <현가요소>, <부록 4: 연금현가요소>를 Excel을 이용하여 작성해 본다. 그리고 예제를 통하여 Excel 재무함수를 이용한 미래가치, 현자개차 계산 실습과 응용문제를 실습한다. 마지막으로 순현재가치, 내부수익률 개념을 설명하고, 주식과 채권의 가치를 평가하는 방법에 대하여 설명한다.

1. 현금흐름의 의미

현금흐름(Cash Flow)이란 투자의 결과 발생하는 모든 현금을 의미하며, 이것은 현금유입(투자에 의해서 들어오는 현금)과 현금유출(투자에 의해 나가는 현금)로 구분된다. 그리고 재무관리에서 투자안을 평가할 때 고려되는 현금흐름은 순현금흐름(Net Cash Flow)이다. 순현금흐름은 현금유입에서 현금유출을 뺀 것이다.

순현금흐름 = 현금유입 - 현금유출

이러한 현금흐름은 회계학에서 순이익 개념과는 다르다. 기업회계기준에서 취하고 있는 수익과 비용의 인식기준은 발생주의라고 하는데, 수익은 실현주의 원칙, 비용은 수익·비용 대응의 원칙에 의해서 결정된다. 회계적 이익은 일정한 회계기준에 의하여 추정되는 인위적 수치이기 때문에 투자에 의해서 발생하는 현금흐름을 정확히 나타내지 못하고 있다. 따라서 재무관리에서 중요한 의사결정인 투자안의 경제성 평가, 자본예산에 있어서는 회계적 이익이 아닌 순현금흐름에 의해서 평가해야 할 것이다.

재무관리에서 순현금흐름은 실제로 현금의 유입과 유출이 발생한 시점에서 거래가 이루어진 것으로 인식하는 **현금주의**에 의해서 측정된다. 이에 따라 현금흐름이 발생한 시점과 영업활동이 발생한 시점이 서로 다를 경우 어느 시점에서 거래가 이루어진 것으로 인식하느냐에 따라 순현금흐름과 순이익의 크기는 달라진다. 손익계산서의 당기순이익에서 순현금흐름을 측정하기 위해서는 현금유입을 수반하지 않는 수익과 선급비용을 차감하고, 반대로 현금유출을 수반하지 않는 비용과 선수수익을 가산한다.

순현금흐름 = 당기순이익 - 현금유입을 수반하지 않은 수익 - 선급비용 +
현금유출을 수반하지 않는 비용 + 선수수익 (식 2-1)

현금유입을 수반하지 않는 수익에는 외상매출금, 미수수익 등과 같이 수익의 원천이 되는 영업활동은 현재시점에서 이미 발생하였으나 그로 인한 현금유입은 아직 발생하지 않은 경우가 있고, 유가증권평가이익, 외화환산이익과 같이 실제 현금유입이 없이 장부상의 이익으로서만 나타나는 경우 등이다.

선급비용은 선급보험료 등과 같이 현금은 이미 지출되었으나 다음 회기 이후에 해당되는 비용이므로 당기에는 비용으로 처리될 수 없고 차기로 이연시킨 비용이다. 당기순이익을 기초로 순현금흐름을 계산하기 위해서는 당기순이익에서 이들 금액을 차감시켜야 한다.

다음으로 현금유출을 수반하지 않은 비용은 외상매입금, 미지급비용 등과 같이 영업활동은 현재시점에서 이미 발생하였으나 그로인한 현금유출은 아직 발생하지 않은 경우이다. 감가상각비도 이미 구입한 고정자산의 가치 감모분을 기간별로 일정금액씩 비용화하는 것인데, 이것도 회계적 이익을 계산할 때에는 포함되나 현금흐름에서는 더해 주어야 한다. 마찬가지로 선수임대수입과 같은 선수수익도 아직 기간이 경과되지 않아 차기이후로 이연시킨 수익이다. 순현금흐름을 계산할 때에서는 가산해야 한다.

2. 현금흐름의 시간가치와 이자율의 본질

1) 이자율의 개념

재무관리 담당자(Financial Manager)는 모든 재무의사를 결정함에 있어 현금흐름이 언제 발생하느냐 하는 현금흐름의 발생시점을 고려하여야 한다. 재무관리와 관리회계의 근본적인 차이점은 회계담당자는 발생주의에 입각하여 수입과 지출을 계산하고 재무제표를 작성하지만 재무 담당자는 실질적인 현금의 유입과 지출에 입각하여 회계자료를 평가하고 그에 따른 의사결정을 행한다는 것이다.

재무 담당자는 현금흐름이 같다고 하더라도 발생시점이 빠른 현금흐름의 가치를 더 높게 평가한다. 이것은 경제학에서 다루고 있는 이자율의 본질에 대한 논의와 연관이 있다.

이자율(Interest Rate)은 자본을 빌린 차입자가 대출자에 대하여 지불하는 보상

(Compensation)이다. 사람들이 선호하는 현재의 현금흐름을 포기하게 하는 대신에 미래의 현금흐름을 보다 많이 제공해야 하는데, 이와 같이 추가적으로 지불하는 금액(이자)을 현재의 가격으로 볼 수 있으며, 화폐의 시간적 가치를 반영하는 척도라 하겠다.

그러면 이자율과 수익률은 서로 어떻게 다른가? 이자율과 수익률은 혼용되는 경향이 있는데 일반적으로는 이자율이 많이 사용된다. 재무관리에서는 포괄적인 개념으로 수익률을 사용하기도 한다. 인플레이션과 위험을 배제한 실질이자율이 존재하는 이유로는 시간선호와 자본의 생산성을 들 수 있다. 일반적으로 사람들은 현재의 소비를 미래의 소비보다 선호하는 시간선호를 가지고 있다. 그리고 현재 당장 소비를 하지 않더라고 원할 때 언제든지 소비할 수 있도록 유동성 자산으로 보유하기를 원한다. 또 돈이 돈을 벌어들이는 것처럼 자본은 자본생산 잠재력을 갖고 있다. 현재의 현금을 가지고 얼마든지 주어진 생산기회를 이용하여 미래에 그보다 더 많은 현금을 창출할 수 있기 때문이다. 따라서 우리가 돈을 빌릴 때 아무리 가까운 사이라도 이자를 붙여 되돌려 주어야 마음이 상하지 않는다. 하다 못해 은행이자 정도는 얹어 주어야 결례가 되지 않을 것이다. 이렇게 본다면 실질이자율이란 현재의 소비를 미래 시점까지 참는데 대한 시간선호, 그리고 자본의 생산성(Productivity of Capital)에 대한 보상이라고 하겠다.

2) 이자율의 결정요인

우리는 은행으로부터 자금을 차입할 때 지급하기로 약정한 이자율은 시장이자율(Market Interest Rate), 혹은 명목이자율(Nominal Interest Rate)이다. 명목이자율은 실질이자율뿐만 아니라 인플레이션에 대한 기대치와 위험정도에 따라 달라진다. 이것을 식으로 표시하면 다음과 같다.

$$\text{명목이자율} = \text{실질이자율} + \text{인플레이션 기대치} + \text{위험프리미엄} \qquad \text{(식 2-2)}$$

여기서 무위험이자율의 개념에 대하여 살펴보자. 이것은 위험 프리미엄을 고려하지 않은 것으로 다음과 같이 표시할 수 있다.

$$무위험프리미엄 = 실질이자율 + 인플레이션\ 기대치 \quad (식\ 2\text{-}3)$$

무위험이자율 : 위험이 없는 자산에 대한 수익률로 정의되는데 실질이자율과 인플레이션 기대치로 구성된다. 즉, 시간선호, 자본의 생산성, 인플레이션의 기대치로 구성되는 것이 무위험이자율이다. 실무적으로는 국가가 발행한 정부채권의 수익률을 무위험이자율로 차용한다.

인플레이션의 기대치 : 미래에 대한 기대치를 의미하며, 지나간 과거의 인플레이션을 의미하는 것은 아니다. 인플레이션 발생의 원인은 수요와 공급의 측면에서 여러 가지로 설명할 수 있으며, 앞으로 예상되는 인플레이션율은 정부투자지출, 통화공급 등 정부의 재정·금융정책과 이자율, 국제수지, 임금 등 거시경제변수 그리고 고용, 총생산 등 실물경제의 움직임 등 많은 요인에 의해서 영향을 받는다.

은행, 증권회사, 투자신탁 등 금융기관이 발행하는 각종 금융상품에 적용되는 명목이자율은 위험의 정도에 따라 차이가 있다. 따라서 위험이 높을 경우 위험에 대한 보상인 위험프리미엄이 증가하고, 위험이 낮으면 위험프리미엄이 작아진다. 실제로 적용되는 각종 금융상품의 명목이자율은 위험을 고려하지 않은 무위험이자율에 위험에 대한 대가인 위험프리미엄을 합하여 결정된다.

$$명목이자율 = 무위험이자율 + 위험프리미엄$$

결국 이자율의 결정은 실질이자율에 인플레이션 기대치, 위험 프리미엄에 의해서 결정되는 것이다.

3) 위험 프리미엄

이제까지 우리는 무위험이자율이란 국가가 발행하는 국채인 경우가 여기에 해당된다고 생각하였다. 이제부터 다양한 금융상품에 적용되는 위험 프리미엄에 대하여 고찰해 보자. 금융상품마다 명목이자율이 다른 것은 각 금융상품의 만기와 과세처리 방법(과세와 비과세여부, 세율), 유동성이 다르며, 이를 발행한 금융기관의 채무불이행 위험(부도위험)의 크기가 다르기 때문이다. 일반적으로 위험 회피적인 투자자들에게는 위험이 높을수록 위험 프리미엄이 더 커지며, 이에 따라 명목이자율도 높아진다. 이처럼 일정시점에 서로 다른 증권간에 위험 프리미엄의 차이로 말미암아 이자율이 차이가 나는 것을 이자율스프레드(Spread in Intereste Rates) 또는 수익률(Yield Differentials)라고 부른다. 이처럼 일반 투자자들은 높은 위험을 부담하는 대가로 높은 수익률을 기대하기 때문에 **위험과 기대수익률의 상관관계**(Trade-off between Risk and Expected Return)가 존재한다. 이와 같은 위험과 수익률과의 관계(trade off)는 "사람들은 높은 수익률과 낮은 위험을 선호한다" 라는 인간의 본능적인 행동에 기인하는 것이지만 앞으로의 재무관리 의사결정에 있어 거의 모든 것이 위험과 수익률의 상관관계[9]에 기초를 두고 있다. 따라서 재무관리 담당자는 투자결정 등 모든 재무 의사결정에 위험과 수익률을 동시에 감안하여야 할 것이다.

3. 현금흐름의 시간가치 계산

우리는 이미 앞에서 현금흐름의 발생시점이 빠를수록 시간가치가 높다는 것을 살펴보았다. 모든 재무의사결정은 다양한 시점에서 발생하는 현금흐름들의 가치를 동일한 시점에서 평가하여 서로 비교하는 것에서부터 출발한다. 예를 들어서 첫해 100억원 현금유출이 첫해 발생하는 프로젝트 투자안이 있다고 가정하자. 투자결과로서 그 다음해부터 4년간 20억원, 30억원, 45억원, 55억원의 현금흐름이 각각 매년 발생하게 된다면, 이를 일정한 이자율 혹은 할인율로 현재가치로 평가하여 투자안의 경제성을 평가해야 할 것이다. 이처럼 동일 시점에서 현금흐름의 가치를 평가하기 위해서는 현재 발생하는 현금흐름을 미래가치로 계산하는 방법, 미래 발생하는 현금흐름을 현재가치로 계산하는 방법 등을 알고 있어야 할 것이다.

1) 미래가치와 복리에 의한 이자계산

미래가치(Future Value)의 계산은 현재시점에 발생하는 일정금액의 현금흐름이 일정기간 경과 후에는 얼마의 금액이 되겠는가를 계산하는 문제이다. 미래가치의 계산

---

9 상관관계는 엄밀히 보상관계(trade-off relationship)라고 표현하는 것이 정확하다. 즉, 위험이 높을수록 높은 수익률(high risk, high return)로 보상을 해주어야 한다는 의미이다.

에는 복리계산방법과 단리 계산방법이 있다.

최근 최윤혜 주부는 칠순을 넘기신 연로한 어머니로부터 30,000,000원의 자금을 증여받게 되었다. 만약 이를 연이율 12%로 3년간 은행에 정기예금을 한다면 3년 후에 받게 될 현금흐름의 미래가치는 얼마인가.

여기서 원금 30,000,000원, 이자율 12% 이므로 이자는 원금 X 이자율, 원리금은 원금과 이자의 합으로 1년 후에 받게될 현금의 미래가치는 다음과 같다.

$$30,000,000 + 30,000,000 * 0.12 = 30,000,000(1+0.12) = 33,600,000$$

그러므로 3년 후에 받게 될 현금의 미래가치는

$$30,000,000(1+0.12)^3 = 42,147,000 \text{가된다.}$$

이것을 일반적인 공식으로 표시하면 다음과 같다. 1년 후에 받게되는 현금의 미래가치는

$$FV_1 = PV(1+r)$$

여기서 PV: 원금 즉 현재가치

FV_1: 1년도말의 원리합계, 즉 미래가치

r : 연이율

기간이 2년으로 늘어난다면 공식은 다음과 같다.

$$FV_2 - PV(1+r)(1+r)$$

이상과 같은 방법으로 n년도 말의 미래가치는 다음과 같이 나타낼 수 있다.

$$FV_n = PV(1+r)^n = PV \times CVIFr,n$$

위 식에서 $(1+r)^n$ 은 n 기간 말에서 1원의 미래가치를 나타내며, 이를 복리이자요소(CVIF : Compound Value Interest Factor)라고 한다. 복리표는 이 책의 말미에 <부록1>로 수록되어 있는 테이블의 내용과 같다.

복리와 단리

앞에서 미래가치의 계산에 복리(Compound Interest Rate)계산방법을 채택하였다. 만약 단리(Simple Interest Rate)계산방법을 채택한다면 어떻게 될 까? 그리고 어떤 차이점이 있을까?

본문의 실습사례에서 30,000,000원에 대한 1년 후의 금액을 이자율 12%로 단리로 계산하면 1년 후의 금액은 FV_1(단리) =30,000,000 + 30,000,000*0.12 =30,000,000(1+0.12) = 33,600,000원이 된다. 그러나 2년 후의 금액을 살펴보면 FV_2(단리) =30,000,000(1+0.12×2) = 37,2000,00원이 된다. 3년 후에는 FV_3(단리)= 40,800,000원이 되어 복리계산방법과는 1,333,000원이 차이가 난다. 여기서 이러한 차이가 나는 점은 어디에 있는 것일 까? FV_2와 FV_3를 계산할 때 FV_1과 FV_2를 각각 원금으로 계산하고, FV_2(단리), FV_3(단리) 계산시 원금을 각각 30,000,000원으로 계산했기 때문이다. 이러한 차이는 시간이 경과할수록 커지는데 복리계산에서는 이자를 기초 원금에 삽입시키는 방법을 채택하고 있기 때문이다. 결국, 이자에 대한 이자를 계속 지불하느냐 아니냐의 차이인데 미래가치의 계산에서는 복리계산방법을 채택한다고 생각해 두자.

현재의 현금흐름 1억원을 연 이자율 10%인 정기예금에 30년간 저축을 한다면 30년 후에는 얼마가 될까? 〈부록1: 미래가치요소〉 테이블을 이용하여 계산해 보시오.

<부록1> 미래가치요소(r,n)=$(1+r)^n$을 이용한다. 여기서 $(1+r)^n$ 은 n 기간 말에서 1원의

미래가치를 나타낸다. 이 책의 부록을 보는 방법은 이자율(r)과 기간(n)이 만나는 곳에서 미래가치요소를 읽으면 된다. 여기서는 이자율 10%, 기간 30년이기 때문에 17.499값을 찾고, 원금에다 이 값을 곱해주면 된다. 미래가치는 1,749,000,000원이 된다.

원금 30,000,000원을 연 이자율 12%으로 3년간 정기예금을 하는데 이번에는 6개월마다 복리계산을 한다면(일년에 두 번 복리계산) 3년 후 얼마가 되겠는가?

지금까지는 이자가 매년, 즉 1년에 한번 복리 계산한다고 가정하였으나, 많은 경우에 1년에 두 번 이상 복리 계산한다 이를 경우 미래가치의 계산은 어떻게 할 것인가에 대해 살펴보자.

현재의 30,000,000원은 6개월 후 30,000,000(1+0.06)이 되며, 1년 후에는 $30,000,000(1+0.06)^2$가 될 것이다. 1년도 말의 미래가치 FV1은다음과 같이 계산된다.

$$FV1 = 30,000,000(1+\frac{0.12}{2})^2 = 30,000,000(1+0.06)^2 = 33,708,000$$

그리고 연이자율 12%로 6개월마다 복리 계산한다는 것은 결과적으로 연이자율 12.36 %[=(1+0.06)^2-1]로 매년 복리 계산하는 것과도 동일하다. 즉,

$$FV_1 = 30,000,000 = (1+0.1236) = 33,708,000\text{원}$$

여기서 복리계산기간을 고려하지 않은 연이자율 12%를 연간 표면이자율(Stated Annual Interest Rate)이라 하며, 복리계산기간을 고려하여 환산된 실질적인 연이자율 12.36%를 연간실효이자율(Effective Annual Interest Rate)이라 한다.

연이자율 r로 연간 m번 복리계산되는 경우에 n년도 말의 미래가치는 다음 식과 같다.

$$FVn = PV(1+\frac{r}{m})^{nm} = PV(CVIFr/m, nm) \qquad (\text{식}2\text{-}6)$$

이상에서 알 수 있듯이 1년에 두 번 이상 복리계산을 할 경우에는 기간, 이자율을 조정해 주어야 한다는 점을 명심, 또 명심해 둔다.

현재 600만원을 가지고 있는 사람이 3년 후 자동차를 구입하려고 한다. 그리고 3년 후의 자동차 구입가격은 777만원으로 에상이 된다. 이 사람이 현재 가지고 있는 돈을 3년간 정기예금을 하여 자동차를 구입할 수 있으려면, 정기예금의 이자율은 얼마가 되어야 하는가?

3년도 말에 자동차를 구입하기 위해서 현재 600만원을 3년 동안 정기예금을 하여 얻을 수 있는 3년도 말의 가치가 777만원이 되어야 한다. 즉,

$$600(1+r)^3 = 777(1+r)^3 = CVIF_{r3} = 777/600 = 1.2950 \qquad \text{(식2-7)}$$

그러므로 <부록1>에서 연이자율 r을 구하면, r=0.09 또는 9%가 된다.

식2-7을 변형시켜 Excel에서 구하려면"=((777/600)^(1/3)-1)"을 입력하고, Enter↵ 키를 누르면 결과 값 "0.08992"이 나타난다.

연금의 미래가치

연금(Annuity)이란 특정기간 동안 일정한 금액이 정기적으로 계속 지급되는 형태의 현금흐름을 의미한다. 이러한 연금의 미래가치도 앞에서 구한 현금흐름의 미래가치를 구하는 것과 동일한 방법으로 구할 수 있다.

3년 동안 매년 말에 10,000,000원을 연리 12%로 정기적금을 하여 3년차 말에 찾는다면 총금액은 얼마나 될까?

연금의 미래가치 계산은 기본적으로 각각의 현금흐름에 대하여 특정 미래 시점을

기준으로 계산한 미래 가치를 합하는 방식으로 행하여진다.

다음 그림2-1에서 보는 것처럼 3년차 말의 연금 10,000,000원은 불입과 동시에 찾는 것이 되기 때문에 이자가 없으며, 2년차 말의 10,000,000원은 2년차 말 시점에서 볼 때 1년간의 이자를 계산해 주어야 할 것이고, 첫 해 말의 10,000,000원은 2년간의 이자를 계산해 주어야 한다는 점을 먼저 이해하도록 하자.

따라서 3년차 말의 연금의 미래가치는 ① 10,000,000원 + ② 11,200,000원($CVIF_{12\%,2년}$) + ③ 12,540,000원($CVIF_{12\%,3년}$)을 합한 금액이다.

이제 현금흐름이 매 기간 일정하게 계속되는 연금의 미래가치를 계산하는 일반식을 도출해 보자. 매 기간 말에 C가 n기간 동안 발생하는 연금흐름은 다음 그림과 같다.

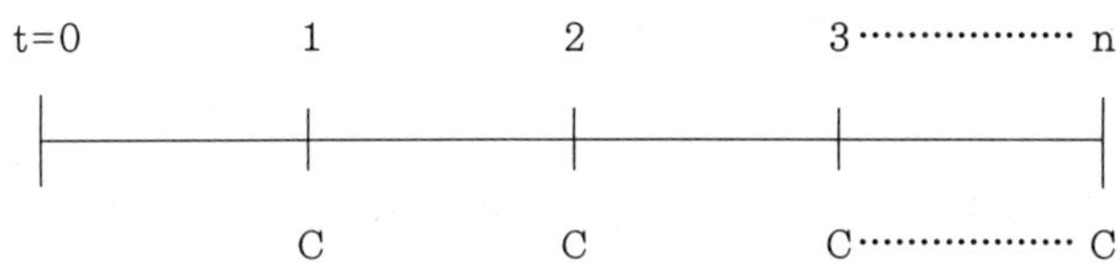

$$Sn = C + C(1+r) + C(1+r)^2 + C(1+r)^3 + C(1+r)^4 + \ldots\ldots + C(1+r)^{n-1}$$
$$= C\sum_{t=1}^{n}(1+r)^{t-1} = C\times\frac{(1+r)^n - 1}{r}$$

여기서 $\frac{(1+r)^n - 1}{r}$은 매 기간마다 1원의 현금이 발생하는 연금의 n기간 후의 미래가치로서 연금의 복리이자요소(CVIFA : Compound Value Interest Factor for an Annuity)라고 한다. 이것은 일정한 1기간 이자율과 r과 기간 n에 대한 연금미래가치요소(r,n)을 계산해 놓은 테이블로서 <부록2>에 수록되어 있다. 여기서 구하는 값은 10,000,000×3.3744=33,744,000원이다.

Exel 실습 • 연금 복리표 작성 실습

엑셀을 이용하여 연금의 복리계산표를 작성해 보자 이미 앞에서 충분히 실습을 하였다면 별다른 어려움은 없다.

① A5 셀에 이율이라 기입하고, B5 : M5 셀 영역까지 0.01, 0.02, 0.03 ....0.12를 입력한다.

② A8:A17 셀까지 기간 1,2.3....10을 입력한다. 이때 연속된 데이터 입력에 사용하는 채우기 핸들을 이용한다.

③ B8 셀에 "=(1+$B$5)^A8/$B$5-1/$B$5"를 입력하고, B8 셀 모서리에 마우스 모양이 변하면 밑으로 끌어 내용을 채운다.

④ 마찬가지로 C8 셀에 "=(1+$C$5)^A8/$C$5-1/$C$5"를 입력한 후 마우스를 드래그하여 내용을 채운다.

⑤ B8:K17 셀 영역 범위를 지정하여 소수점 3자리까지로 맞추고, 열 너비를 "6"으로 조정한다.

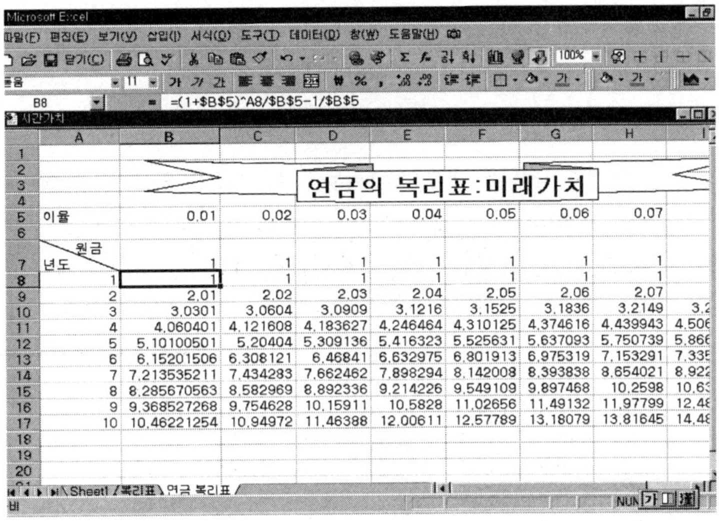

Microsoft Excel

B8 = =(1+$B$5)^A8/$B$5-1/$B$5

시간가치

연금의 복리표:미래가치

	A	B	C	D	E	F	G	H	I
5	이율	0,01	0,02	0,03	0,04	0,05	0,06	0,07	
7	원금 / 년도	1	1	1	1	1	1	1	
8	1	1	1	1	1	1	1	1	
9	2	2,01	2,02	2,03	2,04	2,05	2,06	2,07	
10	3	3,0301	3,0604	3,0909	3,1216	3,1525	3,1836	3,2149	3,2
11	4	4,060401	4,121608	4,183627	4,246464	4,310125	4,374616	4,439943	4,506
12	5	5,10100501	5,20404	5,309136	5,416323	5,525631	5,637093	5,750739	5,866
13	6	6,15201506	6,308121	6,46841	6,632975	6,801913	6,975319	7,153291	7,335
14	7	7,213535211	7,434283	7,662462	7,898294	8,142008	8,393838	8,654021	8,922
15	8	8,285670563	8,582969	8,892336	9,214226	9,549109	9,897468	10,2598	10,63
16	9	9,368527268	9,754628	10,15911	10,5828	11,02656	11,49132	11,97799	12,48
17	10	10,46221254	10,94972	11,46388	12,00611	12,57789	13,18079	13,81645	14,48

Sheet1 / 복리표 / 연금 복리표

매년 600,000원씩 납입하는 정기적금에 가입하여, 19년 후에 원금과 연리 20%의 이자를 상환 받는다면 이 때 받을 금액은 얼마가 되겠는가?

연금미래가치 계산이므로 먼저, 이자율 20%(r=0.2), 기간 19년(n=19)이므로 CVIFA(20%,19년)을 찾아야 할 것이다. 이 값은 재무관리 교과서를 보면 부록에 154.74로 나와 있어 쉽게 19년 후에 받을 금액을 구할 수 있다.

연금의 미래가치 : 600,000원 ×154.74 =9,284,400원

Exel 실습 • 연금 미래가치 계산 실습

이제 엑셀을 활용하여 CVIFA(20%,19년)을 구해보자. 엑셀 작업 화면으로 돌아가서 이율을 20%까지 기입하고, 기간도 30년으로 연장해서 테이블을 작성한다.

13%, 14% 등 해당 CVIF(13%,1년), CVIF(14%, 1년)를 구하기 위해 L8 셀에 " =(1+$L$5)^A8/$L$5-1/$L$5"을 입력하고, M8 셀에 마찬가지로 "=(1+$M$5)^A8/$M$5-1/$M$5 "을 입력한다.

다음 채우기 핸들을 사용하여 각 이자율에 대한 CVIF 값을 아래로 드래그하여 해당 값을 얻어, 연금 복리표를 간단하게 완성시킬 수 있다.

연금의 복리표:미

	A	B	C	D	E	F	G	H	I	J	K
1											
2											
3											
4											
5	이율	0.01	0.02	0.03	0.04	0.05	0.06	0.07	0.08	0.09	0.1
6											
7	원금 / 년도	1	1	1	1	1	1	1	1	1	1
8	1	1.000	1.000	1.000	1.000	1.000	1.000	1.000	1.000	1.000	1.000
9	2	2.010	2.020	2.030	2.040	2.050	2.060	2.070	2.080	2.090	2.100
10	3	3.030	3.060	3.091	3.122	3.153	3.184	3.215	3.246	3.278	3.310
11	4	4.060	4.122	4.184	4.246	4.310	4.375	4.440	4.506	4.573	4.641
12	5	5.101	5.204	5.309	5.416	5.526	5.637	5.751	5.867	5.985	6.105
13	6	6.152	6.308	6.468	6.633	6.802	6.975	7.153	7.336	7.523	7.716
14	7	7.214	7.434	7.662	7.898	8.142	8.394	8.654	8.923	9.200	9.487
15	8	8.286	8.583	8.892	9.214	9.549	9.897	10.260	10.637	11.028	11.436
16	9	9.369	9.755	10.159	10.583	11.027	11.491	11.978	12.488	13.021	13.579
17	10	10.462	10.950	11.464	12.006	12.578	13.181	13.816	14.487	15.193	15.937

Exel 실습 • 재무함수를 이용한 미래가치 계산 실습

국내진출 외국계 은행의 3년 만기 신탁상품은 연이자율이 14%가 된다고 한다. 10,000,000원을 이러한 금융상품에 투자할 경우 3년 후 예금자가 받게 될 미래가치는 얼마인가?

이제까지는 부록의 조견표를 이용하였으나 지금부터는 Microsoft Excel 프로그램을 이용하여 재무관리 계산문제를 풀이 해 보자.

① 윈도우즈 환경에서 [시작]→[프로그램]→[엑셀]을 눌러 엑셀 프로그램을 작동한다.

② 문제풀이 과정을 한 문에 알기 쉽도록 먼저 제목을 적고, 원금, 이자율, 기간, 미래가치 순으로 기입한 다음, 각각 셀 옆에 "10,000,000", "14%", "3" 와 같이 해당 데이터를 입력한다.

③ B5 셀에 "=" 입력하고 구하는 미래가치를 얻기 위해 "10000000×(1+0.14)^3" 식을 기입해도 결과 값이 나온다. 이 때 해당 셀을 포인팅하여 값을 입력해도 된다.

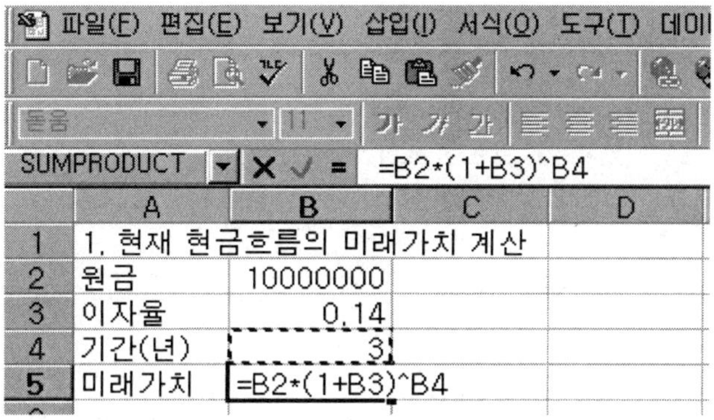

④ 그러나 이런 방법보다도 재무함수 마법사를 직접 사용하여 값을 구해 보자. B6 셀에 마우스 포인트를 두고 [함수 마법사]를 클릭한다.

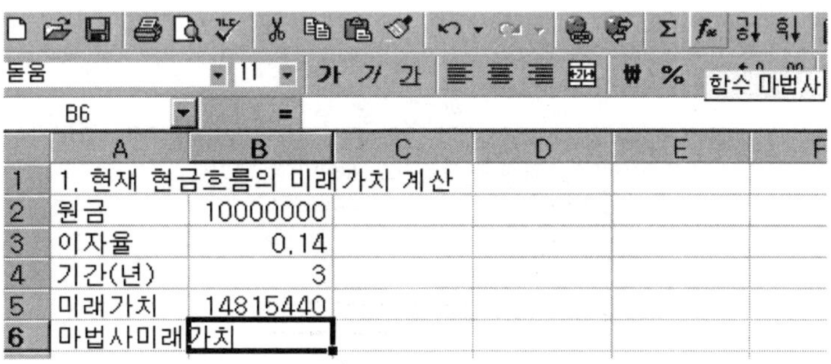

⑤ [함수종류]에서 "재무"를, [함수 이름]에서 "FV"를 선택하고, [확인]을 누른다.

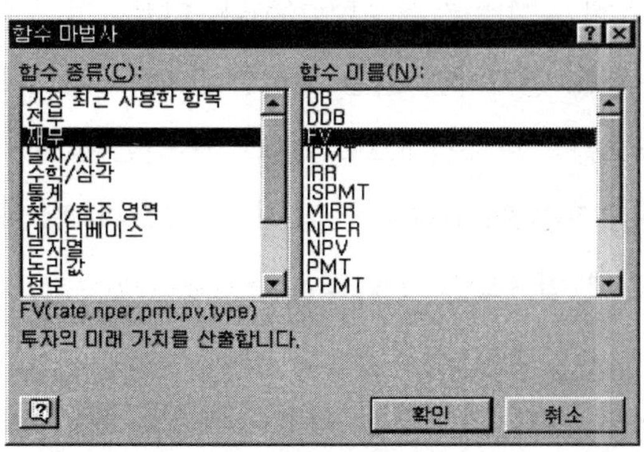

⑥ [함수 마법사] 대화상자가 표시되면, Rate에 이자율, Nper에 기간, PV에 원금을

입력하고, [확인]을 누른다.

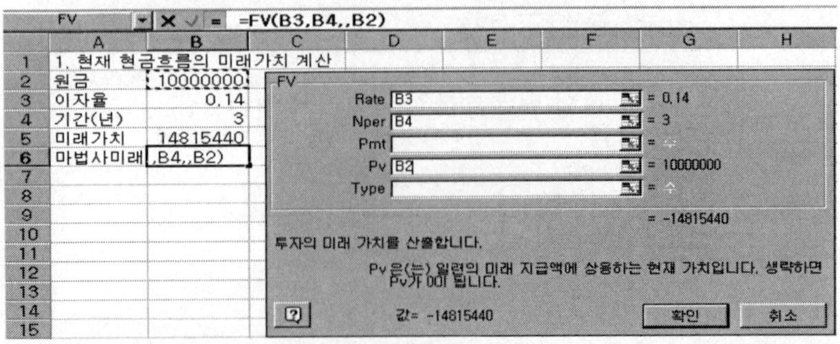

⑦ 결과값이 마이너스(-)형태로 표시된다. 이것은 은행의 입장에서 받은 금액을 내어준다는 뜻이다.

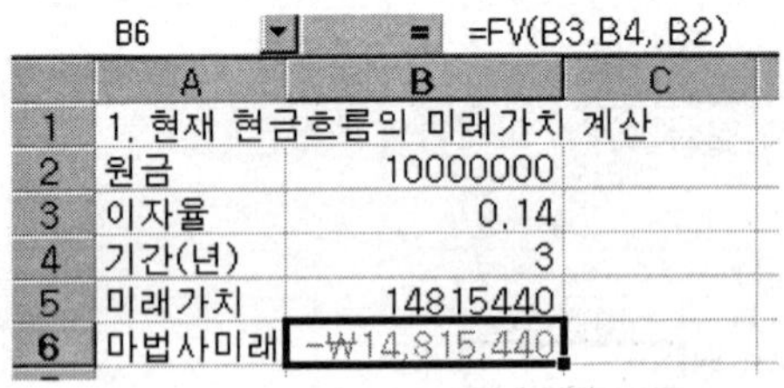

2) 현재가치와 할인계산과정

현재가치(Present Value)는 미래에 발생할 현금흐름을 현재시점에서 화폐가치로 계산한 것으로 간단하게 줄여 현가(現價)라고 이야기한다. 이제까지 우리가 계산한 미래가치는 현재의 현금흐름을 미래로 연기시킨 값을 계산한 것이고, 현재가치의 계산은 일정한 할인율로서 미래의 현금흐름을 현재시점으로 거슬러 올라온 값을 계산하는 것이다. 앞에서 미래가치 계산에서 원금 30,000,000원을 연간 이자율 12%일 때 매년 복리 계산되는 정기예금을 든다면 3년 후에 찾게되는 원리금은 $30,000,000\text{원}*(1+0.12)^3 = 42,147,000\text{원}$이었다.

여기에서 현재가치의 개념으로 다시 설명하면 3년 후의 미래가치 42,147,000원은 현재가치가 30,000,000원이 된다는 것이다.

현재가치 30,000,000원을 구하는데 사용되는 식은 다음과 같다.

$$PV*(1+0.12)^3 = 42,147,000\text{원}$$

따라서 $PV = \dfrac{42,147,000\text{원}}{(1+0.12)^3}$ 가 된다.

n 기간 후 현금흐름 FVn의 현재가치를 구하는 일반적인 계산식은 다음과 같이 표시된다.

$$PV = \frac{FVn}{(1+r)^n} = FVn \times PVIFr,n \qquad \text{(식2-8)}$$

식2-8에서 $(1+r)^{-n}$을 n 기간 후의 1원이 현재 얼마의 가치를 갖는 가를 표시하는 것으로 현가요소(PVIFr,n : Present Value Interest Factor)를 의미한다. 복리이자요소(CVIF)와 현가요소(PVIF)는 역수의 관계에 있다. 또 미래가치 계산에서 r 은 이자율이라고 부르지만, 현재가치 계산에서서는 **할인율**이라 한다. 현재가치를 구하는 일을 할인(Discounting)이라 하며, 재무관리에서 현재가치의 개념은 중요한 개념으로 자주 사용된다.

Exel 실습 • 현가표 작성 실습

이른바 현가표를 엑셀 프로그램을 사용하여 작성해 보자.

이것은 교과서 부록에 첨부되어 있는 <부록3 : 현가요소> 테이블을 엑셀에서 직접 작업하는 것이다.

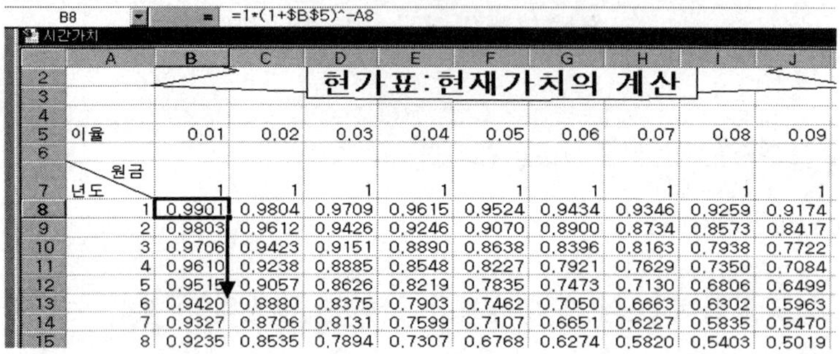

B8 = =1*(1+$B$5)^-A8

시간가치

	A	B	C	D	E	F	G	H	I	J
2				현가표:현재가치의 계산						
3										
4										
5	이율	0.01	0.02	0.03	0.04	0.05	0.06	0.07	0.08	0.09
6										
7	원금 년도	1	1	1	1	1	1	1	1	1
8	1	0.9901	0.9804	0.9709	0.9615	0.9524	0.9434	0.9346	0.9259	0.9174
9	2	0.9803	0.9612	0.9426	0.9246	0.9070	0.8900	0.8734	0.8573	0.8417
10	3	0.9706	0.9423	0.9151	0.8890	0.8638	0.8396	0.8163	0.7938	0.7722
11	4	0.9610	0.9238	0.8885	0.8548	0.8227	0.7921	0.7629	0.7350	0.7084
12	5	0.9515	0.9057	0.8626	0.8219	0.7835	0.7473	0.7130	0.6806	0.6499
13	6	0.9420	0.8880	0.8375	0.7903	0.7462	0.7050	0.6663	0.6302	0.5963
14	7	0.9327	0.8706	0.8131	0.7599	0.7107	0.6651	0.6227	0.5835	0.5470
15	8	0.9235	0.8535	0.7894	0.7307	0.6768	0.6274	0.5820	0.5403	0.5019

[작업순서]

① 엑셀에서 제공하고 있는 [도구 모음]→[도형]→[별/현수막]을 선택하여 아래쪽/위쪽 리본을 선택한다. 마우스포인트로 제목 입력할 부분을 드래그하여 "현가표:현재가치의 계산"제목을 입력한다. 한 줄에 두 줄 쓰기하기 위해서는 Alt+Enter하여 원금, 년도를 입력한다. 셀 모양에서 대각선 모양을 지정하여 빗금을 긋는다.

② 현가요소를 구하기 위해 B8셀에 마우스 포인트를 위치시키고 수식을 다음과 같이 입력한다.

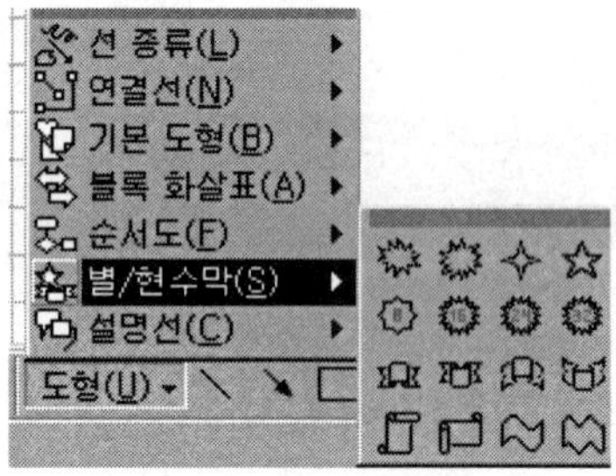

B8셀 :=1*(1+$B$5)^-A8

③ 2차년도, 3차년도 ... 10차년도에 대한 현가요소를 구하기 위해 마우스를 아래로 드래그한다. 그리고 B5셀 입력시 절대주소로 입력해야 드래그할 때 수식의 값이 변하지 않는다는 사실을 기억해 두자.

④ C8셀에 입력하는 내용도 "=1*(1+$C$5)^-A8"와 같이 입력한다. 이후 계속해서 10%, 11%, 12%, ...20%로 연장하고, 기간도 50년까지 연장해서 현가표를 완성시킨다. 그 결과가 교과서 부록의 현가 이자요소(PVIFr,n)와 같은지 확인해 보자.

경동 보일러 김사장은 3년 후에 받을 100,000,000원이 있다. 할인율이 10%라고 할 때 김사장이 받을 미래 현금흐름의 현재가치는 얼마가 되는가?

[풀이] 엑셀에서 현재가치를 구하기 위해서 함수 마법사를 사용해 보기로 한다. 물론 이 문제는 현재가치를 구하는 식에서 바로 구할 수 있다.

$$PV = \frac{100,000,000\text{원}}{(1+0.1)^3} = 75,131,480\text{원}$$

엑셀 함수식은 다음과 같은 구성요소로 표시된다.

PV(RATE, Nper, Pmt, FV, Type)

PV	미래의 혐금흐름을 적정 할인율로 할인하여 현재 시점에서 화폐가치를 표시해 준다.
RATE	투자금액의 이자율, 대추금액의 할인율을 표시한다
Nper	총 투자기간, 총지불회수를 표시한다.
Pmt	투자금액, 대출금으로 정기적으로 지불되는 금액을 기입한다.
FV	미래가치이다. 일정시점이 지난 다음 미래의 가치를 표시한다.
Type	기초(1), 기말(0)과 같이 지불시점을 표시한다. 생략해도 무방하다.

① D20셀에 마우스포인트를 위치시키고 함수마법사를 클릭하여 함수종류 : 재무, 함수이름 : PV를 선택한다.

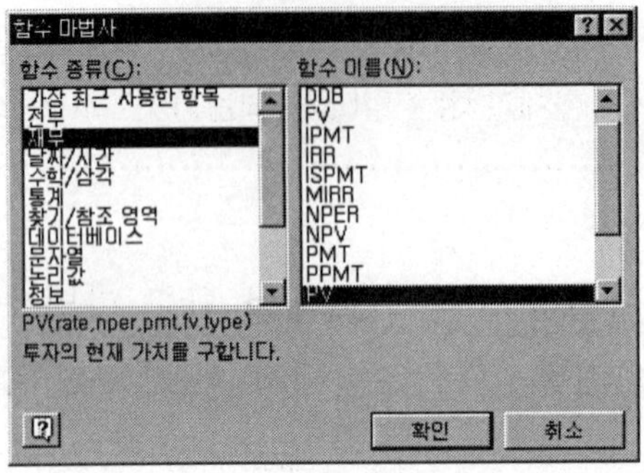

② PV 함수 대화상자가 표시되면, 순서대로 입력한다. 마우스포인트로 해당 셀을 포인팅(마우스로 셀 선택)해도 된다. 오른 쪽에 해당 내용이 표시됨을 알 수 있다.

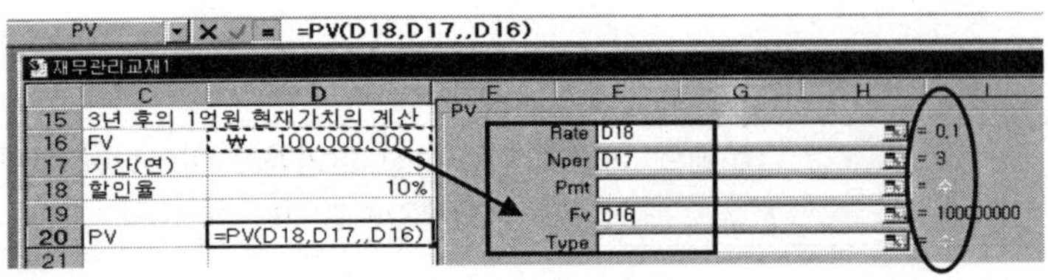

③ 결과 값이 표시된다.

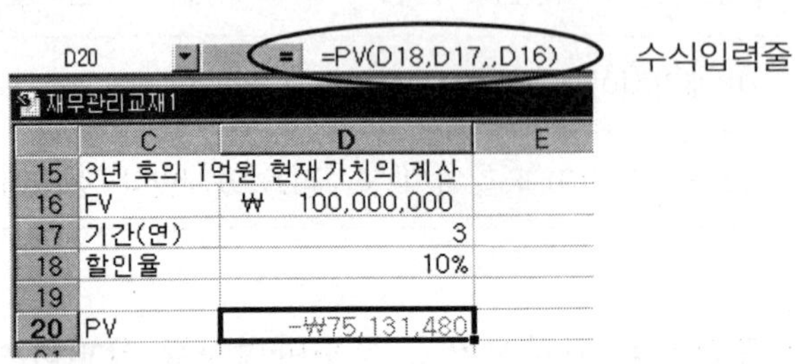

④ 위에서 엑셀 화면을 살펴보면 알수 있듯이 수식 입력줄에 해당 사항을 입력해도 마찬가지이다.

연금의 현재가치 계산

일정기간 동안 일정금액(연금:Annuity)을 지급하는 경우, 이러한 미래 금액들의 현재가치 합계를 연금의 현재가치라 한다. 다음 그림과 같이 1년도 말부터 6년 동안 100만원씩 지급되는 미래 연금의 현금흐름을 현재시점에서 평가하면 얼마가 되는가? (할인율 10%)

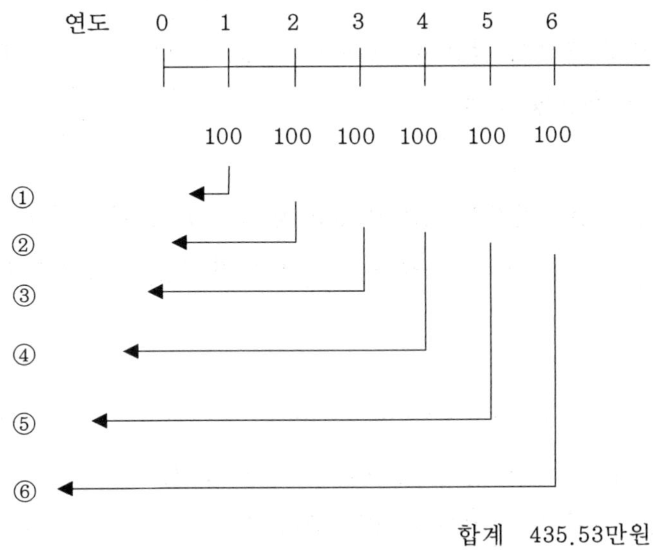

$$PV\text{연금} = \frac{100}{(1+0.1)^1} + \frac{100}{(1+0.1)^2} + \frac{100}{(1+0.1)^3}$$

$$= + \frac{100}{(1+0.1)^4} + \frac{100}{(1+0.1)^5} = 435.53\text{만원}$$

연금A의 현재가치를 구하는 일반식은 다음과 같다.

$$PV\text{연금} = \frac{A}{(1+r)^1} + \frac{A}{(1+r)^2} + \frac{A}{(1+r)^3}$$

$$\dots + \frac{A}{(1+r)^{n-1}} + \frac{A}{(1+r)^n} = A \times \frac{1 - \frac{1}{(1+r)^n}}{r} \qquad \text{(식2-7)}$$

여기서 $\frac{1 - \frac{1}{(1+r)^n}}{r}$ 을 **연금의 현가요소(PVIFAr,n)**라 하며, 교과서 <부록4 ; 연금

현가요소>에 그 값이 계산되어 있다.

Exel 실습 • 연금 현가이자요소 계산 실습

연금의 현재가치 계산에 필요한 <부록4 : 연금 현가이자요소> 테이블을 엑셀 프로그램을 사용해서 작업해 본다.

[작업순서] 연금 현가이자요소(PVIFAr,n)를 구하고자하는 셀에 "1×(r-1-r-×(1+r)-n)"에 해당되는 수식을 입력하고 동일한 방법으로 작업을 수행하면 될 것이다. 각자 작업해 보기 바란다.

초등학교에 근무하고 있는 박 교사는 20대 젊은 시절 교직에 봉직한 이후 벌써 30년이 지났다. 최근 자식들이 모두 장성하여 분가하였기 때문에 퇴직할 예정이다. 퇴직급을 일시불로 수령하지 않고 연금의 형태로 지급 받으려고 한다. 연금금액은 월정급여액의 75% 로 본인 생존시 까지 지급이 가능하다. 물론 본인 사망시 배우자가 연금의 일부를 계속 지급 받을 수 있지만 본인 수령 연금의 현재가치를 계산하려고 한다. 연간 이자율 10%, 이 퇴직 후 15년 연금수령이 가능하다고 가정한다면 연금의 현재가치는 얼마가 되겠는가?

풀이

연금의 현재가치를 구하는 문제이다. 미래 연금의 현금흐름 현재가치를 일일이 구해서 이것을 합산한다면 간단한 문제가 아니다. 엑셀에서 [함수마법사] 도구 아이콘을 클릭하여 PV함수를 선택해서 대화상자에 나타나는 지시사항에 따라 작업을 하면 쉽게 풀수 있다.

① 엑셀화면에서 월정급여액, 할인율, 기간, 연금 등 해당사항을 입력한다. 지급되는 연금 금액이 마지막 월정급여액의 75%이기 때문에 기간과 할인율도 월 단위로 조정해 준다.

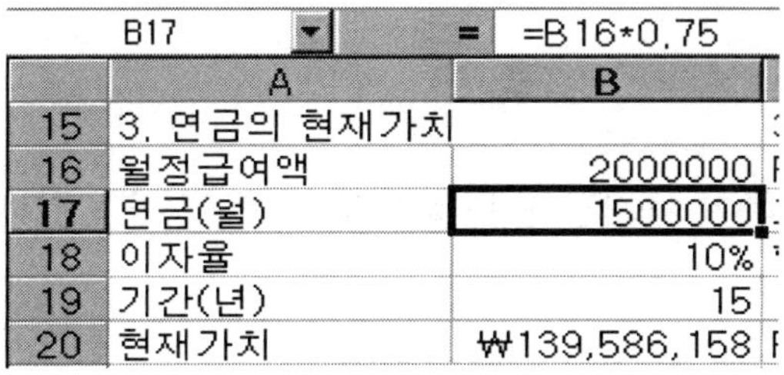

B17 = =B16*0.75

	A	B
15	3. 연금의 현재가치	
16	월정급여액	2000000
17	연금(월)	1500000
18	이자율	10%
19	기간(년)	15
20	현재가치	₩139,586,158

② 결과 값이 표시될 B20셀에 마우스 포인트를 위치시키고 함수마법사를 클릭한다.

③ 연금 입력란에 마이너스 부호를 붙여 주면 결과 값이 플러스로 표시된다.

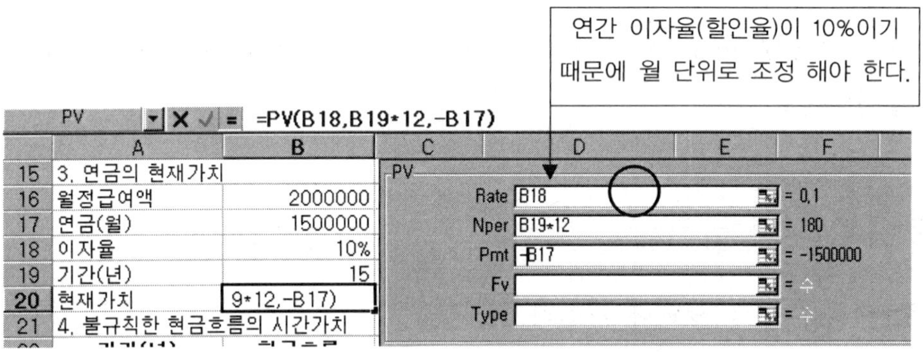

④ [확인]을 누르면 연금의 현재가치가 계산된다. 결과 값 139,586,158원이 표시된다.

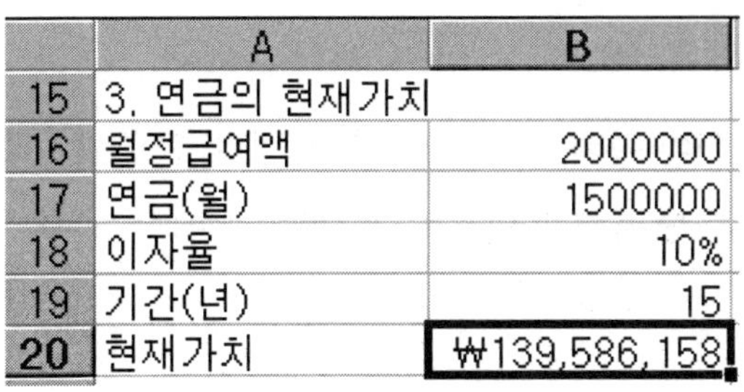

	A	B
15	3. 연금의 현재가치	
16	월정급여액	2000000
17	연금(월)	1500000
18	이자율	10%
19	기간(년)	15
20	현재가치	₩139,586,158

연습문제

1. 재무관리와 회계학의 차이점은 무엇인가? 비용과 수익인식에 있어 어떻게 다른가?

2. 이자율 결정요인에 대해서 설명하시오.

3. 위험 프리미엄이 존재하는 이유는 무엇인가?

4. 연금의 현재가치를 구하기 위한 식을 도출하고 현가요소(PVIFA)를 설명하시오. 또한 연금의 미래가치를 구하기 위한 식을 도출하고 미래가치요소(CVIFA)를 설명하시오.

[힌트] $PV(연금)=\frac{C}{(1+r)}+\frac{C}{(1+r)^2}\frac{+C}{(1+r)^3}+\dots+\frac{C}{(1+r)^n}$ (식1)

(식1)에 $\frac{1}{(1+r)}$ 을 양변에 곱한다.

$PV(연금)\times\frac{1}{(1+r)}=\frac{C}{(1+r)^2}+\frac{C}{(1+r)^3}\frac{+C}{(1+r)^4}+\dots+\frac{C}{(1+r)^{n+1}}$ (식2)

(식2)-(식1)하면 $PV=\frac{C}{r}-\frac{C}{r(1+r)^n}=C[\frac{1}{r}-\frac{1}{r(1+r)^n}]$이 된다. (식3)

같은 방법으로 연금의 미래가치를 구하는 식을 도출할 수 있다. 연금의 종가식에 (1+r)을 곱해서 식을 변형시킨 다음, 이 변형된 식에서 원래의 종가식을 차감하여 정리하면 구해진다.

제2편

자산의 가치 평가

제3장 금융자산의 가치 평가

제3장

금융자산의 가치평가

이제까지 우리는 재무관리의 목표가 기업가치의 극대화이며, 기업의 가치는 기업활동의 결과 벌어들이는 미래 현금흐름을 할인한 현재가치의 극대화에 있음을 배웠다. 기업의 가치는 주식과 채권에 대한 가치평가에서부터 출발한다. 왜냐하면 기업이 보유하고 있는 다양한 실물자산 즉, 공장, 부동산, 기계, 점포, 광산, 농장, 주식 그리고 사채 등으로부터 현금흐름이 창출되며, 주식과 채권은 바로 이들 자산에 대한 청구권을 나타내기 때문이다.

따라서 기업가치 결정에 영향을 미치는 주식과 채권에 대한 가치평가모형을 살펴보고, 주식평가와 채권평가는 어떤 차이점이 있는지 공부해 보자 한다. 그리고, 신주인수권부사채(Bond with Warrants), 전환사채(Convertible Bond)의 가치평가에 대해서도 알아보고, 최근 관심을 끌고 있는 경제적 부가가치(EVA : Economic Value Added)에 대해서도 살펴보고자 한다.

1. 채권의 가치평가

채권(Bond)은 일정기간동안 정기적으로 확정된 이자를 지급하고, 만기일에 원금, 즉 채권의 액면가를 상환하기로 약속한 증서이다. 채권에는 통상 액면가, 액면 이자율, 만기일 이 세 가지가 반드시 표시되어 한다. **액면가**(Face Value)는 채권발행자가 투자자로부터 차입한 원금을 나타내며, 채권자에게 지급해야 할 이자계산의 기준이 된다.

액면이자율(Coupon Rate)은 채권에 표시된 이자율로서 만기일까지 매기 일정기간마다 투자에 대한 보상으로 지급되는 이자율이다. **만기일**(Maturity)은 채권발행자가 원금을 상환하기로 약속한 날짜이다. 미국 등 외국에서서는 회사채의 만기일이 30년이 넘는 장기채도 있으나 우리나라에서는 통상 5년 미만으로 발행된다.

기업이 필요한 자금을 조달하는 방법은 안정적인 장기조달의 경우 주식(보통주)이나 회사채를 발행하여 조달한다. 주식의 경우는 경영실적에 따라서 배당금을 지급하지만 사채발행의 경우는 약정된 쿠폰이자를 지급하여야 한다. 따라서 주식으로부터 발생하는 현금흐름은 불확실하지만 회사채로부터 발생하는 현금흐름은 확정적이다. 이렇게 본다면 똑같은 금융증권으로서 회사채가 주식보다는 안전한 **상위증권**(Senior Security)이 된다. 회사채는 쿠폰이자와 원금 지급에 있어 주식보다는 변제의 순위에 있어 앞선다고 하겠다.

채권에 대한 기본적인 이해를 위해서 지금 울산 주식회사가 2000년 1월 2일 액면가 10,000원 쿠폰이자율 연간 12%, 만기 5년의 사채(Corporate Bond)를 발행하였다면, 이 회사는 매년10,000원×0.12=1,200원의 이자를 지급하고 만기일에 10,000원 상환해야 할 것이다.

이 때 투자자들은 울산 주식회사로부터 사채를 10,000원에 매입하는 것이고, 사채의 가치는 10,000원이 된다. 그렇다면 울산 주식회사 사채와 같은 채권에 대한 시장할인율이 15%라면 이러한 채권의 현재가치는 얼마가 되겠는가?

위에서 살펴본 바와 같이 채권으로부터 발생하는 현금흐름(액면가, 쿠폰이자)은 모두 지급이 확정된 것이어서 전혀 위험이 없는 현금흐름처럼 보이나 사실은 그렇지 못하다. 채권을 발행한 기업이 경영부실로 도산하거나 부도가 발생할 수 있으며, 자금사정으로 쿠폰이자나 액면가가 지급되지 못할 수도 있다. 따라서 채권가치를 평가하기 위해서는 해당 기업의 채권에 대한 위험을 감안한 요구수익률로서 **할인**하여야 할 것이다. 일반적인 **채권의 가치평가모형**은 다음과 같다.

$$D_0 = \frac{C}{(1+R_d)} + \frac{C}{(1+R_d)^2} + \dots + \frac{C}{(1+R_d)^{n-1}} + \frac{C}{(1+R_d)^n} + \frac{F}{(1+R_d)^n}$$

$$= \sum_{t=1}^{n} \frac{C}{(1+R_d)^t} + \frac{F}{(1+R_d)^n}$$

$$= C \times \text{연금현가요소}(R_d, n) + F \times \text{현가요소}(R_d, n) \qquad \text{(식 3-1)}$$

D_0 : 채권의 가치, C : 쿠폰이자, F : 채권의 액면가

n : 현재로부터 채권의 만기시점까지 남은 기간

R_d : 채권의 요구수익률

위 문제에서 채권의 현재가치를 구해 본다.

$$D_0 = \frac{1,200원}{(1+0.15)} + \frac{1,200원}{(1+0.15)^2} + \dots + \frac{1,200원}{(1+0.15)^5} + \frac{10,000원}{(1+0.15)^5}$$

$$= 1,200원 \times 연금현가요소(0.15,5) + 10,000원 \times 현가요소(0.15,5)$$

$$= 1,200원 \times 3.3522 + 10,000원 \times 0.4972 = 8,996원$$

Exel 실습 • 채권의 가치평가 실습

위 문제를 엑셀 프로그램을 사용하여 채권가치를 계산해 보자. 다음 그림 화면과 같이 D3셀에 할인된 현금흐름을 입력한다.

D3 = =C3/(1+$E$3)^A3

	A	B	C	D	E
1	1. 채권의 가치평가				
2	연도	액면가	쿠폰이자	할인된 현금흐름	요구수익률
3	1	10000	1200	1043.478261	0.15
4	2	10000	1200	907.3724008	
5	3	10000	1200	789.0194789	
6	4	10000	1200	686.1038947	
7	5	10000	1200	596.6120824	
8	5		10000	4971.767353	
9			PV	8994.353471	

쿠폰이자 1,200원이 다섯 번 지급되고, 만기일에 액면가가 상환된다. 채권의 현재가치는 D9셀에서 자동합계를 구하면 된다. 결과 값의 차이가 생기는 것은 부록의 조견표 값이 정확한 값이 아니기 때문이다.

채권은 이자지급방법에 따라서 순수할인채권과 확정이자부채권으로 구분된다. 확정이자부채권의 현재가치는 위에서 살펴본 바와 같다. 그러나 만기일까지 이자를 지급하지 않고 만기일에 원금(액면가)를 상환하는 순수할인채권(Pure Discounted Bond)

의 현재가치는 다음 식 3-2와 같다.

$$D_0 = \frac{F}{(1+R_d)^t} \qquad \text{(식 3-2)}$$

만기는 5년 후이고, 액면가는 100,000원인 순수할인채권의 현재가치는 얼마가 되는가? 단, 순수할인채권의 할인율은 12%이다.

풀이

$$D_0 = \frac{F}{(1+R_d)^t} = \frac{100{,}000\text{원}}{(1+0.12)^5} = 100{,}000\text{원} \times 0.5674 = 56{,}740\text{원}$$

만약 쿠폰이자가 **1년에 2회 이상 지급**될 때 현금흐름(이자)이 발생하는 시점을 기준으로 기간과 이자율을 조정해 주어야 하기 때문에 채권의 가치평가 모형은 다음과 같이 수정되어야 한다.

$$D_0 = \frac{\frac{C}{m}}{(1+\frac{R_d}{m})} + \frac{\frac{C}{m}}{(1+\frac{R_d}{m})^2} + \ldots + \frac{\frac{C}{m}}{(1+\frac{R_d}{m})^3}$$

$$+ \frac{\frac{C}{m}}{(1+\frac{R_d}{m})^{mn-1}} + \frac{\frac{C}{m}}{(1+\frac{R_d}{m})^{mn}} + \frac{F}{(1+\frac{R_d}{m})^{mn}}$$

$$= \sum_{t=1}^{mn} \frac{\frac{C}{m}}{(1+\frac{R_d}{m})^t} + \frac{F}{(1+\frac{R_d}{m})^{mn}}$$

$$= \frac{C}{m} \times \text{연금현가요소}(\frac{R_d}{m}, mn) + F \times \text{현가요소}(\frac{R_d}{m,} mn) \qquad \text{(식 3-3)}$$

C : 쿠폰이자, F : 채권의 액면가

n : 현재로부터 채권의 만기시점까지 남은 기간

m ; 1년 동안의 쿠폰이자지급회수, R_d : 채권의 요구수익률

경상주식회사는 만기 5년 그리고 쿠폰이자율이 12%(단, 이자는 매분기말에 지급함), 액면가가 100,000원인 사채를 발행하였다. 시장에서 연간 이자율이 16%라면, 이 투자자는 이 사채에 대해서 얼마를 지불해야 할 것인가?

풀이

쿠폰이자율이 매분기, 즉 연간 4회 지급되므로 1기간은 3개월이다. 기간당 시장이자율은 $\frac{0.16}{4} = 0.4$ 즉, 4%로 조정해 주어야 한다. 그리고 매분기 지급되는 쿠폰이자는100,000원$\times \frac{0,12}{4}$=3,000원이다.

$$PV = \frac{3,000\text{원}}{(1+0.04)} + \frac{3,000\text{원}}{(1+0.04)^2} + \ldots + \frac{3,000\text{원}}{(1+0.04)^{20}} + \frac{100,000\text{원}}{(1+0.04)^{20}}$$

$$= 3,000\text{원} \times \text{연금현가요소}(0.04, 20) + 100,000\text{원} \times \text{현가요소}(0.04, 20)$$

$$= 3,000\text{원} \times 13.590 + 100,000\text{원} \times 0.4564 = 86,410\text{원}$$

위 문제를 엑셀로 작업해 보자. 앞에서와 동일하게 쿠폰이자를 3,000원 20회, 마지막 액면가 100,000원의 현금흐름을 요구수익률0.04로 할인하여 합친 금액이 채권의 현재가치이다.

	A	B	C	D	E
10	2. 경상주식회사 사채평가				
11	연도	액면가	쿠폰이자	할인된 현금흐름	요구수익률
12	1		3000	2884.615385	0.04
13	2		3000	2773.668639	
14	3		3000	2666.989076	
15	4		3000	2564.412573	
16	5		3000	2465.78132	
17	6		3000	2370.943577	

할인된 현금흐름들을 구하기 위해 D12셀에 다음과 같이 입력한다.

D12셀 : =C12/(1+$E$12)^A12

할인된 액면가를 구하기 위해 D32셀까지 마우스로 드래그한다. 채권의 현재가치는 이들 현금흐름의 합계이며, [자동합계]로 구한 값이 ≒ 8,6410원이다.

D32 = =C32/(1+$E$12)^A32

	A	B	C	D
27	16		3000	1601.724527
28	17		3000	1540.119738
29	18		3000	1480.884363
30	19		3000	1423.927272
31	20		3000	1369.160839
32	20	액면가	100000	45638.69462
33				86409.67366

채권가치의 특성

채권가치를 결정짓는 요인으로서 액면가, 액면이자율, 만기, 할인율이 있다. 이중에서 세 가지 요인들은 채권 발행시 정해진다. 채권의 현재가치에 영향을 미치는 것은 할인율로서 시장이자율에 의해서 결정된다. 먼저, 시장이자율이 시장의 자금상태에 따라서 변동될 때 채권의 가치에 어떤 영향을 미치는 지 확인해 보기로 하자.

① **시장이자율과 채권가치** : 시중 자금사정의 악화로 시장이자율이 20%로 상승한다면 채권의 가치는 떨어진다. 앞에서 잔메주식회사가 발행한 회사채를 다시 한번 더 사용하기로 한다.

울산 주식회사가 액면가 10,000원 쿠폰이자율 연간 12%, 만기 5년의 사채를 발행하였다. 지금 시장의 자금사정 악화로 시장이자율이 15%에서 20%로 상승하였다면 이 채권의 현재가치는 얼마가 되겠는가?

풀이

종전 할인율 15%을 적용하였을 경우 채권의 현재가치는 8,996원이었다. 그러나 이번에는 할인율 20%를 적용하여 채권의 현재가치를 구해야 한다. 이 채권의 가치는 7,607원으로서 채권의 가치는 **하락**하였다.

$$D_0 = \frac{1,200\text{원}}{(1+0.2)} + \frac{1,200\text{원}}{(1+0.2)^2} + \ldots + \frac{1,200\text{원}}{(1+0.2)^5} + \frac{10,000\text{원}}{(1+0.2)^5}$$

$$= 1,200\text{원} \times \text{연금현가요소}(0.2,5) + 10,000\text{원} \times \text{현가요소}(0.2,5)$$

$$= 1,200\text{원} \times 2.9906 + 10,000\text{원} \times 0.4019 = 7,607\text{원}$$

반대로 자금사정이 좋아져서 시장이자율이 하락한다면 채권의 가치는 **상승**할 것이다. 이와 같이 채권의 가격은 시장 이자율의 움직임과는 **반대 방향**으로 움직인다.

② **만기와 채권가치** : 일반적으로 시장 이자율 변동에 따라 만기가 긴 채권의 가격변동이 만기가 짧은 채권보다 더 심하게 나타난다. 앞에서 설명한 예제를 다시 한번 더 사용하자.

울산 주식회사가 액면가 10,000원 쿠폰이자율 연간 12%, 만기 2년과 10년인 사채를 각각 발행하였다. 시장이자율은 5%, 10%, 15%, 20%일 경우 채권의 현재가치는 각각 얼마가 되겠는가?.

풀이

채권의 가치를 구하는 식 5-1을 사용하여 시장이자율이 5%,10%, 15%, 20%일 경우 만기가 2년, 10년인 채권의 가격을 각각 구해본다.

$$\text{PV} = \sum_{t=1}^{n} \frac{C}{(1+R_d)^t} + \frac{F}{(1+R_d)^n}$$

$$= C \times \text{연금현가요소}(R_d, n) + F \times \text{현가요소}(R_d, n)$$

① NPV 함수 이용하기 : 만기 2년, 할인율 5%인 경우 채권가격을 계산한다. B38셀에 마우스 포인트를 위치시키고 [함수마법사]를 클릭하여 NPV함수를 선택한다.

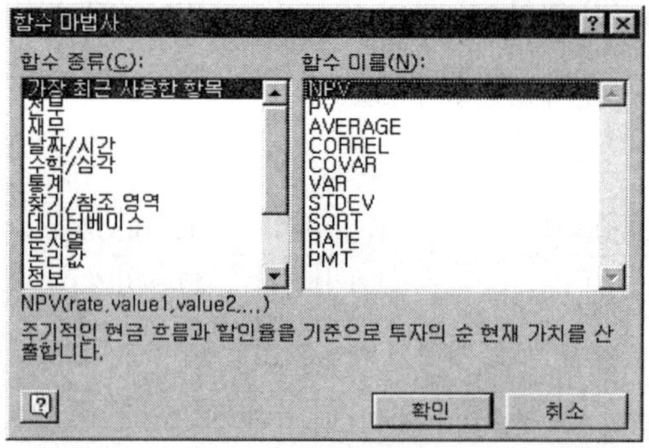

NPV 함수 대화상자에서 Rate에 할인율, Nper에 기간을 입력하고 Value1에는 첫 번째 현금흐름을 입력한다. 쿠폰이자 1,200원이 네 번 지급되고, 원금으로서 액면가 100,00원이 지급된다. 따라서 현금흐름은 1,200원, 1,200원, 1,200원, 11,200원이므로 차례로 입력한다.

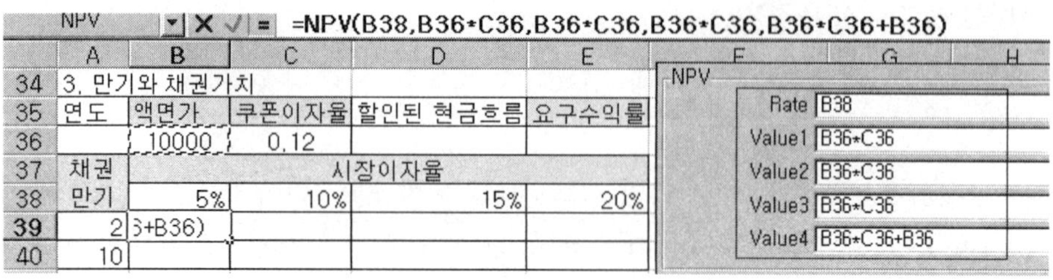

B38셀에 구하는 값 12,482원이 출력된다. 같은 방법으로 시장이자율이 10%, 15%, 20%일 경우 값을 구하면 10,634원, 9,144원, 7,929원이 된다. 이것을 일일이 작업할 필요가 없다. B38셀만 제외하고 모두 절대주소로 입력(F4키 활용)하고 드래그하면 쉽게 구해진다.

② PV함수 이용하기 : 위에서 사용한 NPV 함수는 미래에 발생하는 각각의 현금흐름을 할인한 현금흐름의 순현재가치를 계산하는데 사용된다. 채권의 가치는 두

가지 요소로 분할되는 데 매기 일정기간 지급되는 쿠폰이자의 현재가치와 만기일에 상환되는 액면가의 현재가치이다.

채권의 현재가치 = 이자의 현재가치 + 원금의 현재가치

따라서 할인율이 5%이고 만기가 10년인 채권의 현재가치를 구하기 위해서 매년 쿠폰이자 1,200원이 10번 지급되기 때문에 연금의 현재가치를 구하는 방법을 사용하고, 만기일 액면가는 10년 후의 10,000원에 대한 현재가치를 구하는 것으로 한다.

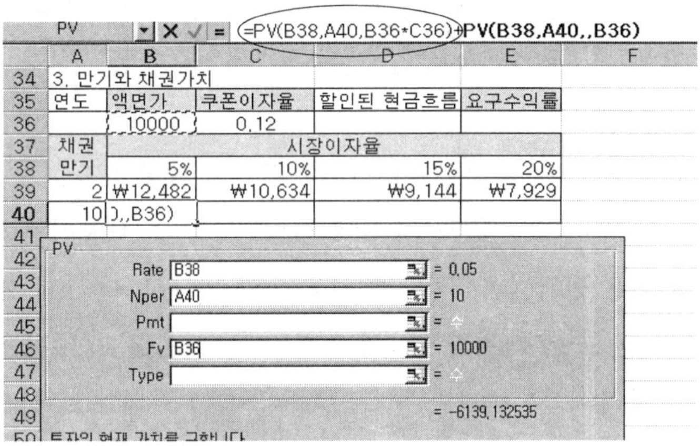

위 그림은 매년 지급되는 쿠폰이자 현금흐름의 현재가치를 계산하는 식(PV(B38,A40,-B36*C36))과 액면가의 현재가치를 구하는 식(PV(B38,A40,,-B36)}으로 구성되어 있다. 여기에서 유의해야 할 점은 매년 지급되는 쿠폰이자와 액면가를 모두 **마이너스(-) 부호**로 입력해야한 다는 점이다. 이유는 함수 마법사 결과 값이 플러스로 금액이 입력되면 결과 값이 마이너스로 출력되기 때문이다.

나머지 시장이자율 10%, 12%, 15%, 20%에 대해서는 절대주소 입력에 신경을 쓰고 드래그하면 해당 값이 구해진다. 다음과 같이 B40셀을 절대주소로 바꾸어주자.

B40셀:=PV(B38,$A$40,-$B$36*$C$36)+PV(B38,$A$40,,-$B$36)

참고로 같은 방법으로 채권 만기가 20년이고 시장이자율이 5%, 10%, 12%, 15%,

20%인 채권의 현재가치를 구할 수 있다. B41셀에 다음과 같이 입력하고 마우스로 드래그한다.

B41셀:=PV(B38,$A$41,-$B$36*$C$36)+PV(B38,$A$41,,-$B$36)

표 3-1 채권의 만기와 시장 이자율 변동에 따른 채권가격의 변동

B41 = =PV(B38,$A$41,-$B$36*$C$36)+PV(B38,$A$41,,-$B$36)

	A	B	C	D	E	F
34	3. 만기와 채권가치					
35	연도	액면가	쿠폰이자율	할인된 현금흐름	요구수익률	
36		10000	0.12			
37	채권	시장이자율				
38	만기	5%	10%	12%	15%	20%
39	2	₩12,482	₩10,634	₩10,000	₩9,144	₩7,929
40	10	₩15,405	₩11,229	₩10,000	₩8,494	₩6,646
41	20	₩18,724	₩11,703	₩10,000	₩8,122	₩6,104

위의 표 3-1에서 보면 알 수 있듯이 시장이자율이 쿠폰이자율과 같을 경우에는 만기에 관계없이 채권가격은 액면가와 동일하다. 그러나 시장이자율이 쿠폰이자율보다 낮을 경우에는 채권가격은 액면가보다 높게 나타난다. 이 경우 채권은 할증(premium)거래된다. 그런데 채권가격의 상승폭은 이자율이 낮을수록 시장이자율이 동일한 경우에는 만기가 긴 채권일수록 크게 나타난다. 반대로 시장이자율이 쿠폰이자율보다 높을 경우에는 채권가격이 낮게 나타나는데, 그 하락 폭은 시장이자율이 높을수록, 시장이자율이 같을 경우에는 만기가 긴 채권일수록 크게 나타난다. 따라서 투자자들은 만기가 긴 채권일수록 높은 이자율을 요구하는 것이 일반적이다. 만기에 따른 이자율의 변화를 **이자율의 기간구조**(Term Structure of Interest Rate)라고 한다.

만기 수익률과 채권가치

지금까지 우리는 채권으로부터 발생하는 현금흐름을 적정 할인율로 할인하여 채권의 가치[10]를 계산하였다. 이와는 반대로 채권가격이 이미 증권시장에서 형성되어 있을 때 이 채권의 수익률을 계산하는 일이 흔하다. 예를 들어서 액면가 10,000원 쿠폰이자율 12%, 만기10년인 채권이 시장에서 9,500원에 거래된다고 하면 이 채권의

10 채권의 가치와 채권 가격을 동일 의미로 사용한다. 시장에서 거래된 채권의 거래가격이 채권의 가치를 정확하게 반영한다고 가정하고 논의를 진행하기로 한다.

만기 수익률은 얼마가 되겠는가? 이럴 때 다음 식을 이용하여 채권의 만기수익률을 구한다.

$$9,500\text{원} = \frac{1,200}{(1+y)} + \frac{1,200}{(1+y)^2} + \dots + \frac{1,200}{(1+y)^{10}} + \frac{10,000}{(1+y)^{10}} \quad \text{(식3-4)}$$

이 식을 풀면 y= 12.92%가 되는데, 이것은 채권을 만기까지 소유한다면 연평균수익률이 12.92%가 된다는 뜻이다.

이와 같이 채권의 현재가격, 이자액, 만기, 액면가를 알 수 있는 경우에는 채권의 이자지급액과 원금(액면가)의 현재가치를 현재의 시장가격과 일치시키는 할인율 즉, y를 구할 수 있다. 이것을 통상 채권의 만기수익률(YTM : Yield to Maturity)이라 부른다. 또는 그냥 채권수익률이라 할 때 만기수익률을 지칭한다. 채권수익률은 채권을 만기까지 보유할 때의 채권투자의 순현재가치(NPV)를 제로(0)로 만드는 내부수익률(IRR : Internal Rate of Return) 개념이다.[11] 만기수익률을 구하는 일반적인 식은 다음 식3-5와 같이 표시된다.

$$\begin{aligned} D_0 &= \frac{I_1}{(1+y)} + \frac{I_2}{(1+y)^2} + \dots + \frac{I_n}{(1+y)^n} + \frac{F}{(1+y)^n} \\ &= \sum_{t=1}^{n} \frac{I}{(1+y)^t} + \frac{F}{(1+y)^t} \end{aligned} \quad \text{(식 3-5)}$$

참고로 이야기하면 내부수익률을 구하는 방법은 그리 간단한 것이 아니다. 수많은 시행착오의 방법으로 수익률의 범위를 계산한 다음 보간법을 이용하여 수익률을 계산한다.

Exel 실습 • 만기수익률 계산 실습 : IRR 함수

식 3-4에서 언급한 예제를 엑셀에서 작업해 보자. 기본적인 데이터는 다음과 같이

11 만기수익률 개념은 제7장에서 언급할 내부수익률(IRR)개념과 동일하다.

입력한다.

E44 = =IRR(D44:D54,10%)

	A	B	C	D	E
42	4. 만기수익률				
43	기간	액면가	쿠폰이자율	현금흐름	만기수익률
44		10000	0.12	-9500	12.92%
45	1	10000	0.12	1200	
46	2	10000	0.12	1200	
47	3	10000	0.12	1200	◀ 마우스로
48	4	10000	0.12	1200	범위지정
49	5	10000	0.12	1200	
50	6	10000	0.12	1200	
51	7	10000	0.12	1200	
52	8	10000	0.12	1200	
53	9	10000	0.12	1200	
54	10	액면가	0.12	11200	

처음 채권의 가격이 9,500원이므로 시장에서 이를 매입한 것으로보고 마이너스(-)로 입력한다. 이자 지급액 1,200원이 10회, 만기일에는 이자와 원금(10,000원)이 함께 들어오니까 11,200원으로 입력한다.

함수 마법사에서 [IRR]함수를 선택하고 [확인]을 누르면, [IRR] 함수 대화상자가 나온다. [Value] 항목에 마우스로 D44;D54 까지 셀 범위 지정을 한다. Guess에는 대략치를 적어넣고 [확인]을 누르면 결과값 12.92%가 표시된다.

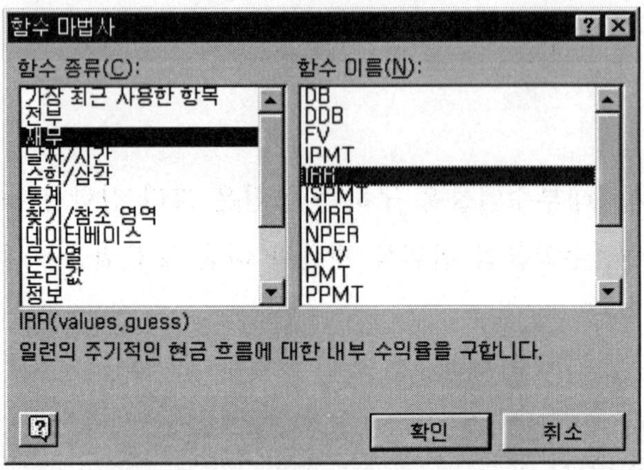

↓

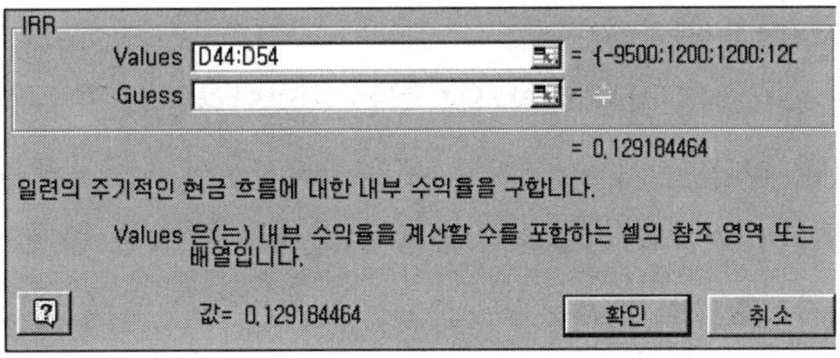

영구채권

영구채권은 만기가 없이 매 기간마다 일정 금액의 이자가 지급되는 채권이다. 이러한 채권은 드물지만, 기업이 발행한 주식중에서 우선주는 영구채권과 비슷한 특성을 가지고 있다. 기업은 우선주 소유자에게 일정금액의 배당을 우선적으로 지급하기 때문이다. 우선주의 가치도 영구채권과 동일하다.

일반적으로 일정금액의 이자가 영속적으로 지급된다면 영구채권의 가치는 다음과 같이 표시된다. 영구연금의 계산식과 동일하다.

$$D_0 = \frac{I}{(1+R_d)} + \frac{I}{(1+R_d)^2} + \dots + \frac{I}{(1+R_d)^\infty} = \frac{I}{R_d} \quad \text{(식3-6)}$$

2. 주식의 가치평가

이미 앞에서 살펴본 바와 같이 자산의 가치평가는 그 자산으로부터 발생하는 미래의 모든 현금흐름을 적절한 할인율로 할인한 것이다. 주식의 평가도 주주들에게 정기적으로 지급되는 배당금과 주식을 처분했을 때 기대되는 주식 매각대금으로부터 현금흐름이 발생한다. 그런데, 주식의 평가는 채권의 평가보다도 어려운 문제가 많이 있다. 그 이유로서 첫째, 매년 받게 되는 배당금은 안정적인 수준에서 지급되기는 하지만 기업의 성장성, 주총의 배당결정에 따라 달라질 수 있어 일정하지 않으며, 주식매각대금 또한 불확실하다. 둘째, 주식투자자들이 증권시장에서 과거 자신이 구입했던 매입가격보다 높은 가격으로 미래에 매도하여 자본이득을 실현할 것이라고 판단하였지만, 자신이 의도하지 않은 방향으로 주식가격이 움직여 뜻하지 않은 자본손실을 초래할 수도 있기 때문이다.

이렇게 본다면 앞으로 증자를 예상하고 있는 기업이라면 증시에서 자사주의 가격 움직임에 민감하지 않을 수 없을 것이고, 주식투자자들이나 증권분석가의 입장에서도 주식 매입에 앞서 주식의 적절한 가치평가는 매우 중요한 문제가 될 것이다.

주식의 가치평가모형에서는 채권평가에서처럼 할인율을 쉽게 구할 수 없다. 따라서 주식평가를 위해서는 일정한 가정을 하고 그 가정에 따라 주식평가를 하게 되는 것이다. 일반적으로 가장 단순한 주식평가모형인 **배당평가모형**(Dividend Discount Model)에 대해서 살펴보자. 주식가치의 평가도 사채와 같이 기업이 존속하는 한 배당금을 영원히 지급한다고 가정한다. 따라서 현재의 주식가치는 배당금의 무한한 흐름의 현재가치로서 계산될 수 있다. 이대 사용하는 할인율은 채권평가에서와 같이 시장이자율을 사용한다.

주식의 가치 = 미래 배당금의 기대되는 현재가치

$$S_0 = \frac{E(DIV_1)}{(1+R_S)} + \frac{E(DIV_2)}{(1+R_S)^2} + \frac{E(DIV_3)}{(1+R_S)^3} + \dots + \frac{E(DIV_\infty)}{(1+R_S)^\infty}$$

$$= \sum_{t=1}^{\infty} \frac{E(DIV_t)}{(1+R_S)^t} \qquad \text{(식 3-7)}$$

S_0 : 주식의 현재가치

$E(DIV_t)$: t 기말의 기대배당금

R_s : 주식의 1기간 요구수익률

투자자들은 한라중공업(주)이 매년 주당 4,000원씩의 배당금을 영구적으로 지급할 것으로 기대하고 있다. 만약 이 기업 주식의 요구수익률이 15%라면 이 기업 주식의 가격은 얼마가 되는가?

풀이

배당을 중심으로 주식의 가치를 평가하는 모형이다. 여기에서는 배당금이 일정하며, 변동하지 않는다고 가정한다.

이와 같은 주식평가모형을 **제로성장모형**이라 한다.

$$S_0 = \frac{E(DIV_1)}{(1+R_S)} + \frac{E(DIV_1)}{(1+R_S)^2} + \frac{E(DIV_1)}{(1+R_S)^3} + \dots + \frac{E(DIV_\infty)}{(1+R_S)^\infty}$$

$$= \frac{E(DIV_1)}{R_S} = \frac{4{,}000\text{원}}{0.15} = 26{,}667\text{원} \qquad \text{(식 3-8)}$$

제로성장모형에서 기업요구수익률은 해당 주식의 체계적 위험 즉, 주식 베타를 고려하여 증권시장선을 이용해서 구한다. 그런데 제로성장모형은 기업의 가치를 구하는데 일반적으로 사용될 수 있으나 현실적이지 못하다. 대부분의 기업들은 배당과 이익이 매년 증가하는 것이 일반적이어서 국민총생산과 같은 비율로 성장한다고 보는 것이 좋을 것이다.

이제 미래의 기대 배당금이 매년 g %로 성장한다고 가정하여 식 3-7의 모양을 변경시켜보자. 미래 배당금이 일정한 비율로 증가할 경우 배당평가모형3은 다음과 같다.

$$S_0 = \sum_{t=1}^{\infty} \frac{E(DIV_0)(1+g)^t}{(1+R_S)^t} = \frac{E(DIV_1)}{R_{S-g}} \qquad \text{(식 3-9)4}$$

---

3 이 모형을 항상성장모형(Constant Growth Valuation Model)이라 한다. 그리고 이 식은 만약 배당금이 일정한 금액으로 유지된다면 g=0이기 때문에 식 5-8과 같이 단순화된다.

$$S_0 = \sum_{t=1}^{\infty} \frac{E(DIV_0)}{(1+R_S)^t} = \frac{E(DIV_0)}{R_S}$$

4 항상성장모형에서 주식의 가치를 계산하는 식 5-9는 공비가$(\frac{1+g}{1+R_s})$인 무한등비수열의 합이다.

$$S_0 = \frac{\text{초항}}{1-\text{공비}} = \frac{\frac{E(DIV_1)}{1+R_s}}{1-(\frac{1+g}{1+R_s})} = \frac{E(DIV_1)}{R_s - g}$$

무한등비수열의 합은 공비가 1보다 작아야 수렴하기 때문에 위 식은 항상 $R_s > g$인 경우에 성립한다.

표 3-2 배당금이 일정한 증가율로 증가하는 경우

$$DIV_1 = DIV_0(1+g),\ DIV_2 = DIV_1(1+g),\ DIV_3 = DIV_1(1+g)^2,\ DIV_4 = DIV_1(1+g)^3\ \ldots$$

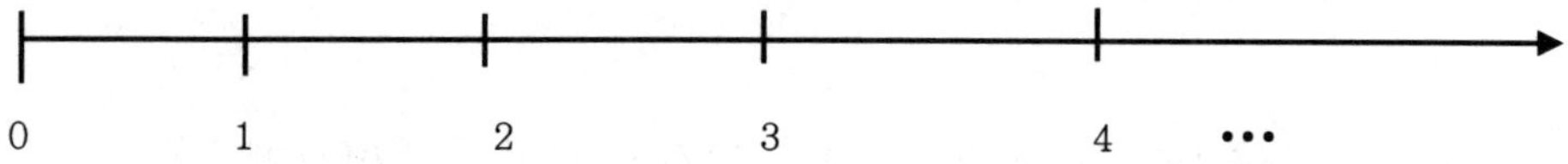

미래산업(주)은 1년 후 예상배당금이 주당 1,500원으로서 앞으로 이 기업의 성장률은 매년 연평균 10% 씩 성장할 것으로 예상하고 있다. 이 기업에 적용되는 할인율(자기자본비용)이 15%로 측정된다면 항상성장모형에 의한 보통주의 현재가치는 얼마가 되는가?

풀이

$E(DIV_1)$ = 1,500원, g = 10%, R_s = 15%

따라서 $S_0 = \dfrac{E(DIV_1)}{R_s - g} = \dfrac{1,500}{0.15-0.1} = 30,000$원

다음에는 기업의 미래 성장률이 기간에 따라 서로 다르게 나타날 경우의 배당평가모형에 대하여 알아보자.

이를 위해서 다음과 같은 사례를 들어 보기로 한다.

미래를 상징하는 바이오 산업이 부상하고 있다. 국내 주요 그룹들은 바이오기업을 만드는가하면, 생명공학, 정보통신 및 인터넷에 초점을 맞춘 기업조직으로 바꾸고 있다. 이와 같이 시장이 무한대로 확장되고 사업기회가 크게 늘어남에 따라 앞으로 기업가치는 매출과 성장이라는 현재가치에서 벗어나 성장성을 중심으로 하는 미래가치로 결정될 것임을 암시하고 있다고 하겠다.

최근 바이오 기업으로 발빠른 변신을 보인 S기업은 향후 5년간 매우 빠른 성장이 예상되고 있다. 이 기업의 2000년(1기) 배당은 20,000원으로 예상되고, 배당이 매년 20%씩 증가한다고 하자. 그리고 그 후 6년째부터는 성장이 둔화되어 매년 10%의 성장률이 예상된다. 이 기업의 주식요구수익률은 연15%라고 하면, 이 주식의 현재가치

는 얼마가 되는가?

	A	B	C	D	E	F
58	6. 성장율이 상이한 경우 주식평가					
59	기간	배당금	성장율	요구수익률	할인된 배당	주식가치
60	1	20000	0.2	0.15	17391.304	94853.93
61	2	24000	0.2	0.15	18147.448	
62	3	28800	0.2	0.15	18936.467	
63	4	34560	0.2	0.15	19759.792	
64	5	41472	0.2	0.15	20618.914	
65	6	45619.2	0.1	0.15		912384
66	7	50181.1	0.1	0.15		
67	8	55199.2	0.1	0.15		
68					주식현재가치	₩548,470

풀이

먼저 5년간 배당 현금흐름에 대한 현재가치는 다음과 같다.

$$\frac{20,000}{1+0.15}+\frac{20,000(1+0.2)}{(1+0.15)^2}+\frac{20,000(1+0.2)^2}{(1+0.15)^3}+\frac{20,000(1+0.2)^3}{(1+0.15)^4}$$

$$+\frac{20,000(1+0.2)^4}{(1+0.15)^5}=94853.93\text{원}$$

5년 후부터는 성장률이 할인율보다 작기 때문에 항상성장배당모형을 사용해서 5년째 주식가치를 구한다.

$$S_5=\frac{E(DIV_6)}{D_s-g}=\frac{4,5619.2}{(0.15-0.1)}=912,384\text{원}$$

S_5은 5년째의 주식가치이므로 이것을 현재가치로 환산해야 한다.

$$\frac{S_5}{(1+0.15)^5}=\frac{912,384}{(1+0.15)^5}=453,616\text{원}$$

따라서 이 주식의 현재가치는 두 가치의 합이 된다.

$$S_0=94,854+453,616=548,470\text{원}$$

F68 = =F60+PV(D60,5,,-F65)

	A	B	C	D	E	F
58	6. 성장률이 상이한 경우 주식평가					
59	기간	배당금	성장율	요구수익률	할인된 배당	주식가치
60	1	20000	0.2	0.15	17391.304	94853.93
61	2	24000	0.2	0.15	18147.448	
62	3	28800	0.2	0.15	18936.467	
63	4	34560	0.2	0.15	19759.792	
64	5	41472	0.2	0.15	20618.914	
65	6	45619.2	0.1	0.15		912384
66	7	50181.1	0.1	0.15		
67	8	55199.2	0.1	0.15		
68					주식현재가치	₩548,470

배당평가모형과 1기간 평가모형

우리는 앞에서 주식의 가치를 평가하는 모형을 도출하기 위해서 배당이 무한히 지급되는 배당평가모형에 의해서 주식가치를 평가하였다. 그런데 주식의 가치를 평가하는데 고려해야 할 현금흐름에는 배당이외에 보유하고 있던 주식을 팔았을 때 받게 되는 주식매각대금도 있다. 이제 투자자가 주식을 1년만 보유하고 1년 후에는 주식을 판다고 가정했을 때 주식의 가치 S_0는 다음과 같다.

$$S_0 = \frac{E(DIV_1)}{(1+R_S)} + \frac{S_1}{(1+R_S)} \qquad \text{(식 3-10)}$$

위와 같이 1기간후의 주식가격과 1기간후의 기대배당금을 주식의 요구수익률로 할인하면 주식의 가치가 구해진다. 이와 같은 평가방법을 **주식의 1기간 평가모형**이라 부른다. 만약 이 투자자가 주식을 2년간 보유하고 있다가 매각한다면, 이 때의 주식가치는 다음과 같게 된다.

$$S_0 = \frac{E(DIV_1)}{(1+R_S)} + \frac{E(DIV_2)}{(1+R_S)^2} + \frac{E(S_2)}{(1+R_S)^2} \qquad \text{(식 3-11)}$$

$E(DIV_1)$: 1년 후의 기대 배당금,$E(DIV_2)$: 2년 후의 기대배당금

$E(S_2)$: 2년후의 기대 주식가격

2년후의 기대주식가격$E(S_2)$는 3년 후부터 받게되는 배당금을 2년 후의 현재가치로 표시할 수 있다. 즉, $E(S_2)$ 은 다음과 같이 표시할 수 있다.

$$E(S_2) = \frac{E(DIV_3)}{(1+R_S)} + \frac{E(DIV_4)}{(1+R_S)^2} + \frac{E(S_5)}{(1+R_S)^3} + \ldots + \frac{E(DIV_\infty)}{(1+R_S)^\infty} \qquad \text{(식3-12)}$$

식 3-12를 식 3-11에 대입하면 식 3-7과 같이 배당평가모형이 된다. 따라서 배당평가모형과 1기간평가모형은 결국 동일한 모형이며, 같은 결과를 가져온다는 것을 확인할 수 있다.

성장률과 할인율의 추정

배당평가모형을 이용하여 주식의 가치를 평가하기 위해서는 먼저 성장률과 할인율을 추정해야 한다. 그러나 이것을 정확하게 추정하는 것은 어렵기 때문에 미래 배당성장률은 유보비율에 자기자본이익률(ROE : Return on Equity)을 곱해서 사용한다.

$$\text{배당성장률}(g) = \text{유보비율} \times \text{자기자본이익률}$$

이것을 설명하면 다음과 같다. 기업이 순투자(총투자-감가상각비)를 하지 않는다면 다음 연도의 순이익은 당해연도와 동일하게 된다. 다시 말하면 총투자가 감가상각비와 동일하게된다면 기업의 현재 생산능력이 변하지 않기 때문에 순이익은 변동이 없게 된다. 그러나 기업이 순투자를 하게 된다면 당기순이익을 모두 배당하지 않고 그중 일부를 유보하여 투자를 한다면 다음 연도의 순이익은 증가하게 된다.

차기순이익 = 당기순이익+순이익의 증가액
=당기순이익+ 당기유보액×투자수익률 (식 3-13)

위 식의 양변을 당기순이익으로 나누어 정리한다.

$$\frac{차기순이익}{당기순이익} = \frac{당기순이익}{당기순이익} + \frac{당기유보액}{당기순이익} \times 투자수익률$$

$$= 1 + 순이익증가율 = 1 + 유보비율 \times 투자수익률 \qquad (식\ 3\text{-}14)$$

여기서 기업이 순이익에 대한 배당비율, 즉 배당성향(1-유보비율)을 일정하게 유지한다면, 순이익증가율과 배당성장률은 같아지게 된다. 따라서 배당성장률 g는 유보비율과 투자수익률의 곱으로 표시된다.

$$g = 유보비율 \times 투자수익률 \qquad (식\ 3\text{-}15)$$

그리고, 투자수익률은 과거 기업의 투자총합에 대한 수익률인 자기자본수익률을 대용치로서 사용한다.

특정주식의 현금흐름을 할인하는데 사용되는 할인율R_s를 추정하는 방법에 대해서 살펴보자. 항상성장모형을 R_S에 대해서 풀면 다음과 같다.

$$R_S = \frac{E(DIV_1)}{S_0} + g \qquad (식\ 3\text{-}16)$$

위 식은 할인율(주식에 대한 요구수익률)은 배당수익률$\frac{E(DIV_1)}{S_0}$과 배당성장률 g의 두 항목으로 분해 될 수 있음을 보이고 있다.

첫 번째 항목 배당수익률$\frac{E(DIV_1)}{S_0}$은 쉽게 계산할 수 있으며, 두 번째 항목도 식 3-15에서 추정될 수 있다.

성장기회와 주식평가모형

미래의 성장 가능성이 높은 기업의 주식이 성장 가능성이 낮은 기업보다 상대적으로 높게 평가된다. 현재의 증시에서 영업이익을 많이 내고 있는 제조업 주가보다 그리 두드러진 이익을 실현하지 못하는 벤처기업의 주가가 더 높게 형성되고 있다. 그 이유는 벤처관련 기업의 장래 성장가능성이 현재 주가에 반영된 결과로 해석된다.

지금까지 설명한 배당평가모형과는 달리 기업의 성장기회를 분리하여 그 가치를 평가한 후, 그것을 이용하여 주식의 가치를 평가할 수 도 있다.

① 성장이 없는 주식의 평가 : 기업의 순이익을 모두 배당한다면 유보비율은 0이 되기 때문에 성장률은 0이 된다. 이 경우 주주들은 매년 일정한 주당배당금을 받게 된다. 이와 같은 상황에서 주식 1주에 지급되는 배당이 주당 순이익(EPS : Earnings per Share)과 같아진다. 주식의 가치는 다음과 같이 평가될 수 있다.

$$S_0 = \frac{E(DIV_1)}{R_S - g} = \frac{E(DIV_1)}{R_S} = \frac{EPS_1}{R_S} \qquad \text{(식 3-17)}$$

여기서 EPS_1=1년도 말의 주당순이익

$$R_S = \frac{E(DIV_1)}{S_0} = \frac{EPS_1}{S_0} = \frac{1}{PER} \qquad \text{(식 3-18)}$$

주식의 가치는 주당 순이익을 주식할인율(R_S)로 나눈 값이다. 식 3-18에서 $\frac{S_0}{EPS}$를 주가수익비율(PER: Price Earning Ratio)라고 하며, 할인율(R_S)은 PER의 역수로 표시된다. 그러므로 식 3-17에서 알 수 있듯이 **성장이 전혀 없고 이익을 모두 배당으로 지급하는 기업**인 경우에는 EPS를 주식할인율(R_S)로 나눈 값이 주식가격(S_0)이 된다.

부(−)의 성장 보통주의 가치계산 : 우리나라 석탄산업과 같이 사양 산업에 속하는 D 기업의 배당금이 경영악화로 매기간 일정비율로 감소가 예상된다. 금년 말 보통주 주당배당금이 2,000원, 보통주의 요구수익률이 14%인 이 기업의 배당이 매년 −3%씩 감소할 것이라면 이 기업의 보통주 가치는 얼마가 되는가?

풀이

성장률이 마이너스 값을 가지기 때문에 분모의 값, 즉 자본환원율 보통주의 시장이자율보다 증가하게 된다.

$$S_0 = \frac{E(DIV_1)}{R_S-(-g)} = \frac{2,000원}{0.14-(-0.03)} = 11,764원$$

주가수익배수가 10배이고, 현재 주당이익이 2,000원 보통주의 가치는 얼마인가?

PER : 10, EPS : 2,000원$S_0 = PER \times EPS = 10 \times 2,000원 = 20,000원$

---

② 성장주식의 평가모형 : 기업이 높은 수익을 얻을 수 있는 투자기회를 가지고 있는 경우에는 성장기회에 대한 순현재가치(NPVGO : Net Present Value of the Growth Opportunity)를 더해서 주식의 가치를 평가해야 할 것이다.

$$S_0 = \frac{EPS_1}{R_S} + NPVGO \quad \text{(식 3-19)}$$

한바다 식품(주)은 새로운 투자기회를 가지지 못한다면 매년 1억원의 순이익을 영구히 얻을 수 있을 것으로 기대되고 있다. 이 기업이 발행한 주식수는 총 100,000주이고, 주당 순이익은 1,000원이다. 이 기업이 현재 2천만원이 소요되는 투자기회가 있어 그 투자안에 투자한다면 그 후 매년의 이익은 4백만원이 증가되어 1억 4백만이되며, 이 기업은 모든 이익을 배당으로 모두 지급한다고 가정하자. 이 주식의 요구수익률은 10%이다.

(1) 성장기회가 없는 경우의 주가는 얼마인가?

(2) 새로운 투자안을 채택할 경우의 주가는 얼마가 되겠는가?

풀이

(1) 성장기회가 없는 경우의 주식가치는 다음과 같이 구한다.

E74 = =C74/D74

	A	B	C	D	E
72	(1) 성장없는 주식의 평가모형				
73	주식수	매년 순이익흐름	주당순이익	요구수익률	주식가치
74	100000	100,000,000	1,000	0.1	10,000

(2) 새로운 투자안을 채택할 경우 현금흐름은 다음과 같다.

-20,000,000원, 4,000,000원, 4,000,000원, 4,000,000원,....4,000,000원
0년말 1년말 2년말 3년말 .... ∞

새로운 투자안의 순현가는 다음과 같다.

$$-20,000,000+\frac{4,000,000}{0,1}=20,000,000\text{원}$$

그러므로 새로운 프로젝트 주당 순현재가치(NPVGO)는 다음과 같다.

$$NPVGO=\frac{20,000,000}{100,000}=200\text{원}$$

주당 주식가격은 $S_0=\frac{EPS_1}{R_S}+NPVGO=$10,000+200=10,200원이 된다.

주가수익비율

앞의 식 3-19에서 주식의 현재가치는 다음과 같이 나타낼 수 있을 설명하였다.

$$S_0=\frac{EPS_1}{R_S}+NPVGO$$

이 식의 양변을 EPS_1으로 나누면 다음과 같이 된다.

$$\frac{S_0}{EPS_1}=\frac{1}{R_S}+\frac{NPVGO}{EPS_1} \qquad \text{(식 3-20)}$$

앞에서 설명하였듯이 식 3-20의 왼쪽 부분은 현재의 주가를 다음연도의 주당순이익으로 나눈 것으로 주가수익비율(PER)이라 한다.

이것은 주가가 주당 순이익의 몇 배가 되는지를 나타내는 것으로 성장기회의 순현가인 NPVGO와 플러스(+) 상관관계를 가지고 있으며, 주가요구수익률과는 마이너스(-) 관계를 가지고 있다. 즉, 성장기회가 크거나 할인율이 낮은 주식은 그렇지 않은

주식에 비하여 주당순이익이 동일하다하더라도 PER은 커지게 된다. 따라서 PER가 높다는 것은 해당기업의 이익에 비하여 주가가 높다는 의미이며, PER이 낮다는 것은 해당종목의 주가가 기업의 수익가치에 비해 상대적으로 낮게 저평가되어 있다는 의미가 된다.

3. 전환사채 및 신주인수권부 사채의 가치평가

전환사채(CB : Convertible Bond)는 일정한 조건아래에서 사채발행 회사의 보통주로 전환할 권리가 부여되어 있는 사채를 말한다. 전환사채는 투자자의 선택에 따라서 보통주로 전환할 수 있는 권리가 부여되어 있어 사실상 일반 사채와 주식의 복합적인 성격을 가진 혼합증권이라 할 수 있다.

기업에서 전환사채를 발행하는 이유는 최소의 자금조달비용의 문제와 함께 기업경영권 방어라는 문제와 맞물려 있다. 앞에서 설명한 바와 같이 기업의 기본적인 장기자금 조달수단은 주식과 채권이다. 그러나 주식과 채권의 특성이 혼합된 혼합증권(신주인수권부사채, 전환사채, 전환우선주)을 개발하여 자본조달의 효율성을 높이고 있다. 즉, 기본적으로는 채권이지만 그 채권을 보유함으로써 주식을 살수 있는 권리가 주어진 채권, 즉 신주인수권부 채권(Bond with Warrant)과 채권을 포기하고 주식으로 전환할 수 있는 권리가 주어진 채권, 즉 전환사채(Convertible Bond)가 있다.

이처럼 투자자에게 미래의 상황에 따라서 유리한 것을 선택할 수 있는 권리가 주어진 증권을 선택권부 증권이라 하며, 투자자의 취향에 따라 신주인수권이나 전환권을 행사할 수 있어 쉽게 자금을 조달할 수 있다.

신주인수권부 사채

신주인수권부 사채(Bond with Warrants)는 말 그대로 신주인수권(Warrants)이 주어진 사채이다. 신주인수권은 투자자입장에서 보면 보통주를 자산으로 하는 콜옵션과 같은 성격을 지니고 있다. 콜 옵션을 갖는 신주인수권의 가치가 행사시점까지의 기간 및 주가의 변동에 대하여 어떤 관계를 갖는지를 그림으로 그리면 다음과 같다.

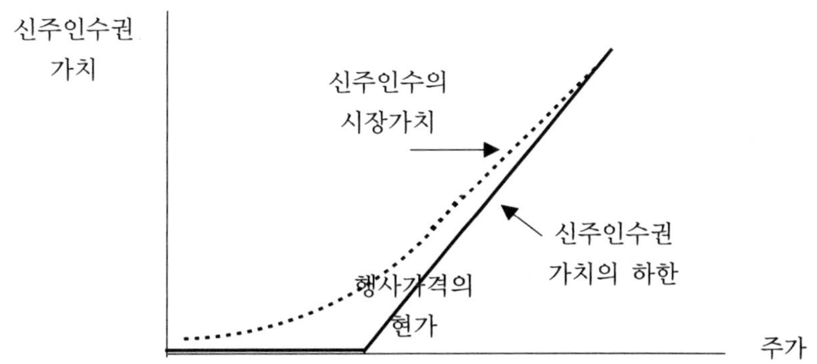

그림 3-1 신주인권가치의 하한과 시장가치와의 관계

이 그림에서 주가가 알려져 있다고 가정하자. 행사가격은 발행시점에 이미 고정되어 있으므로 신주인수권의 시장가치는 ① 무위험이자율, ② 만기일까지의 기간, ③ 주식수익률의 변동성에 따라 점선으로 표시된다. 또 만기까지의 기간이 가까워질수록 이 점선은 신주인수권 가치의 하한선과 접근하며, 만기시점에서는 점선이 하한선과 일치한다. 따라서 만기일에서의 신주인수권의 가치는 그림 3-1에서의 하한선과 같고, 이는 주가에서 행사가격을 차감한 값에 하나의 신주인수권으로 매입할 수 있는 주식의 수를 곱한 것과 0과의 비교에서 큰 값이 된다.

신주인수권의 하한=$Max[(S_0 - B)N, 0]$

N : 하나의 신주인수권으로 매입할 수 있는 주식수

V : 신주인수권 발행기업의 현재가치 : 31,000원

B : 신주인수권 행사가격 : 40,000원

t : 신주인수권 행사일까지의 기간 : 5년

R_f : 무위험 이자율 : 0.08

σ : 보통주 수익률의 변동성 : 0.40

이제, 청솔기업에서 발행한 신주인수권의 가치를 구하는데, 관련 자료가 아래와 같다고 가정하고 블랙-숄즈 옵션가격결정모형을 이용하여 이 기업의 신주인수권의 가치를 구하면 다음 식 3-21과 같이 12,197원이 된다.

d_1=0.61

$N(d_1)$=0.729

d_2=-0.285

$N(d_2)$=0.388

$$C_0 = S_0 N(d_1) - E e^{-R_f * t} N(d_2) \qquad \text{(식 3-21)}$$

B84 = =((LN(v/B)+Rf*t)/(σ*SQRT(t))+1/2*σ*SQRT(t))

	A	B	C	D
77	9. 신주인수권부사채의 가치평가			
78	v	31,000		
79	σ	40%		
80	E	40,000		
81	t	5		
82	R_f	8%		
83				
84	d_1	0.61		
85	d_2	- 0.285		
86	$N(d_1)$	0.729		
87	$N(d_2)$	0.388		
88				
89	자기자본현가	12,197		
90	부채자본현가	18,803		

[작업순서]

① A77:B82에 기초자료 입력, A77:B82을 범위지정하고 [삽입]→[이름]→[작성]→[왼쪽열]→[확인]

② d_1과 d_2 계산하기 위하여 다음 셀 B84, B85에 수식 입력

B84 : =((LN(v/B)+Rf*t)/(σ*SQRT(t))+1/2*σ*SQRT(t))

B85 : =B84-σ*SQRT(t)

③ $N(d_1)$과 $N(d_2)$ 계산

B86 : =NORMSDIST(B84), B87 : =NORMSDIST(B85)

④ 자기자본의 현가 계산 식 5-21에 따라 수식을 입력한다.

B89 : =v*B86-EXP(-Rf*t)*B*B87=12,197

⑤ 부채의 현가 계산, 기업의 총가치= 자기자본+부채이므로

B90 : =v-B89

그러나 신주인수권 가치를 구하는 위의 식 3-21은 이해를 돕기 위하여 문제를 단순화시킨 것이다. 실제로 일단 발행된 신주인수권이 행사되면 기초자산인 보통주의 발행주식수가 증가한다. 이 때 보통주의 희석화(Dilution)현상으로 인하여 신주인수권의 가치는 다음 식 3-22와 같이 조정되어야 한다. 그러므로 신주인수권의 가치는 발행주식총수의 변화를 가져오지 않는 콜옵션의 가치보다도 희석화효과를 반영한 만큼 낮게 형성된다.

$$W = \frac{N}{N+M} \times C \qquad \text{(식 3-22)}$$

W : 주식의 희석화를 고려한 신주인수권 가치

N : 기발행 주식수

M : 신주인수권 총수

C : 콜옵션가치

이와 같은 신주인수권은 기업의 사채발행을 촉진시키는 역할을 수행한다. 특히 신주인수권부사채를 발행한 기업이 성장기업으로 판명되면 미래에 그 기업의 주식을 소유할 목적으로 이 신주인수권부 사채를 매수하는 경향이 있다. 또한 신주인수권부사채를 발행한 기업의 입장에서도 단순히 사채만 발행한 경우보다도 보통주를 발행한 효과를 볼 수 있어 기업의 부채비중이 축소되는 이점이 있다.

결론적으로 말하면, 기업의 입장에서 신주인수권부사채는 채권과 비교하여 저렴한 비용으로 자금을 조달할 수 있고, 투자자들도 보통주의 시가가 행사가격을 초과한 상태에서 신주인수권의 만기가 도래하면 신주인수권을 행사하여 이익을 실현할 수 있다. 즉, 기업의 미래의 주가가 행사가격이상으로 오를 것이라 예상될 때 투자자들은 사채에 보장된 이자와 액면가를 받을 수 있고 동시에 주가가 올랐을 때 신주인수권을 행사하여 시장가격과 행사가격의 차이만큼 이익을 얻을 수 있기 때문이다. 그리고 신주인수권부사채에는 이러한 신주인수권을 행사할 권리가 포함되어 있기 때문에 투자자들은 일반 채권보다는 낮은 수익률을 감수해야 할 것이다.

전환 사채

전환사채(Convertible Bond)는 일정한 조건하에서 사채발행 회사의 보통주로 전환할 수 있는 권리(Conversion Privilege)가 부여되어 있는 사채이다. 앞에서 살펴본 바와 같이 신주인수권부사채에서의 신주인수권과 같이 전환사채도 콜 옵션적 성격을 가지고 있다고 하겠다. 양자의 차이점은 전환사채는 그 소유자가 전환권을 행사함으로서 사채를 포기하고 대신 주식을 취득하는 반면에 신주인수권부사채는 사채를 그대로 소유하면서 그 사채에 첨부된 신주인수권을 행사하여 주식을 취득한다는 점이다.

전환사채의 소유자는 전환사채를 발행한 회사의 주식가격이 상승할 경우 사채 대신 주식을 소유할 수 있고, 주식가격이 하락할 경우에는 전환권을 행사하지 않고 사채를 그대로 보유할 수 있다. 따라서 일반사채와 주식으로의 전환권이 결합된 혼합증권(Hybrid Security)이다. 전환사채를 발행하는 기업의 입장에서도 일반사채보다 이자율을 낮게 발행할 수 있을 뿐만 아니라 현재는 사채를 발행함으로써 타인자본의 형태로 자본을 조달하나 회사의 영업상태가 호전되어 주자가 오를 경우 보통주로 전환하도록 유도함으로써 자기자본을 확충하기 위한 간접적인 수단으로 활용할 수 있는 이점이 있다.

전환사채의 가치는 전환권을 행사하지 않고 만기까지 보유할 경우에는 일반사채의 가치와 동일하다. 그러나 전환권을 행사하여 주식으로 전환할 경우 그 가치는 전환으로 인하여 취득하는 주식의 가치와 동일하다. 이를 전환가치(Conversion Value)라 하는데 이는 전환으로 인하여 취득하는 주식수를 의미하는 전환비율(Conversion Ratio)에 전환시점의 주가를 곱하여 계산된다.

$$\text{전환가치} = \text{전환비율} \times \text{주가}$$

또한 전환사채의 액면가를 전환비율로 나눈 금액을 전환가격(Conversion Price)이라 하는 데 이는 전환으로 인하여 취득하는 주식 1주의 매입 가격이 되는 셈이다.

예를 들어 액면가격 100,000원의 전환사채를 5주의 주식으로 전환한다면 전환비율은 5이며 전환가격은 20,000원(= 100,000원 ÷ 5주)이다. 이때 주가가 25,000원에 형성된다면 전환가치는 125,000원(= 25,000원 × 5주)이다.

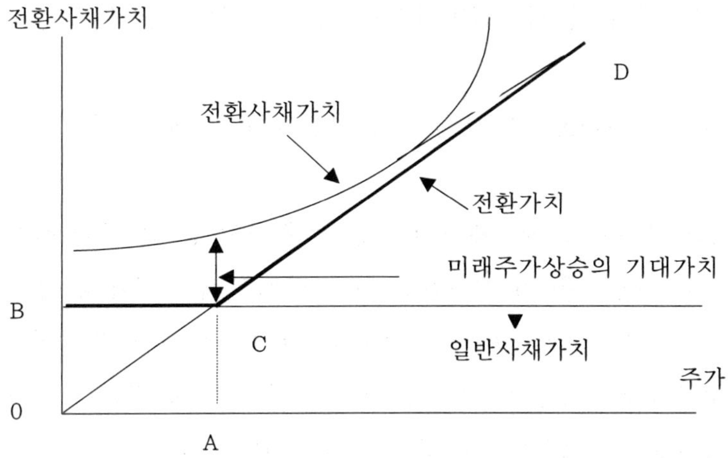

그림 3-2 전환사채의 가치

위 그림에서 알 수 있듯이 전환사채의 가치는 ① 일반사채로서의 가치, ② 주식으로의 전환가치, 그리고 ③ 옵션가치에 의해서 결정된다.

- 일반사채가치 : 전환권을 행사하지 않을 경우의 전환사채의 가치를 말한다. BCF 직선으로 채권평가모형에 의해서 구해진다.
- 전환가치 : 전환사채를 보통주로 전환하는 경우의 가치를 말한다. 전환비율과 보통주의 가격을 곱해서 구한다. 그림에서 우너점을 통과하는 우상향 OCD직선으로 표시된다.
- 옵션가치 : 전환사채의 소유자가 만기일까지 전환권의 행사를 연기하여 가장 유리한 행동을 취할 수 있는 선택권을 가진다. 이와 같은 선택권의 가치를 옵션가치라 한다. 옵션가치는 만기일이 길수록 커진다.

표 3-1 전환사채와 관련된 용어

용어	설명
전환비율	전환사채를 전환할 때 받게되는 보통주의 수
전환가격	보통주 1주로 전환하기 위하여 포기해야 하는 사채의 액면가치로서 사채의 액면가를 전환비율로 나눈다.
전환프리미엄	보통주 1주를 얻기 위해서 포기해야 하는 전환사채의 가치(전환가격)가 현재주가를 초과하는 정도를 의미한다.

그러므로 전환사채의 가치는 일반적으로 다음과 같이 결정된다.

전환사채의 가치 = MAX[일반사채가치, 전환가치] + 옵션가치

즉, 전환사채의 가치는 일반사채가치 또는 전환가치 중 큰 값을 하한으로 하여 그 보다 높은 값으로 결정됨을 알 수 있다. 위 그림에서 전환사채의 가격은 BCD 전환사채가치의 하한선보다 높은 선에서 형성된다. 왜냐하면 아직 전환이 이루어지지 않은 상태에서 전환사채의 소유자는 항상 미래 주가 상승에 대한 기대감을 가지고 있으며, 이것이 전환사채의 가격에 반영되기 때문이다.

강남조선(주)이 액면가 100만원, 액면이자율 6%, 만기 5년의 전환사채를 발행한다고 한다. 이 전환사채는 언제든지 전환사채당 50주의 보통주로 전환할 수 있는 권리가 부여되어 있다. 사채를 포기하는 대신에 받게되는 주식의 수를 전환비율이라 하며, 발행기업의 주식가격은 25,000원이었다면 전환비율, 전환가격, 전환프리미엄은 얼마가 되는가?

풀이

① 전환비율은 50이다.

② 전환가격은 사채의 액면가를 전환비율로 나눈 것으로 B95셀에서 구한 값이 20,000원이다.

③ 전환프리미엄은 $\dfrac{\text{전환가격} - \text{현재주가}}{\text{현재주가}} = \dfrac{20,000 - 16,000}{16,000} = 0.25$ 또는 25%

B96 = =(B95-D93)/D93

	A	B	C	D
89	자기자본현가	12,197		
90	부채자본현가	18,803		
91	10. 전환사채의 가치평가			
92	전환사채액면가	액면이자율	만기	발행기업 현재주가
93	1,000,000	6%	5	16,000
94	1) 전환비율	50		
95	2) 전환가격	20,000		
96	) 전환프리미엄	0.25		

EVA 와 PER

EVA(Economic Value Added·경제적 부가가치)는 매출액이나 경상이익 등 일상적으로 기업들이 부풀려 발표하는 외형보다 영업을 통해 창출해낸 부가가치의 순증가분을 따져보는 지표를 말한다.

주식투자 기준으로 각광 받아온 투자지표인 PER(주가수익비율)는 해당기업의 주가가 얼마나 저평가 혹은 고평가 되어 있느냐를 나타내는 것이다. 반면 EVA는 기업이나 주주의 수익성을 중시해 뒤늦게 부각되고 있는 투자지표다. 법인세를 뺀 세후 영업이익에서 타인자본비용과 자기자본비용을 더한 총자본비용을 차감해 구한다. 보통 타인자본비용은 은행대출 이자율, 자기자본비용은 1년 만기 정기예금 이자율을 기준으로 계산하기 때문에 주주의 입장에서 투자한 돈이 얼마만한 이익을 내는가를 알아볼 수 있다. 결국 EVA가 높은 기업이란 같은 돈(빌린 돈 + 자기 돈)을 투자해 은행에 예금하는 것보다 많은 이익을 낸다는 얘기다.

채권등급의 평가

우리나라에서 신용평가제도가 도입된 것은 한국산업은행의 출자로 한국기업평가가 설립된 1983년부터이다. 기업이 발행한 회사채에 대한 채무불이행위험에 관한 정보를 제공해 주는 이들 전문신용평가회사들은 현재 한국기업평가, 한국신용평가, 나이스신용평가정보가 주요 신용평가기관이다.

세계적으로 유명한 신용평가기관은 미국의 S & P(Standard and Poor's Corporation)와 무디스(Moody‘s Investment Service)이다. S & P와 무디스의 평가기준, 평가방식, 평가결과는 거의 비슷하지만 신용등급의 부호는 다소 차이가 있다.

S & P의 BB+ 또는 무디스의 Ba1 등급 이하의 채권은 채무불이행위험이 높은 투기적 성격의 채권으로 정크본드(Junk Bond)라고 불린다. 기업의 채무불이행위험이 높은 만큼 투자자들에게 고율의 투자수익을 약속해야 하기 때문에 고수익의 불량채권이라는 뜻에서 쓰레기 채권이라는 의미가 된다.

앞에서 설명한 채권의 만기수익률(YTM: Yield to Maturity)은 기업의 채무불이행위험에 따라서 결정된다. 채권등급이 높을수록 채권의 만기수익률은 낮을 것이다. 따라서 회사채를 발행하는 기업의 입장에서는 신용평가기관으로부터 좋은 등급평가를 받게되면 기만큼 자본조달비용이 낮아지게 된다. 그러므로 기업의 입장에서는 좋은 등급을 받기 위해서 등급평가에 필요한 내부자료를 신용평기기관에 적극적으로 제공하게 되어 결과적으로 등급평가제도가 정착하게 된다.

연습문제

1. 다음 용어에 대하여 간략하게 설명하시오

   (1) 이자부채권, 할인채권

   (2) 전환사채

   (3) 신주인수권부 사채

   (4) 만기수익률

   (5) 이자율의 기간구조

   (6) 주식의 시장가격과 내재가치

   (7) 사채의 등급평정

   (8) 자본이득

   (9) 할증발행

2. 채권의 가치와 시장이자율 및 채권만기의 상호관계를 설명하시오.

3. 주식의 평가에 사용되는 일반적인 방법을 설명하고 어느 것이 가장 설득력이 있는지 설명하시오.

4. (채권의 가치)
   동남기업이 발행한 액면가 1,000,000원인 채권은 연간 이자율 12%의 쿠폰이자를 연 1회 지급한다. 이 채권의 요구수익률이 연 10%라면 현재 이 채권의 가치는 얼마가 되는가?

5. (채권의 가치)
   은성산업이 발행한 채권의 액면가는 100,000원이고 액면 이자율이 연 15%이다. 이 채권의 만기는 앞으로 2년 남아 있으며, 쿠폰이자는 매 3개월마다 지급된다. 위험이 같은 여타의 채권의 시장이자율이 연 12%라고 할 때 이 채권의 가치는 얼마가 되는가?

6. 채권의 만기수익률

액면금액이 100,000원 만기가 5년인 할인채권이 있다. 이 채권의 시장가격이 7115,000원이라면 이 채권의 만기수익률은 얼마인가?

7. (주식의 가치)

덕산건설(주)은 올 연말에 주당 4,000원의 배당금을 지급할 것으로 예상된다. 이 기업은 매년 배당금을 15%씩 증가시키기로 하고 있다. 이 기업 주식에 대한 요구수익률이 연 20%라고 한다면 덕산건설의 주식가치는 얼마가 되는가?

8. (주식의 가치)

해강건설(주)은 연간 1,800원의 배당금을 지급한다. 배당금은 향후 3년 동안 5%로 성장하다가 그 후 연간 4%로 지속적으로 성장할 것으로 예상된다. 이 기업에 대한 주식요구수익률이 12%라고 할 때

주시가치는 얼마인가?

9. (영구주식)

매년 5,500원의 배당을 영구히 지급하는 주식이 있다면 할인율이 12%라고 할 때 이 주식의 가치는 얼마인가?

10. (CAPM과 주식의 가치)

솔잎, 송진, 송화 가루 등을 주원료로 하여 건강식품을 생산하는 지리산식품(주)의 2018년말 주당 배당금은 3,500원으로 예상되며 앞으로 영구히 7%의 성장률로 증가할 것으로 예상된다. 2018년초 현재 이 기업 주식의 베타는 1.5로 추정되고 있으며, 무위험수익률은 연 9%, 시장포트폴리오의 기대수익률은 연 13%라고 한다. 지리산식품은 배당금을 매년 말에 지급한다고 한다.

(1) 이 기업의 주식의 요구수익률은 얼마가 되는가?

(2) 만약 이 기업의 경영자가 배당금에 대한 기대치를 변경시키지 않고 기업베타를 1.75로 늘이는 의사결정을 하였다고 가정하자. 무위험수익률과 시장이

자률이 9%, 13%로 일정하다고 가정할 때 이 기업의 주식 요구수익률은 어떻게 변하는가?

(3) 2018년 초 현재 지리산식품 주식의 가치는 얼마가 되는가?
만약 배당금 성장률이 7%에서 9%로 증가한다면 이 기업의 주식의 가치는 얼마가 되는가?

제3편

장기투자결정

제4장 자본예산 1 :
투자안의 현금흐름 측정

제5장 자본예산 2 :
투자안의 평가방법

제4장

자본예산 I : 투자안의 현금흐름 측정

제2편에서는 주식과 채권의 가치평가를 비롯하여 여러 가지 형태의 개별자산 가치평가에 사용되는 요구수익률이 어떻게 계산되는지 이미 학습하였다. 제3편에서는 재무관리의 가장 중요한 의사결정인 장기투자결정, 즉 자본예산과 이에 따른 기본적 과제들을 살펴보고자 한다. 기업의 고정자산에 대한 장기투자는 기업의 현재와 미래 현금흐름의 창출의 원천이 되고 기업의 특성을 결정한다. 따라서 어떠한 자산에 어느 정도 규모로 투자할 것인지 의사결정을 내리고(투자계획수립, 자원의 배분), 이러한 장기투자에 소요되는 장기자금을 자기자본이나 고정부채로서 어떻게 조달할 것이며 또한 그 자본비용과 이익이 어떻게 될 것인지의 내용도 자본예산에 포함되어야 한다(장기자금의 조달결정, 자본비용). 그리고 자본예산에는 투자의 결과 기대되는 현금흐름에 대하여 경제성분석이 요구된다(투자안 평가).

투자안의 경제성분석을 위해서는 먼저 투자안의 현금흐름을 측정하고, 할인율을 적용하여, 최종 투자안을 분석·평가하는 과정을 거친다. 평가기준으로는 NPV, IRR, PI 등 투자안 평가기준이 있지만, 현실적으로 투자안 평가에 있어서 NPV가 최선의 평가방법으로 인식되고 있다.

본 장에서는 자본예산의 의의와 중요성, 자본예산의 단계 등 기초개념을 살펴본다. 그리고 자본예산에서 가장 핵심적인 문제인 **투자안의 현금흐름 측정 방법**에 대해서 각각 학습하기로 한다.

1. 자본예산의 기초

1) 자본예산의 의의와 중요성

(1) 자본예산의 의의

자본예산(Capital Budgeting)이란 주주의 부를 극대화시키기 위하여 "어떤 고정자산을 얼마만큼 보유할 것인가?", "그 자산을 보유하기 위해서 장기자금을 어떤 방법으로 조달할 것인가?", "새로운 투자안으로부터 발생하는 미래의 현금흐름은 얼마가 될 것이며, 이러한 투자안은 경제성이 있는 것인가?"와 같이 기업의 투자와 관련된 일련의 계획 및 집행과정에 대한 의사결정이라 하겠다.

기업은 새로운 제품 개발이나 시장개척, 시설의 개·보수, 공장의 증설 등 기존 사업영역에 있어서의 투자결정이나 새로운 사업분야로의 전환, 다른 기업과의 M&A 등 전혀 다른 위험의 투자결정이 빈번하다. 이러한 새로운 투자안에는 공장, 기계시설, 점포 등 생산 판매를 위한 시설확장과 부동산 구입, 인원 충원 등 장기간에 걸쳐서 현금흐름을 발생시키는 자산들이 포함된다.

그런데 이런 고정자산들로부터 발생하는 현금흐름이외에도 현금, 매출채권, 유가증권, 재고자산 등 일정수준의 운전자본이 추가로 계상되어야 한다. 자본예산은 좀 더 쉽게 이야기하면 다음과 같다. 대한항공과 같이 여객과 화물을 운송하는 항공운송업을 기업의 아이템으로 잡았다면 여기에 필요한 고정자산은 당연히 항공기와 격납고이며, 이를 조종할 조종사와 기내 승무원, 정비사, 기타 판매 요원을 채용하고 영업에 들어가는 것이다. 가장 중요한 항공기는 구입할 것인지, 임차할 것인지를 결정해야 할 것이고, 운항과 영업관련 비용이 탑승 승객대비 얼마나 지출될 것인지를 추정하여 미래의 현금흐름을 측정한다. 이러한 현금흐름을 평가하는 기준으로서 NPV기준에 의해서 플러스 결과가 나오면 그 투자안은 경제성이 있다는 의미가 된다.

이와 같이 자본예산과 관련된 의사결정은 장기적이고 지속적으로 기업의 성과에 영향을 미치게 되고 바로 기업의 미래와 직결되고 있다. 따라서 자본예산은 기업의 미래가치를 창출해 주는 원천이 되는 중요한 의사결정이기 때문에 전략적 장기투자결정(Strategic Long Term Investment Decision)이라 하겠다.

자본예산의 중심과제는 **투자안의 가치평가**이다. 즉, 투자안이 경제성이 있으면 투자하고, 경제성이 없으면 투자하지 아니한다는 투자결정의 문제이다. 따라서 문제의 핵심은 **현금흐름**의 발생시기와 크기를 정확하게 **측정**하는 것이고, 미래에 발생하는 현금흐름의 위험을 반영하여 적절한 **할인율(요구수익률)**을 **산정**하는 것이다.

(2) 자본예산의 중요성

자본예산은 기업의 미래의 성장과 위험을 결정해 주는 기업의 전형적인 전략적 의사결정에 의해 수립된 장기경영 계획이라고 하겠다. 재무관리에서 실무적으로나 이론적으로 자본예산이 갖는 중요성은 매우 크다.

첫째, 자본예산의 성과에 의해서 기업의 미래가치가 결정된다. 기업의 미래가치는 해당기업의 기대 현금흐름과 위험수준에 의해서 결정된다. 그런데 미래의 현금흐름의 크기는 투자안의 성과에 의해서 결정되고 투자안의 성격에 따라서 위험수준이 결정된다.

둘째, 현대기업들의 투자규모가 커지고 있다. 항공우주, 반도체와 통신, 자동차, 생명공학 등 첨단기술 제품개발에 투입되는 자금의 규모가 날로 커지고 있어 자본예산의 실패는 엄청난 손실로 연결되어 바로 기업의 존립과 성장에 영향을 미치게 된다. 과거 록히드사가 추진한 L-1011 Tri Star 상업용 제트항공기 개발 투자안의 실패사례를 들 수 있다. 그 당시 재무 담당자들은 손익분기점분석에서 실수를 하였으며 결과적으로 주당 73불의 주가가 3불로 하락하였다.[5]

셋째, 자본예산의 투자안은 투자결정이 내려졌다고 하여도 바로 그 제품의 생산이 개시되는 것이 아니고 실제로 투자안에 따른 제품의 생산이 시작되기까지에는 오랜 시간이 걸린다. 그리고 투자안에 대한 미래현금흐름의 크기를 정확하게 측정하는 것은 어렵기 때문에 투자안의 위험을 반영한 적절한 할인율(요구수익률)의 추정이 어렵다.

따라서 자본예산은 미래의 자금수요와 투자효과에 대한 합리적인 예측을 하여 투자계획을 수립하고 자금조달계획도 마련하여야 한다.

넷째, 과학기술의 발전에 의한 신제품의 개발은 기존 제품의 수명을 단축시키고 기존설비는 새로운 설비로의 대체투자를 앞당기게 하고 있다. 오늘날과 같은 글로벌 경쟁체제아래에서는 모든 기업은 해당 산업이나 업종에서 경쟁력을 갖추지 않으면 살아남기 어렵게 되었다. 현대기업의 경쟁력은 설비의 현대화를 통한 품질 향상과 가격 경쟁력에 따라 좌우되기 때문에 자본예산과정에서 산업기술의 발전양상, 소비자의 기호나 심리의 변화, 국가정책 및 WTO/IMF 등 국제기구에 의한 국제규범의 변화 등 여러 요인들을 잘 분석하여 투자결정을 하여야 할 것이다.

---

5 Eugene F. Brigham, Fundamentals of Financial Management, the Dryden Press, 1989, p.278

2) 투자의 분류와 자본예산의 단계

(1) 투자의 분류

장기 투자안들은 여러 가지 기준에 의해서 분류할 수 있지만 대체투자와 확장투자의 두 가지 범주에 속하는 것이 많다. 여러 가지 투자안이 있을 경우 그 중에서 가장 유리한 투자안이나 또는 우선 순위가 앞선 투자안을 선택해야 한다.

자본예산에 대한 연구에서 선구적 위치에 있는 조엘 딘(Joel Dean)[6]은 투자여부를 결정할 때 경제성을 평가기준으로 삼아야 한다고 하였다. 그리고 그가 투자결정기준으로 투자이익의 규모, 경쟁관계, 투자형태, 기술혁신의 변동 그리고 전략적 문제 등을 고려하여 다음과 같이 네 가지로 분류하고 있다.

① 대체투자(Replacement Investment)

대체투자란 기존의 기계나 설비 등의 고정자산이 시일이 경과함에 따라 마모되거나 손상되어 경제성을 상실하게 되어 새로운 것으로 교체하는 투자이다. 자동차와 같은 경우도 일정한 기간이 지나면(3~5년)고장이 빈번하고 수리비용도 들며, 유류 소모량도 비교적 많이 든다. 이 경우 새로운 자동차로 대체하면 투자자본에 대한 금융비용은 들겠지만 수리비와 유류비가 적고 자동차의 성능도 효율적이어서 업무에 효율적으로 사용할 수 있는 이점이 있다. 이와 같이 공장 설비도 일정한 기간이 경과하면 새로운 것으로 교체 투자할 필요성이 높아진다. 대체투자는 노후화로 인한 낡은 설비를 철거하고 새로운 신기술의 생산설비로 전부 교체 투자하는 경우와 노후화로 인한 설비를 철거하고 같은 종류의 새로운 설비로 부분 대체 투자하는 경우가 있을 수 있다. 어느 경우이나 새로운 대체투자가 비용과 수익면에서 기존의 설비를 계속 이용하는 것 보다 유리하다면 대체 투자가 이루어질 것이다.

② 확장투자(Expansion Investment)

6 Joel Dean, Capital Budgeting, Columbia University Press, 1951 : Friedrich & Vera Lutz, The Theory of Investment of the Firm, 1951

기존의 제품생산 능력을 증가시키는 공장증설이나 시장점유율 증대를 위한 제품 판매망의 확충에 따른 추가 투자를 의미한다.

확장투자를 하기 위해서는 단기간의 수요증대뿐만 아니라 장기적인 수요증대가 계속될 수 있는 시장상황이어야 한다. 과거 70년대와 80년대 경제성장기에는 기업들이 경제불황기에 시설증설을 하였다가 증설된 생산시설이 본격적으로 가동되는 경제 회복기에 접어들어 확대된 시장수요를 그대로 만끽하는 행운이 이어졌다. 그러나 미래의 시장수요를 잘못 예측한 기업들은 생산시설을 대폭적으로 증설하였으나 새로운 시설이 가동될 시점에 시장이 위축되어 기업이 그대로 몰락한 사례도 있었다.[7] 이처럼 특수한 사정으로 인하여 수요증대현상이 발생하였을 때에는 자체 생산 시설로 연장작업을 하든지, 하청을 주는 것이 유리하다고 본다. 과대한 확장투자가 수요가 증대될 것으로 예측한 시장상황과 맞아 들지 않으면 과도한 유휴시설이 생기고, 증설과정에 투입된 자본비용의 압박을 감당하지 못하여 결국 기업은 도산하게 된다.

③ 제품개발투자(Product Development Investment)

신제품을 개발하거나 기존 제품을 개량하기 위한 투자로 나누어 볼 수 있다. 기존제품을 개량하기 위한 투자는 이미 생산 판매되고 있는 제품의 성능을 개선시키거나 생산원가를 보다 저렴하게 하는 투자를 의미하며, 신제품개발투자는 지금까지 생산되지 않았던 새로운 제품을 개발하여 자사 제품라인에 포함시키기 위한 투자를 의미한다.

우리는 이미 항공기, 반도체, 자동차, 의약 등 첨단기술영역에서 선진국 기업들이 기업의 사운을 걸고 치열한 신제품개발 경쟁을 벌이고 있음을 알고 있다. 유럽 여러 나라의 컨소시엄 업체인 에어버스사와 보잉사간에 전개되고 있는 항공기 개발경쟁이나 거대 자동차업체간의 신차 개발경쟁은 바로 그 예이다.

---

7 비스코스 생산업체인 원진 레이온의 경우는 시장수요예측을 잘못하여 도산한 기업이다. 원래 레이온 생산과정은 환경에 유해하여 선진국에서는 사양산업으로 간주되고 있었다. 그리고 레이온 시장수요도 점차 감소 추세에 있었기 때문에 맹목적인 시설투자는 처음부터 위험이 높은 확장투자로 판단될 수 있었다. 비슷한 사례로 삼미 특수강이 현지법인 설립 등 북미시장에 의욕적으로 진출하였다가 도산한 케이스를 들 수 있다.

우리나라에서는 고 이병철 회장의 단호한 결단과 아낌없는 지원으로 시작된 삼성전자의 반도체 개발사례를 들 수 있다. 선풍기, 흑백 TV, 컬러 TV 수준의 가전사업에서 탈피하여 점차 통신, 반도체와 같이 기존의 전자제품계열과는 다른 첨단기술 신제품 개발투자에 힘써 새로운 제품계열을 추가해 왔다. 그 결과 오늘날 산업의 쌀이라 불리는 반도체 D 램 분야에서의 성공으로 세계 반도체 시장을 석권하게 되었으며, 또 엄청난 부를 창출하게 되었다.

④ 전략적 투자(Strategic Investment)

전략적 차원에서 이루어지는 투자이다. 전략적 투자는 단기적인 이익증대보다는 장기적인 관점에서 성장·발전을 위한 투자이다. 공해방지시설 투자, 종업원 후생복지를 위한 투자, 지역사회 및 기업의 이해관계자를 위한 관계개선투자, 그리고 연구개발을 위한 투자이다.

또한 투자안의 상호관계를 고려하면 ① 상호 배타적인 투자안, ② 독립적인 투자안, ③ 종속적인 투자안으로 구분된다.

① 상호 배타적인 투자안(Mutually Exclusive Projects)

어느한 투자안이 채택되면 다른 투자안은 자동으로 기각되는 투자안이다.

② 독립적인 투자안(Independent Investment)

투자안 상호간에 아무런 관련이 없는 투자안이다. 한 투자안의 선택이 다른 투자안의 채택 또는 기각 결정에 영향이 미치지 못한다.

③ 보완적인 투자안(Complementary Investment)

어떤 투자안을 선택하면 다른 투자안 도는 관련 투자안 모두의 현금호름이 증가하거나 투자비용이 절감됨으로써 플러스(+)의 시너지 효과가 발생하는 경우이다. 수산물 가공시설투자가 이루어지면 인근의 냉동창고 및 제빙시설 건설투자는 플러스의 시너지 효과가 있기 때문에 보완적 투자안이 될 것이다. 보완적인 투자의 극단적인 경우는 종속적인 투자(Dependent Investment)이다. 하나의 투자안이 경제적 효과를 발생하기 위해서는 반드시 다른 투자안이 채택되어야 하는 경우이다. 즉, 함께 수행되지 않으면 경제성이 없는 투자인데 예를 들면 항만 건설투자와 원활한 물류를 위한 배후도로 건설투자를 들 수 있다.

(2) 자본예산의 과정

일반적인 자본예산의 과정은 다음과 같은 단계를 거친다.

① 투자기회의 탐색 : 투자의 대상이 되는 투자기회를 탐색한다. 이를 위하여 기업 환경의 변화를 분석 또는 예측하여 기업의 미래가치를 증대시킬 수 있는 투자기회를 포착한다. 구체적인 투자안으로서는 신제품개발, 원가절감, 생산량 증대, 기존시설의 대체, 판매망 확충, 다른 기업과의 전략적 제휴, 인수합병 등 여러 가지 투자안이 있을 것이다.

② 현금흐름의 측정 : 일단 구체적인 투자안에 대한 예상 현금흐름 유입과 유출을 측정한다.

③ 투자안의 경제성 평가 : 합리적인 투자안 평가기준(NPV이나 IRR , PI 등 평가기준)에 의해서 투자안의 경제성을 평가한다.

④ 실행 및 재평가 : 경제성 평가에 의해서 채택된 투자안을 실행 한 후 그 성과를 재평가한다.

이와 같은 자본예산의 절차를 그림으로 나타내면 다음 그림 4-1과 같다. 재무담당자의 핵심적인 역할은 이 중에서 현금흐름을 측정하고, 투자안의 경제성을 평가하는 데 필수적인 할인율(요구수익률)을 구하는 일이다.

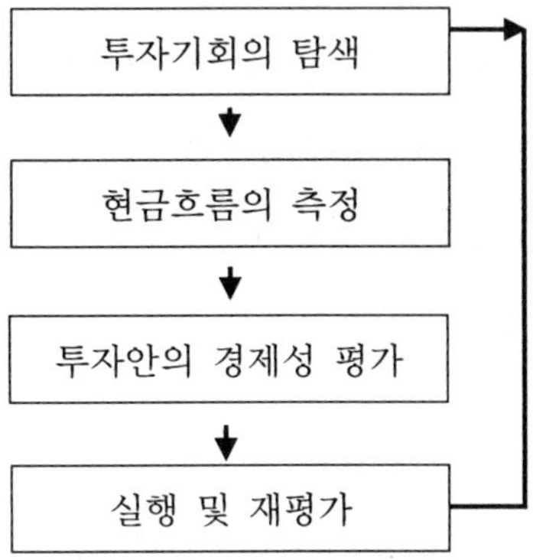

그림 4-1 자본예산의 과정

2. 현금흐름의 측정

투자안의 현금흐름의 측정은 투자에 소요되는 투자액, 비용 등 현금흐름의 유출(투자에 의해서 나가는 현금)과 투자의 결과 매출수익 등 현금흐름의 유입(투자에 의해 들어오는 현금)으로 나누어 측정해야 한다. 그런데 투자안의 경제성분석에서 고려되는 현금흐름은 현금유입(Cash Inflows)에서 현금유출(Cash Outflows)을 차감한 순현금흐름이다. 이와 같은 현금흐름은 회계적 이익의 개념과는 다르다.

왜냐하면 회계적 이익은 현금의 수입과 지출에 관계없이 수익과 비용이 실제 발생했다는 구체적인 사실에 의해서 측정되는 발생주의개념인데 반해서, 투자안의 경제성 분석에서 사용되는 현금흐름(Relevant Cash Flow)은 투자와 관련된 증분(增分)현금흐름 (Incre-mental Cash Flow)이다. 증분현금흐름은 투자안을 채택함으로써 발생되는 현금흐름의 변동(change)액이다. 즉, "투자안을 선택함으로써 발생하는 세금을 포함한 모든 전체적인 현금흐름의 변화" 세후 증분현금흐름(Incremental Cash Flow after Tax)을 의미한다.

> The incremental cash flows for project evaluation cosist of any all changes in the firm's cash flows that are direct consequence of taking the project.

실제로 투자안과 관련된 현금흐름과 관련되지 않은 현금흐름을 일일이 분리한다는 것은 상당히 번잡한 일이 될지 모른다. 그러나 기업의 모든 현금흐름을 고려하지 않고, 투자안을 하나의 기업으로 생각하여 그것과 연결된 추가적인 현금흐름(비용과 수익)만 고려하면 될 것이다.

참존 화장품 회사가 해외수입화장품 유통망을 구축함에 따라 400억원의 신규매출액 발생이 예상된다고 한다. 그러나 이러한 신규투자로 인해서 기존 자사 제품의 수요가 줄어 자사 브랜드 화장품 매출액이 120억 감소할 것이라고 한다. 이 투자안의 증분 매출액은 얼마가 되는가?
[풀이] 400억원– 120억원=280억원

1) 현금흐름의 측정시 유의사항

투자안은 세후 증분현금흐름에 의해서 평가되어야 한다. 즉, 투자안을 평가할 때 회계적 이익이 아닌 **현금흐름에 의해서 평가**되어야 하며, 그 현금흐름은 **증분기준에 의해서 측정**되고 **세금을 차감**한 것이어야 한다는 것이다.

(1) 현금흐름과 회계적 이익

현금흐름(Cash Flow)이란 투자로 인하여 기업외부로 빠져나가는 현금유출(Cash Outflows)과 기업으로 들어오는 현금유입(Cash Inflows)을 모두 포함하는 개념이다. 투자안 경제성분석에서는 순현금흐름(Net Cash Flow)을 기준으로 이루어지기 때문에 현금유입에서 현금유출을 차감한 금액을 의미한다.

$$\text{순현금흐름}(NCF) = \text{현금유입}(CI) - \text{현금유출}(CO)$$

투자안의 경제성분석에 있어서 회계적 이익(Accounting Income)이 아닌 현금흐름을 기준으로 이루어져야 하는 이유를 살펴보자.

① 감가상각비 등 비현금비용의 제외

감가상각비는 회계기준상 비용으로 순이익을 계산하기 위해서 차감되나 감가상각비는 실제 현금유출이 이루어지는 것은 아니다. 감각상각비는 고정자산에 대한 투자원금을 자산의 내용연수 동안 비용으로 배분하는 인위적인 회계적 비용으로 현금유출에 포함시키는 안된다. 이미 고정자산의 투자원금은 투자시점에 현금유출로 계상되었기 때문에 감가상각비를 다시 현금으로 계상한다면 이중계산이 된다.

② 이자비용과 배당금 등 금융비용의 제외

이자비용과 배당금은 현금유출에 포함해서는 안 된다. 그 이유는 기업이 투자자금을 사용하는 대가로 채권자와 주주에게 지급한 이자와 배당금은 투자안을 평가하기 위하여 미래 현금흐름을 할인하는 과정에서 **요구수익률**(자본비용)에 적절하게 **반영되어 이미 차감**되었기 때문이다. 따라서 이자비용과 배당금을 현금유출에 포함시키고 또 다시 할인한다면 이중계산이 된다.

③ 운전자본과 자본적 지출의 포함

순운전자본의 증가분은 자본적 지출에 수반되어 발생하는 지출로 현금유출에 포함시켜야 한다. 새로운 투자로 유동자산에서 유동부채를 뺀 순 운전자본이 증가하였다면 이 증가분은 새로운 투자로 인한 추가적인 현금유출로 보아야 한다. 반대로 새로운 투자로 순운전자본이 감소하였다면 감소분만큼의 추가적인 현금유입이 된다고 인식해야 한다. 그러나 순운전자본에 대한 투자는 투자의 수명이 종료하면 더 이상 필요하지 않기 때문에 현금화시켜 현금유입으로 전환시켜야 한다.

순운전자본 = 유동자산- 유동부채

(2) 증분현금흐름

투자안을 평가할 때 그 투자안으로부터 발생하는 증분현금흐름(Incremental Cash Flow)을 사용해야 한다. 증분현금흐름은 그 투자안을 채택했을 때 직접적으로 발생하는 기업전체의 현금흐름의 변화를 의미한다. 이 말은 투자안을 채택하지 않았을 때의 현금흐름과 채택했을 때 현금흐름의 차이를 의미한다.

이와 같은 증분현금흐름기준으로 투자안을 평가하기 위해서 유의해야 할 사항은 다음과 같다.

① 매몰원가의 제외

매몰원가(Sunk Cost)는 투자안의 채택 여부와 관계없이 이미 과거에 발생한 비용으로 현금흐름의 유출에 포함되면 안 된다. 매몰원가는 이미 엎질러진 물과 같이 현재의 투자 프로젝트 채택- 기각여부에 영향을 미치지 못하기 때문에 투자안 경제성분석에 현금유출로 산입될 수 없다. 예를 들면 고급 유제품생산업체가 오렌지 주스 생산 판매 투자안의 타당성 검토를 위해 컨설팅 용역을 주었다면 이미 지불된 컨설팅 용역비 3천만원은 오렌지 주스 생산 프로젝트와는 관계가 없는 매몰원가로서 투자안의 현금유출에 포함해서는 안 된다.

② 기회비용의 포함

매몰원가와는 달리 새로운 투자안에 의해 발생하는 현금흐름의 유출을 측정할 때 기회비용은 포함되어야 한다.

기회비용(Opportunity Cost)이란 기업이 보유하고 있는 자원을 고려중인 새로운 투자안에 사용하지 않고, 다른 투자기회에 사용한다면 그로부터 얻을 수 있는 현금흐름을 원한다. 투자안 선택에 있어 우리가 고려하는 비용은 실제 지불되는 비용만을 생각하지 쉬운데 이것은 크게 잘못된 것이다. 예를 들어 기업이 보유하고 있는 창고가 있는데 이 창고를 임대한다면 임대료 수입을 얻을 수 있다. 만약 이 창고를 새로운 투자안에 이용하려고 한다면 창고의 임대료수입은 포기해야 할 것이다. 이와 같이 새로운 투자안을 선택하는 경우에 포기해야 하는 창고 임대료 수입은 기회비용으로서 증분현금흐름을 측정할 때 현금유출에 포함시켜야 한다.

③ 부수적 효과의 포함

현재 고려중인 새로운 투자안이 채택된다면 기업의 다른 사업분야에 영향을 미칠 수 있다. 예를 들면 신세계이마트에서 달라진 소비자들의 소비행태에 초점을 맞추어 파격적인 저가격을 경쟁무기로 한 가격파괴형 할인점, 비회원제 창고 도소매업에 대한 진출을 본격적으로 전개하고 있다. 노브랜드, 이마트 트레이더스 등 E-Mart 성공사례는 곧 바로 주변의 백화점, 대형 슈퍼, 소형슈퍼, 구멍가게의 매출액 막대한 영향을 미치고 있다. 이와 같이 새로운 투자안의 채택으로 기존의 시장수요가 잠식되어 자사의 매출이 감소(새로운 할인점 진출로 기존 백화점

수요 감소)하는 부수적 효과(Side Effect)를 감안하여 증분현금흐름을 측정해야 할 것이다.

부수적 효과는 해당 투자안 자체의 현금흐름만 고려할 것이 아니라 그 투자안과 대체관계 혹은 보완관계에 있는 기존투자의 현금흐름의 변동분까지 모두 고려하여 계산된 증분현금흐름이다. 만약 투자안들 사이의 관계가 보완관계라면 플러스(+)의 효과를 얻을 수 도 있을 것이다. 새로운 투자안이 기존의 투자안과 보완적인 관계에 있는 사회간접투자(SOC)라면(예를 들어 경부고속전철 사업) 고속전철 역 예정지 주변 지역은 플러스의 부수적 효과를 기대할 수 있다.

(3) 감세효과

이미 앞에서 설명한 바와 같이 감가상각비와 이자비용 등은 현금유출에 포함되지 않는다. 그러나 이들은 기업의 과세대상이익을 줄여주어 기업이 실제 납부해야 할 세금을 작게 해 준다. 그러므로 현금흐름을 측정할 때 이와 같은 감세효과(Tax Shield Effect)는 현금유입에 포함시켜야 한다.

2) 투자안 현금흐름의 측정

이제 앞에서 설명한 현금흐름 측정시 유의해야 할 사항을 고려하면서 실제 현금흐름을 측정하는 방법에 대해서 알아보자.

현금흐름은 자산의 보유와 이용시점에 따라 ① 투자시점에 발생하는 **'최초현금흐름'**, ② 투자안의 내용연수동안 영업활동에서 발생하는 **'영업현금흐름'**, ③ 투자종료시점에서 발생하는 **'최종현금흐름'**으로 구분하여 측정한다.

(1) 최초현금흐름

최초현금흐름(Initial Cash Flow)은 해당 자산을 보유하게 되는 시점에서 발생하게 될 모든 현금흐름을 의미한다. 여기에는 ① 자산의 구입가격과 설치 및 시운전비, 교육훈련비가 포함되고, ② 순운전자본의 증가가 있으면 이를 포함하며, ③ 교체투자인 경우 기존자산의 대각대금을 감안하여 빼 주고, ④ 구입자산이 투자세액공제 대상인 경우 법인세공제액을 현금유입으로 계산한다.

최초현금흐름:
① 자산의 구입대금+설치•운전비+종업원 교육훈련비: 마이너스(−)
② 순운전자본의 증가액 : 마이너스(−)
③ 자산교체시 기존자산의 매각대금 : 플러스(+)
④ 감세효과 : 플러스(+)

최초현금흐름= −{자산의 구입대금,설치·운전비,종업원 교육훈련비+순운전자본의 증가액}+{기존자산의 처분에 따른 현금유입+감세효과}

(주)청산은 기존의 설비를 새로운 설비로 교체할 것을 검토하고 있다. 투자세액공제대상이 아닌 새 설비의 구입가격은 30,000만원이고, 설치 및 시운전에 드는 비용이 1,200만원, 종업원 교육훈련비가 600만원, 이 설비의 내용연수는 5년, 5년 후에는 잔존가치는 없는 것으로 추정하였다. 그리고 새 설비의 가동에 따른 순운전자본은 3,000만원이다. 한편 기존의 설비는 3년전에 24,000만원에 취득하였으며, 구입시 내용연수는 8년, 잔존가치는 없다고 추정하였다. 그리고 현재 이 설비를 매각한다면 10,000만원에 매각할 수 있다고 한다. 이 회사의 감가상각법은 정액법이며, 법인세율은 50%라고 한다면 최초현금흐름은 얼마인가?

풀이 기존 설비의 연간 감가상각액을 먼저 구한다.

$$\frac{\text{취득가격} - \text{잔존가치}}{\text{내용연수}} = \frac{240,000,000\text{원} - 0}{8} = 30,000,000\text{원}$$

현시점의 장부가격 : 취득가격-감가상각액 누계=240,000,000원 -(30,000,000원×3)=150,000,0000원

감세효과:(기존설비의 장부가격-기존설비의 매각대금)×법인세율

따라서 B8셀에서 감세효과의 결과값 25,000,000원이 표시된다.

	A	B	C	D	E	F
1	6-1 (주) 청산 현금흐름 측정					
2	(1) ICF	-₩ 223,000,000				
3	신설비 구입비	₩ 300,000,000				
4	설치 및 시운전비	₩ 12,000,000				
5	교육훈련비	₩ 6,000,000				
6	순운전자본 투자액	₩ 30,000,000	기존설비의 취득가격			₩ 240,000,000
7	기존설비 매각대금	₩ 100,000,000	기존설비의 연간 감가상각액			₩ 30,000,000
8	감세효과	₩ 25,000,000	기존설비의 장부가격			₩ 150,000,000

B2 = =-B3-B4-B5-B6+B7+B8

그림6-2 최초현금흐름의 측정

위 그림에서 최초현금흐름은 B2셀에 -223,000,000원임을 확인할 수 있다.

(2) 영업현금흐름

영업현금흐름(Operating Cash Flow)은 다음 식과 같이 수년간에 걸친 연도별 현금흐름의 측정이 이루어져야 한다.

영업현금흐름=(매출액 변동분-자산보유에 따른 비용변동분-감가상각비 변동분)(1-법인세율)+ 감가상각비 변동분

= (매출액 변동분-자산보유에 따른 비용변동분)(1-법인세율) +(감가상각비 변동분)(세율)

= 세후 순이익+감가상각비 변동분

앞의 예제에서 기존설비를 사용하는 경우보다 신 설비를 사용하는 경우 연간 매출액은 98,000,000원 증가하고 , 생산성 향상으로 비용은 16,000,000원 감소할 것으로 예측된다. 신 설비는 앞으로 5년간 사용가능할 것으로 예상되고, 정액법으로 연간 감가상각액을 계산해보니 62,400,000원이 되었다. 이 경우 영업현금흐름은 얼마가 될 것인가?

풀이

① 연간 감가상각비를 먼저 구한 다음 영업현금흐름을 다음 방식으로 B10셀에서 구한다.

영업현금흐름=(매출액 변동분-자산보유에 따른 비용변동분-감가상각비 변동분)(1-법인세율)+ 감가상각비 변동분

B10 = =(B11-B12-B13)*(1-B14)+B13

재무관리교재2

	A	B	C	D	E	F
10	(2) OCF	₩ 73,200,000	OCF			₩ 73,200,000
11	매출액 증가액	₩ 98,000,000				
12	비용증가액	-₩ 16,000,000	새설비의 취득가격			₩ 312,000,000
13	감가상각비 증가액	₩ 32,400,000	새설비의연간 감가상각액			₩ 62,400,000
14	법인세율	50%				

② F10셀에 구한 결과값도 동일하다.

영업현금흐름 = (매출액 변동분-자산보유에 따른 비용변동분)(1-법인세율) +(감가상각비 변동분)(세율)

(3) 최종현금흐름

최종현금흐름(Terminal Cash Flow) 투자종료시점에서 발생하는 현금흐름이다. 여기에는 ① 투자자산의 매각대금(+), ② 투자자산 매각에 따른 세금(±), ③ 순운전자본의 환입(+), ④ 청산시 소요되는 비용(-)으로 구성된다.

투자자산의 매각에 따른 현금유입에는 매각에 따른 세금효과를 고려해야 하나, 순운전자본의 현금유입으로의 전환에는 세금의 영향을 받지 않는다.

최종현금흐름 = 투자자산의 매각대금 + 순운전자본의 회수액 ± 세금효과 -청산시 소요되는 비용

신 설비의 매각대금은 10,000,000원이고, 순운전자본의 회수액이 앞에서 10,000,000원이다. 최종현금흐름은 얼마인가? 감세효과 : (신 설비장부가격-매각대금)×법인세율

풀이

최종현금흐름 = 투자자산의 매각대금 + 순운전자본의 회수액 ±세금효과 -청산시

소요되는 비용

이므로 B16셀에 결과값 35,000,000원이 구해진다.

B16 = =B17+B19+B18

재무관리교재2

	A	B
16	(3) TCF	₩ 35,000,000
17	순운전자본 회수액	₩ 30,000,000
18	신설비 매각대금	₩ 10,000,000
19	감세효과	-₩ 5,000,000

3. EXCEL을 이용한 현금흐름의 측정사례

싱크대 제조업체를 운영하고 있는 김 사장은 수요증가에 대비하여 생산시설의 증설을 계획하고 있다.

① 시설투자에 소요되는 자금은 8억원으로 예상되고 있으며, 시설투자가 완료된 후 설비의 내용연수는 5년이다.

② 설비가 완공된 후 매출액은 첫 해에 4억원이며 2년째, 3년째는 매년 15%씩 증가하다가 4년째, 5년째는 반대로 매년 10% 씩 감소할 것으로 예상된다.

③ 감가상각은 정액법으로 하며, 내용연수 경과 후 설비의 잔존가치는 투자액의 10%인 8천만원으로 계상한다.

④ 순운전자본은 영업을 개시하는 시점에서 6천만원이 들고 그 후 매년 매출액의 20%를 유지해야 할 것으로 예상된다.

⑤ 법인세율은 34%가 적용된다.

현금흐름의 측정 사례

싱크대 제조설비 증설 투자로부터 발생하는 미래의 현금흐름을 측정하는 문제이다. 우선 소요되는 투자액을 추정하고 시장여건을 감안하여 판매량과 가격을 예측하여 매출액을 추정한다. 판매량이 예측이 되면 적정 재고 수준이 결정이 되고, 재료비, 임금, 판매비, 일반관리비 등 매출원가를 산출할 수 있다.

① 매출액과 영업비용, 감가상각비의 계산

감가상각비는 정액법이므로 $\frac{\text{취득원가} - \text{잔존가치}}{\text{내용연수}}$로 계산된다.

엑셀에서 감가상각을 계산하는 데에는 다섯 가지의 내장함수가 있다. 정액법(SLN), 이중체감법(DDB), 정률법(DB), 연수합계법(SYD)여기에서는 정액법이기 때문에 SLN 함수를 사용한다.

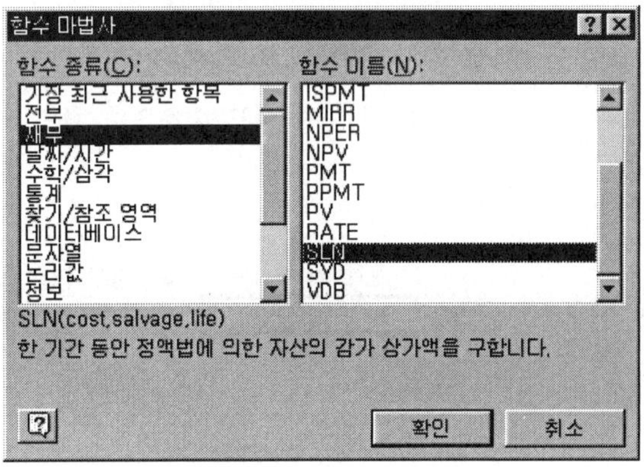

SLN(COST, SALVAGE, LIFE)

여기서 COST는 감가상각 기초액이고, SALVAGE는 잔존가치, LIFE는 내용연수이다. B29셀에 다음과 같이 입력한다.

B29셀 : =SLN(-$B$38,$F$39,5)

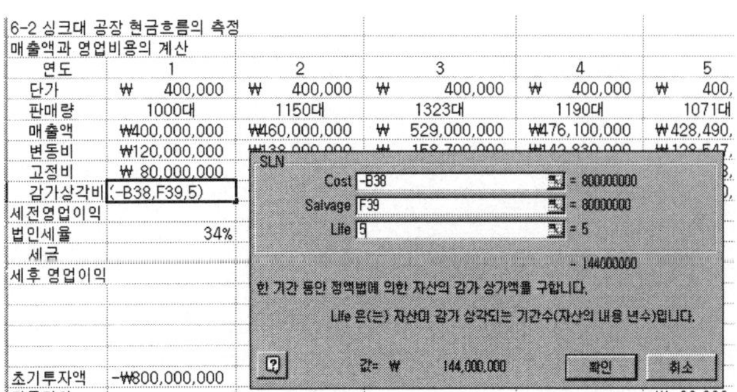

나머지 감가상각비는 B29셀을 드래그하여 구한다.

② 세전 이익(EBIT)현금흐름 계산

B30셀에 다음과 같이 입력한다.

B30셀 : =B26-B27-B28-B29

③ 세후 이익(EAT) 현금흐름계산

EBIT에서 법인세를 빼면 세후이익 현금흐름이 나온다.

B32셀 : =B30*(1-$B$31)

④ 순운전자금의 계산

순운전자금의 소요액은 매출액의 20%이므로 C36셀에 다음과 같이 입력한다.

C36셀 : =B26*0.2

34	연도	0	1	2	3
35	매출액		₩400,000,000	₩ 460,000,000	₩529,000,000
36	순운전자본소요액	₩ 60,000,000	₩ 80,000,000	₩ 92,000,000	₩105,800,000
37	순운전자본증감액	₩ 60,000,000	₩ 20,000,000	₩ 12,000,000	₩ 13,800,000
38	순운전자본회수				

초기 순운전자본의 투자액은 6천만원이고 마지막에 회수금액은 85,698,000원이다..

⑤ 현금흐름(NCF)의 계산

세후 영업이익, 감가상각비, 순운전자본회수액 등을 복사하여 "선택하여 붙여넣기"를 한다. 예를 들어 순운전자본회수액 G38셀을 복사하여 붙여넣기 하면 결과값이 표시되지 않는다. 이 때에는 [선택하여 붙여넣기]대화상자에서 '값'을 선택하면 결과값이 표시된다.

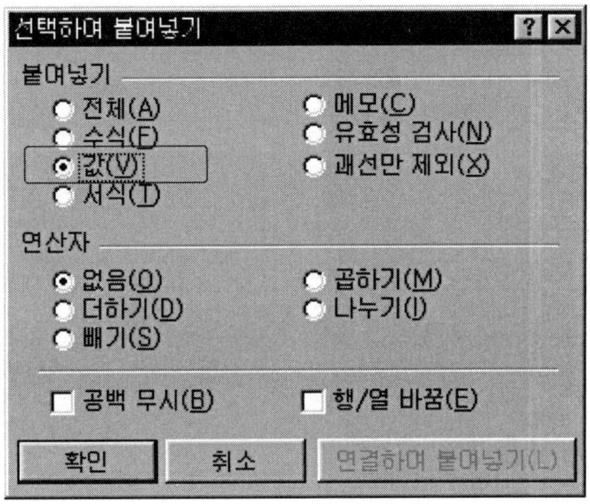

같은 방법으로 순운전자본투자액은 붙여넣기 할 때 '값', '빼기'를 선택하여 [선택하여 붙여넣기]를 한다.

A41셀에서 [행] 삽입을 하여 세후 영업이익과 감각상각비를 복사하여 입력한다.

	A	B	C	D	E	F	G
39	순현금흐름의 계산	- 860,000,000	160,960,000	188,760,000	209,730,000	216,653,000	365,581,700
40	연도	-	1	2	3	4	5
41	세후 영업이익		36,960,000	56,760,000	79,530,000	62,073,000	46,361,700
42	감가상각비		144,000,000	144,000,000	144,000,000	144,000,000	144,000,000
43	초기투자액	- 800,000,000					
44	잔존가치						80,000,000
45	순운전자본투자액	- 60,000,000	- 20,000,000	- 12,000,000	- 13,800,000	10,580,000	9,522,000
46	순운전자본회수액						85,698,000
47							

순현금흐름을 측정한 결과 값은 위와 같다.

연습문제

1. 다음 용어를 간단히 설명하시오.
   (1) 증분현금흐름
   (2) 순현금흐름
   (3) 매몰원가
   (4) 감세효과
   (5) 잔존가치
   (6) 감가상각비 계산방법
   (7) 순운전자본

2. (감가상각비 계산) 내용연수가 10년이고 잔존가치가 5백만원인 중형승용자를 1천8백만원에 샀다고 가정하면 첫해의 감가상각액은 얼마인가? 연수합계법을 이용하여 계산하시오.

3. 이자지급과 배당금지급액이 현금유출의 계산에 포함되지 않는 이유는 무엇인가?

4. (법인세 효과) 구 기계의 장부상 잔존가치가 240만원이라고 가정하고, 이 기계를 180만원에 처분할 경우와 300만원에 처분할 경우에, 실제 현금유입액은 얼마가 될까? 법인세율은 35%이다.

5. (세후 순 현금흐름의 측정) 이대식씨는 직장생활의 경험을 살려 운영하고 있는 정수기 생산공장라인을 증설하려고 한다. 이 공장의 추가가동으로 연간 정수기 예상매출액은 15억원, 공장의 내용연수는 10년, 잔존가치는 2억원, 변동비는 매출액의 30%, 고정비는 40%이다. 공장건설비는 9억 2천만원이며, 감가상각비는 정액법으로 계산한다. 추가생산라인을 증설하는데 순운전자본에 대한 추가투자는 없다고 가정한다. 그리고 투자종료시점에 이사장은 공장시설을 1억 5천만원에 매각할 수 있다.

(1) 법인세율은 35%이라면 이 투자안으로부터의 연간 세후 순이익 현금흐름을 계산하시오.

감가상각비 : $\frac{9.2-2}{10}=0.72$ 즉, 7천2백만원

손익계산서

매출액 15억원

변동영업비 -4억5천만원

고정영업비 -6억원

감가상각비 -7천 2백만원

세전 순이익 : 3억 7천8백만원

법인세 - 1억 3천2백3십만원

세후 순이익 : 2억 4천5백7십만원

(2) 이 공장 증설과 관련된 현금흐름을 연도별로 표시하시오.

6. 부산식품(주)은 기존의 노후화된 기계를 새로운 기계로 교체하려는 투자계획을 가지고 있다. 현재 사용하고 있는 기계는 매입가격 3,500만원으로 3년전에 구입하였으며 앞으로 5년 더 사용할 수 있다. 이 기계의 잔존가치는 300만원으로 추정되며, 현재 이것을 2,500만원에 매각할 수 있다. 한편 신 기계의 구입가격은 8,400만원이고 시설설치 및 시운전비는 600만원이다. 이 기계의 내용연수는 5년 잔존가치는 없다. 신 기계의 도입으로 매년 3,000만원의 영업비용을 줄일 수 있고, 매출액 변동은 없으며, 추가 운전자본의 투자도 없다고 한다. 법인세율은 40%이다. 이 투자안의 최초현금흐름, 영업현금흐름, 최종현금흐름을 계산하고 연도별 현금흐름을 표시해 보시오.

제5장

자본예산 Ⅱ : 투자안의 평가방법

투자안의 경제적 가치를 평가하는 방법에는 화폐의 시간적 가치를 고려하는 현금흐름할인법과 화폐의 시간적 가치를 고려하지 않는 전통적인 방법이 있다. 현금흐름할인법은 현금흐름의 현가와 지출액의 현가를 기준으로 투자안의 경제적 가치를 평가하는 방법으로 여기에는 순현재가치법(NPV법), 내부수익률법(IRR법), 수익성지수법(PI법)이 있다. 이 중에서 순현재가치법은 기업의 목표인 주주 부의 극대화와 일치하는 투자안 평가방법으로 인식되고 있다. 즉, 순현재가치법은 여러 투자안이 있을 때 순현재가치 만큼 기업가치(주주의 부)가 증대되므로 어떤 자산, 투자안이 채택되어야 할 것인지를 결정하는데 매우 유용하게 사용된다. 또한 내부수익률법도 대체적인 투자안 결정 여부에 유용하게 사용되고 있다. 이 장에서는 투자안 평가기준으로서 순현재가치법, 내부수익률법, 수익성지수법 등의 구체적인 내용을 살펴보고, 이들 평가방법들이 지닌 한계점은 무엇이 있는지를 알아본다. 마지막으로 인플레이션, 자본할당 등 실제 자본예산의 적용과정에서 부딪히는 문제점들에 대해서 살펴본다.

1. 현금흐름 할인법

1) 순현재가치법(NPV법)

현금흐름 할인법 중에서 가장 중요한 것은 순현재가치법이다. 순현재가치법(NPV : Net Present Value Method) 은 투자안으로부터 발생하는 미래의 현금흐름 현재가치에서 투자지출액의 현재가치를 차감한 순현재가치(NPV)를 구해서 그 값이 플러스(+)의 값을 가지는 투자안(NPV>0)은 채택하고, 마이너스(-) 값을 갖는 투자안은 기각하는 방법이다.[8] 앞에서 이미 살펴보았듯이 순현재가치를 구하는 식은 다음과 같다.

8 이하 순현재가치법을 순현가법이라고 부른다.

자산의 순현재가치 = 자산의 가치- 보유비용

$$=\sum_{t=0}^{T}\frac{CF_t}{(1+RRR)^t}-E_0$$

순현가법은 순현재가치의 크기가 큰 투자안일수록 가치가 상승하기 때문에 투자의 우선순위가 앞서는 투자안으로 인식된다. 그리고 자산의 순현재가치를 구하기 위해서 위 식에서 알 수 있듯이 ①자산으로부터의 현금흐름(CF_t), ② 요구수익률(RRR), ③ 현금흐름의 발생시기, ④ 보유비용(E_0) 등의 요소가 결정되어야 한다.

제4장 투자안의 현금흐름 측정에서 이미 설명하였듯이 최초현금흐름(ICF)은 초기투자액을 의미하고 자산으로부터의 현금흐름의 현재가치는 매년 연간 영업현금흐름(OCF)과 최종현금흐름(TCF)을 적정할인율인 요구수익률(RRR)로 할인한 가치이다. 여기에서 중요한 사항은 자산의 위험을 반영하는 요구수익률의 계산이다. 순현가법에서 투자안의 경제성 여부는 전적으로 요구수익률(즉, 자본비용으로서 최저필수수익률을 의미한다)의 크기에 따라 좌우된다. 물론 이러한 요구수익률의 계산은 증권시장선을 이용해서 구할 수 있으며, 기업의 요구수익률인 경우는 일반적으로 가중평균자본비용이 사용된다.

$$\text{투자안의 순현재가치}=\sum_{t=1}^{T}\frac{OCF_t}{(1+RRR)^t}+\frac{TCF_T}{(1+RRR)^T}+ICF \qquad \text{(식 5-1)}$$

OCF_t : t 기에 발생하는 영업현금흐름

TCF_t : 최종현금흐름, ICF : 최초현금흐름

T : 자산의 내용연수 RRR : 자산의 요구수익률

제4장에서 소개된 예제 문제 (주) 청산의 신 설비도입에 따른 현금흐름을 기초로 순현재가치(NPV)를 계산해 본다. 이때 신 설비 도입에 따른 현금흐름을 할인하는 데 사용하는 요구수익률은 연 15%라고 한다.

풀이

투자안 현금흐름을 연도별로 정리하면 다음과 같다.

최초현금흐름 : -223,000,000원

영업현금흐름 : 73,200,000원 (매년 5년간)

최종현금흐름 : 35,000,000원

요구수익률이 연 15%이므로 투자안의 순현재가치는 다음과 같이 계산된다.

$$NPV = \sum_{t=1}^{5} \frac{73,200,000원}{(1+0.15)^5} + \frac{35,000,000원}{(1+0.15)^5} - 223,000,000원 =$$

이것을 구하는 방법은 다음과 같이 세 가지 방법이 있다.

① 부록에 있는 연금의 현기요소, 현가요소를 사용하는 방법

매년 5년간 발생하는 영업현금흐름(OCF)을 일정한 크기의 현금흐름인 연금으로 보고 연금의 현재가치를 구한 다음, 최종현금흐름(TCF)의 현재가치를 더하고 여기에 최초현금흐름을 빼서 NPV를 구한다.

$$NPV\_1 : 73,200,000 \times 연금현가요소(0.15,5) + 35,000,000 \times 현가요소(0.15,5)$$
$$- 223,000,000$$
$$= 73,200,000 \times 3.3522 + 35,000,000 \times 0.4972 - 223,000,000 = 39,783,040원$$

② 엑셀에서 제공하는 PV함수를 이용하는 방법

먼저 NPV 결과값을 표시하고 싶은 곳에 마우스포인트를 두고 함수마법사를 클릭하여 PV함수를 선택한다.

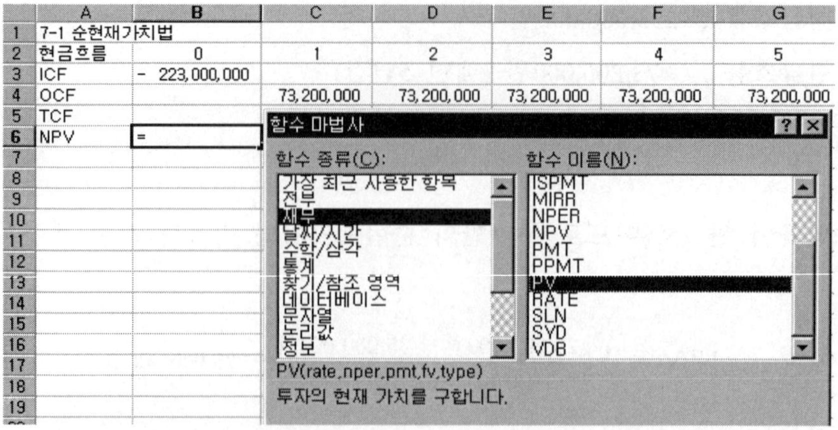

영업현금흐름에 대한 현재가치를 구하기 위하여 PV함수대화상자에 요구수익률, 기간, 영업현금흐름(마이너스 값)을 입력하고 확인을 누른다.

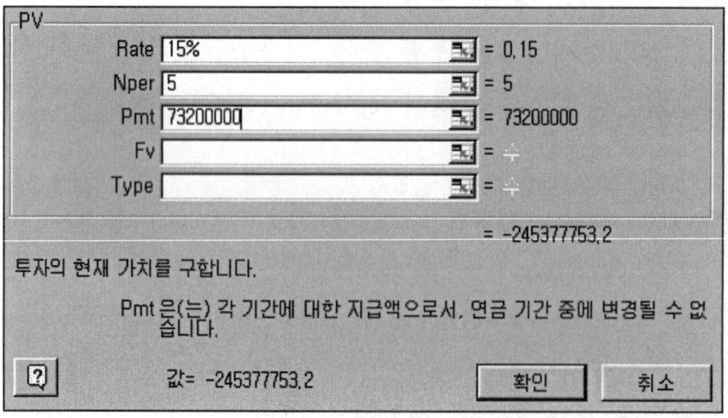

같은 방법으로 최종현금흐름에 대하여 현재가치를 구하고 그 결과 값을 이전의 영업현금흐름 현재가치 결과값에 합산한다.

이 작업과정을 다시 한번 설명하면 수식입력줄에서 '+' 기호를 입력하고 계속해서 최종현금흐름의 현재가치를 구하는 PV함수 계산작업을 하고, 마지막으로 최초현금흐름의 값을 수식입력줄에 '+' 기호를 입력하고 작업을 진행하면 결과 값 39,778,939원이 나온다.

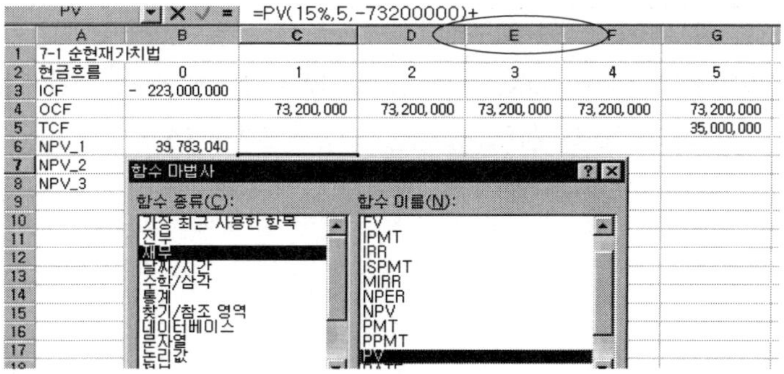

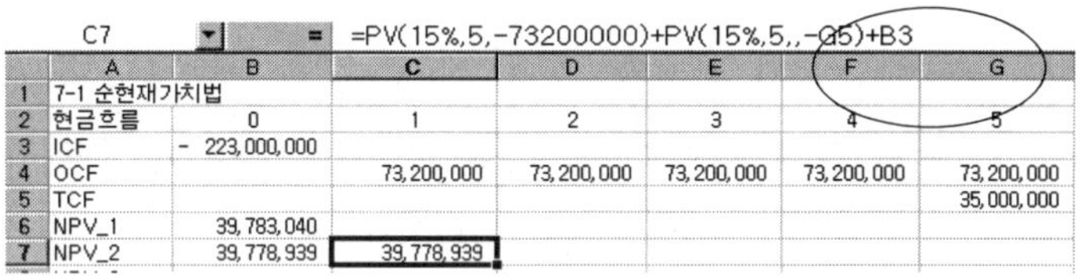

③ 엑셀에서 제공하는 NPV함수를 이용하는 방법

같은 방법으로 NPV함수를 선택해서 NPV 대화상자가 나오면 해당 사항을 입력한다.

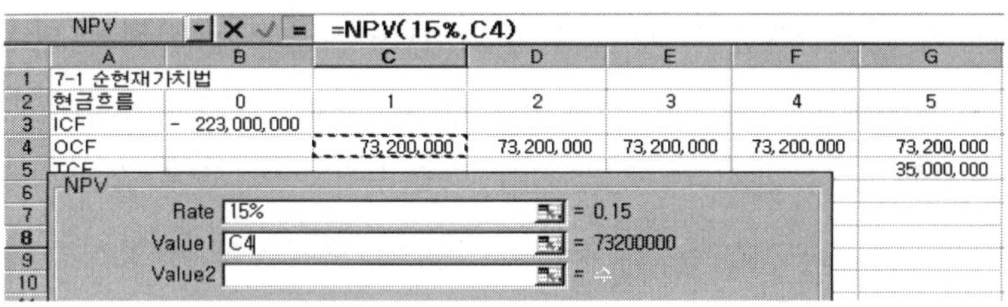

Rate : 요구수익률, Value1 : 첫 번째 영업현금흐름을 입력한다.

계속해서 Value2에는 두 번째 영업현금흐름을 입력하고 마지막 Value5에는 다섯 번째 영업현금흐름+최종현금흐름을 입력한다.

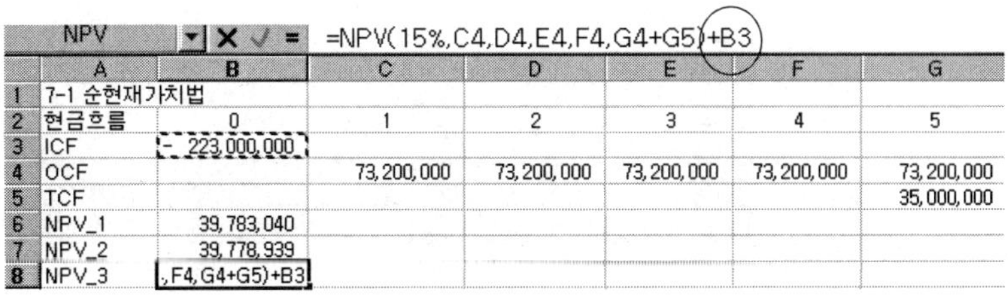

앞의 예제에서 RRR가 0%, 5%, 10%, 15%, 20%, 25%, 30%,35%로 증가할 경우 NPV는 어떻게 변하는지 그래프로 그려보시오.

풀이

IRR의 값이 상승할수록 NPV 값은 작아지다가 20%와 25% 사이에서 마이너스 값으로 바뀐다.

엑셀 작업과정은 먼저 IRR이 15%인 경우 NPV 값을 구한다. 결과값을 구하려는 해당 셀(C10셀)에 다음과 같이 입력한다. 다른 방법은 NPV 함수를 사용하고 IRR에 해당되는 셀만 빼고 나머지는 절대주소로 입력해 준다.

C10셀 : =NPV(D9,$C$4,$D$4,$E$4,$F$4,$G$4+$G$5)+$B$3

나머지 NPV 값은 마우스로 드래그하면 자동으로 구해진다. IRR 값이 변함에 따라 VPV 값이 어떻게 변하는지를 보기 위해서 A9:H10 셀을 범위지정한 다음 [차트 마법사]를 클릭하여 꺾은 선 그래프를 선택한다. X축, Y축 이름을 지정하고, 축 서식 대화상자에서 천단위 콤마 표시를 하고 그래프 영역을 선택하여 값표시를 해준다. 그 다음 작업과정은 그래프 모양을 적당히 끌기하여 보기좋게 변형시킨다.

	A	B	C	D	E	F	G	H
2	현금흐름	0	1	2	3	4	5	
3	ICF	- 223,000,000						
4	OCF		73,200,000	73,200,000	73,200,000	73,200,000	73,200,000	
5	TCF						35,000,000	
6	NPV_1	39,783,040						
7	NPV_2	39,778,939						
8	NPV_3	₩39,778,939						
9	0%	5%	10%	15%	20%	25%	30%	35%
10	178,000,000	121,341,108	76,217,838	39,778,939	9,978,524	- 14,675,904	- 35,289,777	-52,693,351

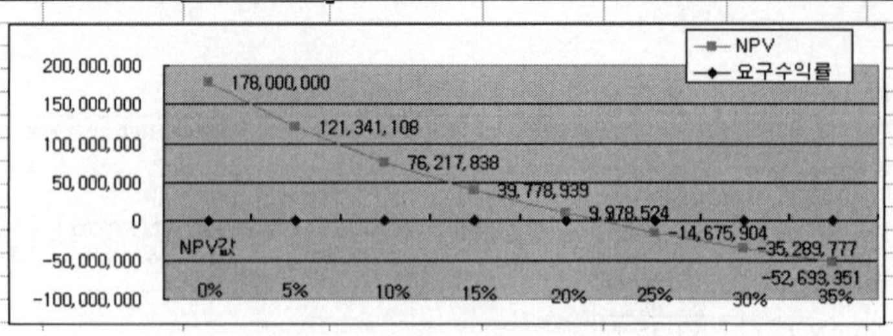

2) 내부수익률법(IRR법)

내부수익률(IRR: Internal Rate of Return)은 투자안으로부터 발생하는 현금유입액의 현재가치와 현금유출액의 현재가치를 일치시켜주는 할인율이다. 다시 말하면 투자안의 순현재가치를 '0'으로 만들어주는 할인율이다. 내부수익률법에서는 내부수익률이 자본비용보다 큰 투자안을 채택하고, 내부수익률이 자본비용보다 낮은 투자안은 기각하게 된다.

이 때 자본비용은 투자안이 채택되기 위해서 내부수익률이 넘어야 최저필수수익률[9]로서 장애율이라고도 한다.

내부수익률은 다음 식 5-2와 같이 표시된다.

$$\sum_{t=1}^{T}\frac{OCF_t}{(1+IRR)^t}+\frac{TCF_T}{(1+IRR)^T}+ICF=0 \quad \text{(식 5-2)}$$

IRR : 내부수익률

앞의 예제에서 IRR은 (주)청산의 현금흐름 현재가치를 초기투자와 일치하도록 하는 할인율이다.

$$\frac{7\text{천}3\text{백}2\text{십만원}}{(1+IRR)}+\frac{7\text{천}3\text{백}2\text{십만원}}{(1+IRR)^2}+\frac{7\text{천}3\text{백}2\text{십만원}}{(1+IRR)^3}+\frac{7\text{천}3\text{백}2\text{십만원}}{(1+IRR)^4}+\frac{1\text{억}8\text{백}2\text{십만원}}{(1+IRR)^5}=2\text{억}2\text{천}3\text{백만원} \quad \text{(식 5-3)}$$

그러나 식 5-3의 등식을 만족시켜주는 할인율을 바로 구할 수 없고, 시행착오법에 의하여 여러 개의 할인율을 적용해 본 결과 %임을 알 수 있다(위 그림에서 NPV가 제로가 되는 할인율은 20%와 25%사이에 있음을 이미 확인할 수 있었다). IRR을 구하는 방법은 엑셀에 내장된 IRR함수를 사용하면 바로 구할 수 있다.

IRR(VALUES, GUESS)

9 기업가치를 하락시키지 않기 위해서 새로운 투자안에서 벌어들여야 할 최소한의 수익률을 의미하며, 자본비용이라 한다.

여기서 VALUES는 내부수익률을 계산할 현금흐름을 포함하고 있는 셀의 참조영역을 지정하는 것이고, GUESS는 내부수익률과 근사한 임의의 추측 값을 입력한다. 현금흐름은 최소한 하나의 음의 현금흐름이 입력되어야 하는데 초기현금흐름을 기입하면 된다.

엑셀 내장함수인 IRR 함수를 사용하면 투자안의 현금흐름이 2회 이상 다기간이고 또 불규칙하게 발생하는 경우에도 투자안의 순현재가치를 0으로 하는 할인율(내부수익률)을 쉽게 구할 수 있다. (주) 청산의 내부수익률(IRR)을 계산해 보시오.

풀이

[함수마법사] 도구 아이콘을 눌러 IRR 함수를 선택하여 내부수익률을 구한다.

① 투자안의 현금흐름을 순차적으로 입력한다. 초기현금흐름은 현금유출이므로 마이너스로 입력한다.

② IRR 결과 값을 구할 B34셀에 마우스포인트를 위치시키고 [함수마법사]→[IRR 함수]를 선택한다.

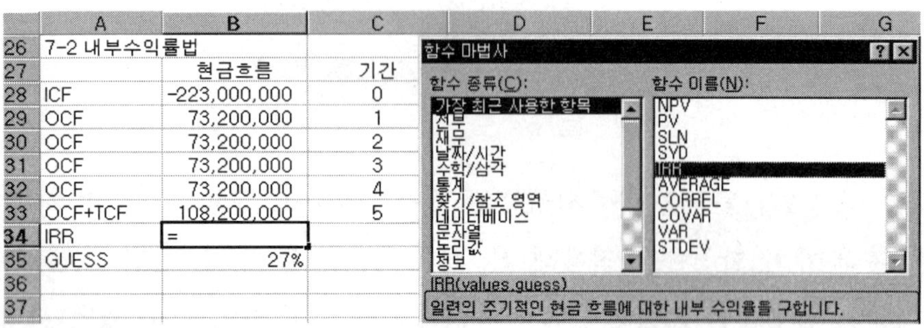

함수마법사에는 선택된 내장된 함수에 대한 설명이 표시된다.

③ Values 에는 B28:B33 셀 범위를 마우스로 지정해주고, Guess에는 임의의 추측 값을 입력해 준다.

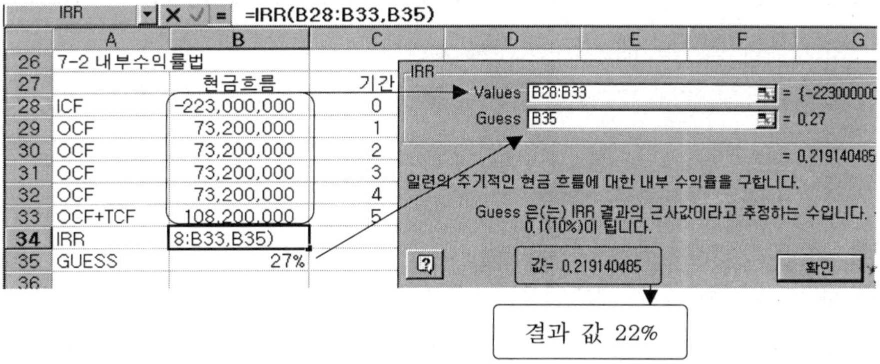

④ [확인]을 누르면 결과 값 22%이 표시된다.

3) 수익성지수법(PI법)

수익성지수법(PI법: Profitability Index Method)는 투자안으로부터 발생하는 미래 현금흐름의 현재가치를 투자액의 현재가치로 나누어 수익성지수를 산출한 후 PI가 1보다 큰 투자안(PI>1)을 선택하는 방법이다. 수익성지수가 갖는 의미는 순현재가치법이 절대액에의해서 투자안의 경제성을 평가하는 방법이라면, 수익성지수법은 최초현금흐름과 투자안으로부터 발생하는 현금흐름(영업현금흐름과 최종현금흐름)의 현가를 비교함으로써 상대적으로 평가하는 방법이라고 할 수 있다. 따라서 PI가 1이라는 의미는 다음 식 5-4에서와 같이 최초현금흐름이 투자안으로부터 발생하는 현금흐름의 현가와 같다는 의미가 된다.

$$PI = \frac{\sum_{t=1}^{T} \frac{OCF_t}{(1+RRR)^t} + \frac{TCF_T}{(1+IRR)^T}}{-ICF} \qquad \text{(식 5-4)}$$

PI가 1 보다 크다는 것은 투자안으로부터 발생하는 현금흐름이 최초현금흐름보다 크다는 것으로 PI지수가 높을수록 경제성이 높은 투자안으로 해석된다. PI지수법은 NPV를 이용한 투자안 평가결정에 보완적인 방법으로 사용될 수 있다. 상호 배타적인 복수의 투자안이 있을 때 투자규모가 크면 클수록 NPV가 높게 나오는 문제점은 PI지수를 비교해 봄으로써 해결될 수 있다.

(주) 청산의 투자안 평가를 위해서 PI지수를 계산해 보시오.

[힌트] 앞에서 사용한 NPV 함수를 이용해서 구한 결과 값을 사용한다.

풀이

PI를 구하는 수식에 따라 B8셀에 마우스 포인트를 위치시키면 수식 입력줄에 NPV를 구하는 수식이 나타난다. 이것을 복사하여 PI를 구하고자 하는 B45 셀로 이동하여 수식 입력줄에 [붙여넣기]를 한다. 종전의 수식을 다음과 같이 변형시킨다. 앞부분의 NPV 함수 값을 최초현금흐름(-B3)으로 나누어 준다.

B45셀 : =NPV(15%,C4,D4,E4,F4,G4+G5)/-B3

결과 값 PI=1.18>0이므로 채택하여야 한다.

B45 = =NPV(15%,C4,D4,E4,F4,G4+G5)/-B3

	A	B	C	D	E
37	7-3 PI법				
38		현금흐름	기간		
39	ICF	- 223,000,000	0		
40	OCF	73,200,000	1		
41	OCF	73,200,000	2		
42	OCF	73,200,000	3		
43	OCF	73,200,000	4		
44	OCF+TCF	108,200,000	5		
45	PI	1.18			

4) 투자안 평가방법 상호간의 관계

순현재가치법과 내부수익률법은 모두 화폐의 시간적 가치를 고려하고 있는 평가방법이다. 일반적으로 독립적인 투자안 채택여부를 결정하는 경우에 순현재가치법이나 내부수익률법은 모두 동일한 결과를 보여준다. 그러나 투자규모가 다르거나 미래 현금흐름의 형태가 다른 상호 배타적인 투자안인 경우에는 서로 다른 결과를 초래한다. 그러므로 NPV와 IRR 중에서 어느 것이 더 나은 평가기준인지에 대한 검토가 이루어져야 할 것이다.

(1) 독립적인 투자안

순현재가치와 내부수익률, 자본비용간에는 다음과 같은 관계가 성립한다.

IRR 〉 자본비용(k) ⇔ 순현재가치 〉 0
IRR 〈 자본비용(k) ⇔ 순현재가치 〈 0
IRR = 자본비용(k) ⇔ 순현재가치 = 0

다음 그림 5-1과 같이 투자안의 순현가는 할인율이 증가할수록 감소하고 있다. 자본비용 k1(=10%)이 내부수익률보다 작을 경우(k1<IRR)에는 NPV가 0보다 크고, 자본비용k2(=30%)이 내부수익률보다 큰 경우(k2>IRR)에는 NPV가 0보다 작다. 그리고 NPV=0인경우에는 자본비용과 내부수익률이 같다.

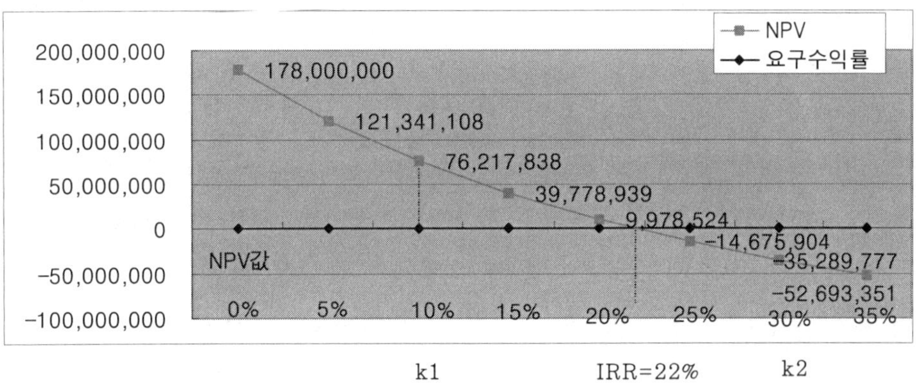

그림 5-1 독립 투자안의 순현가곡선

위 그림에서처럼 순현가법이나 내부수익률법 모두 투자안 경제성 평가여부를 결정하는데 동일한 결과를 가져다 준다.

(2) 상호 배타적인 투자안

여러 투자안들을 대상으로 투자의 우선 순위를 결정하거나 상호배타적인 투자안 중에서 하나의 투자안을 선택해야 할 경우 순현가법과 내부수익률법에 의한 판단결과가 다르게 나올 수 있다. 즉, 투자안 상호간의 투자규모가 차이가 크게 나거나 두

자수명이 서로 다를 경우, 또한 미래의 현금흐름의 발생 양상이 크게 다를 경우 판단결과가 다르게 나온다.

① 미래 현금흐름의 유입 형태가 다른 경우

다음 테이블과 같이 미래 현금흐름의 발생형태가 다른 투자안 A, B의 경우를 가정해 보자. 최초현금흐름의 크기는 같으나 현금흐름의 유입의 형태가 투자안 A는 초기에 유입이 많고 말기에는 적은 반면에 투자안 B는 그 반대이다.

A	B	C	D	E	F	G	H
7-4 투자안 평가방법 비교							
현금흐름	0	1	2	3	4	5	
ICF	- 320,000,000						투자안A
OCF		200,000,000	100,000,000	70,000,000	50,000,000	20,000,000	
TCF						35,000,000	
ICF	- 320,000,000						투자안B
OCF		20,000,000	70,000,000	80,000,000	110,000,000	150,000,000	
TCF						35,000,000	
0%	5%	10%	15%	20%	25%	30%	35%
155,000,000	105,876,833	65,356,192	31,485,929	2,836,291	- 21,657,600	- 42,801,130	- 61,212,066
260,000,000	157,201,813	77,546,119	-42,206,787.30	-81,030,735.60	-112,563,200.00	- 138,442,039.04	-159,886,034.53

순현가곡선을 그리면 할인율(자본비용)이 크지면서 투자안의 순현가가 체감하는 현상을 확인 할 수 있다. 할인율 5%, 10%, 15%, 20%, 25%, 30% 등에 따라 투자안 A와 B의 NPV의 값을 각각 구하고 이것을 꺾은 선 그래프로 그려보면 두 가지 투자안에 대한 순현가곡선의 형태가 다름을 확인할 수 있다. 투자안 A의 순현가가 0이 되는 IRR은 21%이고, 투자안B의 IRR은 11%이다.

ⓐ 해당 셀 범위 지정 : A54:G56셀 범위를 마우스로 지정하고 [차트 마법사]를 클릭한다.

ⓑ 차트 마법사 지시대로 꺾은 선 그래프 작성 : 차트 마법사는 4단계로 구성되어 있다. 먼저 1단계에서 그래프 종류를 '꺾은 선 그래프'로 지정하고 2단계로 넘어간다.

ⓒ 2단계에서 [방향]에서 행기준을 선택한다.

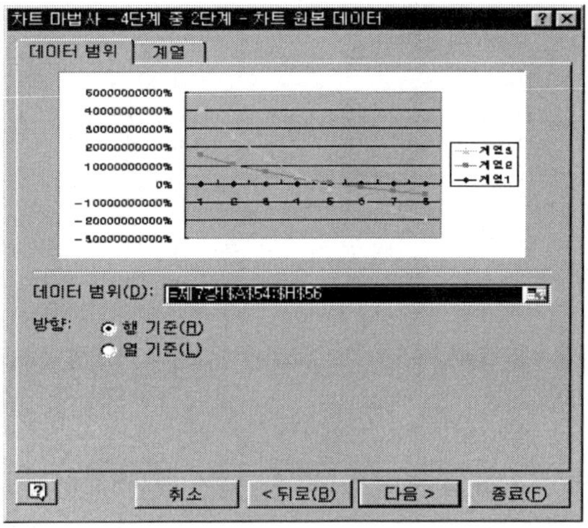

ⓓ 꺾은 선 그래프 작성에서 제목, 축, 범례, 계열 표시등을 지시대로 작성하고 [다음]을 누르면 차트 위치를 선택하는 4단계로 이동한다.

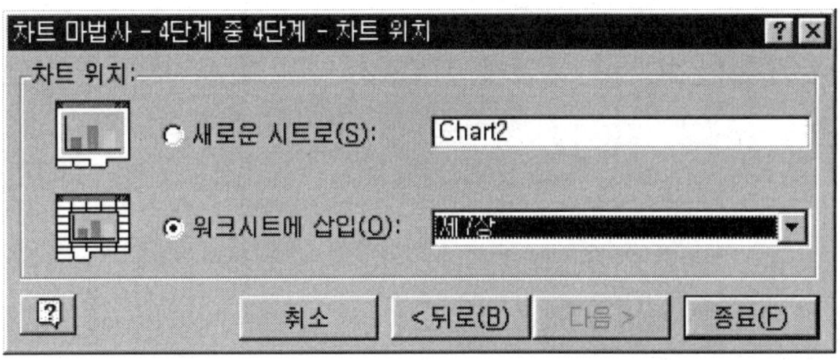

ⓔ 워크시트에 삽입을 선택하면 현재 워크시트에 표시된다.

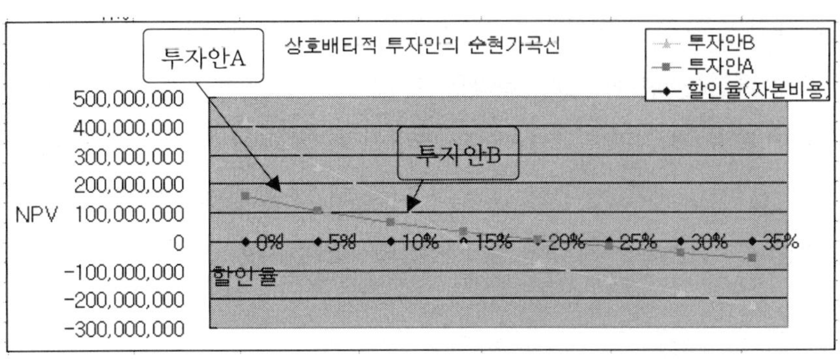

표 5-1 현금흐름의 유입형태가 다른 두 투자안의 평가

	0	1	2	3	4	5	NPV	IRR
A	-320	200	100	70	50	55	65.356	21%
B	-320	20	70	80	110	185	77.549	11%

단위 백만원%

여기에서 자본비용이 10%라고 가정하면 순현가법에 의하면 투자안 B를 선택하게 되고, 내부수익률법에 의하면 투자안 A를 선택하는 서로 다른 결과를 얻게 된다. 즉, 투자안 A,B 모두 자본비용 10% 투자안보다 높은 내부수익률을 실현하고, NPV 값이 모두 플러스를 가지고 있어 두 투자안 모두 채택 가능하지만 상호 배타적인 투자안이어서 그 중 하나의 투자안을 선택하여야 한다. 그러면 투자안 A, B 중에서 어느 투자안을 선택하여야 하는가?

이것을 판단하기 위해서는 차액투자인 (A-B)투자안의 가치를 평가해서 이것의 NPV가 0보다 크고, IRR이 10%보다 크다면 순현가법에 의하든, 내부수익률법에 의하든 투자안 A를 선택하게 된다. 그러나 현재 차액 투자안인 (A-B)안의 경우는 NPV>0이고, IRR<10%이므로 판단하기 어렵다.

표 5-2 투자안 A와 투자안 B의 현금흐름 차이

투자안	0	1	2	3	4	5	NPV	IRR
A-B	0	180	30	-10	-60	-130	59.216	-1.4%

단위 : 백만원%

상호배타적인 순현가곡선을 살펴보면 두 투자안의 순현가곡선이 교차하는 점[10]에서 왼쪽에서는 투자안B가 유리한 투자이고, 오른쪽에서는 투자안A가 유리한 투자안이 된다. 즉, 자본비용이 피셔의 수익률보다 작을 경우에는 순현가법과 내부수익률법이 서로 상반된 결과가 나온다. 순가법에 의하면 투자안B를 선택하나 내부수익률법에 의하면 투자안A를 선택하게 된다. 이렇게 되는 이유는

10 피셔의 수익률(Fisher's Rate of Return)이라 한다.

자본비용이 피셔의 수익률보다 작을 경우 순현가법에서는 내부수일류법에 비하여 후기 현금유입을 보다 높게 평가하기 때문이다. 결론적으로 이야기하면, 상반된 결과가 나올 때에는 순현가법에 의해서 판단해야 할 것이다.

② 투자규모가 현저히 다른 경우

투자규모가 현저히 차이가 나는 다음 두 가지 경우의 투자안 C, D를 가정해 보자.

표 5-3 투자규모가 상이한 두 투자안의 현금흐름

투자안	0	1	2	3	4	5	NPV	IRR
C	−320	220	150	70	50	55	121.8	30%
D	−12	8	9	10	13	19	30	74%

단위 백만원, %

자본비용이 10%일 때 투자안 C와 투자안 D에 대하여 순현가법, 내부수익률법에 의해서 평가하면 다음과 같다.

77	기간	투자안C	투자안D	C-D 투자안
78	0	-320	-12	-308
79	1	220	8	212
80	2	150	9	141
81	3	70	10	60
82	4	50	13	37
83	5	50	19	31
84	NPV	121.8	30.9	90.9
85	IRR	30%	74%	27%
86	Guess	13%		
87	자본비용	10%		

순현가법에 의한 평가 : 투자안C의 순현가>투자안D의 순현가

→투자안 C 채택

IRR에 의한 평가 : 투자안C의 IRR(28.1%)<D의 IRR(74%)

→투자안D 채택

왜 이런 상반된 결과가 나오는 가에 대해서는 앞에서 설명하였다. 현금흐름의 발생형태가 다를 경우도 원인이 되지만, 현금유입에 대한 재투자수익율의 가정

이 서로 다르기 때문이다. 순현가법에서는 자본비용 즉, 최저필수수익률로 재투자가 이루어지고 내부수익률법에서는 언제든지 선택한 내부수익률로 동일한 투자수익률을 얻을 수 있다고 묵시적으로 가정하고 있기 때문이다. 이것은 한계투자수익률이 체감하는 현실을 생각하면 비현실적인 가정이라 할 수 있다. 결론적으로 말하면 내부수익률법은 투자안의 투자규모를 무시하는 투자평가방법이고, 순현가법은 투자안의 투자규모를 합리적으로 감안한 평가방법이라고 할 수 있다.

상호 배타적인 투자안 평가에서 순현가법과 내부수익률법이 서로 다른 결과를 초래할 경우에는 두 투자안의 증분현금흐름을 이용하여 NPV, IRR를 계산한다. 앞의 예에서 투자안C와 투자안D의 차이 즉, C-D 투자안 NPV를 구하면 9천 9십만원이고, IRR은 27%로서 자본비용보다 크다. 따라서 투자안 C를 채택한다. 이런 평가의 결과는 순현가법의 평가와 동일하다.

③ 순현가법(NPV법)과 수익성지수법(PI법)

독립적인 투자안인 경우에는 순현가법과 수익성지수법은 동일한 결과를 얻을 수 있다. 즉, 순현가(NPV)가 0보다 크면 수익성지수(PI)도 1보다 크다. 따라서 투자안의 경제성이 인정되는 경우이다.

그리고 순현가(NPV)가 0보다 작으면 수익성지수(PI)도 1보다 자고 투자안의 경제성이 인정되지 않아 기각되는 경우이다.

PI〉1 ⇔ NPV〉0 ⇒ 투자안 채택

PI〈1 ⇔ NPV〈0 ⇒ 투자안 기각

그러나 상호 배타적인 투자안인 경우에는 PI>1 인 투자안 중에서 가장 PI가 높은 투자안을 선택하지만 순현가법과 수익성지수법에 의한 평가결과가 다를 수 있다. 이 경우에는 순현가법에 의한 평가방법을 채택한다.

C88 =NPV(10%,C79,C80,C81,C82,C83)/-C78

	A	B	C	D	E
77	기간	투자안C	투자안D	C-D 투자안	
78	0	-320	-12	-308	
79	1	220	8	212	
80	2	150	9	141	
81	3	70	10	60	
82	4	50	13	37	
83	5	50	19	31	
84	NPV	121.8	30.9	91	
85	IRR	30%	74%	27%	
86	Guess	13%			
87	자본비용	10%			
88	PI	1.38	3.58	1.29	
89	7-5 회수기간법				

④ 수정 내부수익률법(MIRR: Modified Internal Rate of Return)

이론적으로 순현가법이 내부수익률보다 우수한 평가방법이지만 현실적으로 경영자들은 내부수익률법을 더 선호하고 있다. 따라서 내수수익률법을 조금 변형시킨 수정 내부수익률법(MIRR)의 내용을 살펴보자.

MIRR은 투자안의 투자지출액의 현가와 현금유입액의 투자종료시 가치의 현가를 일치시키는 할인율로서 다음 수식으로 표시한다.

투자지출액 현가 = 현금유입액의 투자종료시 현가

$$\frac{ICF_t}{(1+RRR)^t} = \sum_{t=1}^{n} \frac{OCF_t(1+RRR)^{n-t}}{(1+MIRR)^n} \qquad \text{(식 5-5)}$$

F85 =MIRR(B78:B83,17%,17%)

	A	B	C	D	E	F
77	기간	투자안C	투자안D	C-D 투자안		
78	0	-320	-12	-308		
79	1	220	8	212		
80	2	150	9	141		
81	3	70	10	60		
82	4	50	13	37		
83	5	50	19	31		
84	NPV	121.8	30.9	91		
85	IRR	30%	74%	27%	MIRR(투자안C)	21.8%
86	Guess	13%				
87	자본비용	10%				
88	PI	1.38	3.58	1.29		

RRR : 요구수익률(자본비용), MIRR : 수정내부수익률

IRR계산의 문제점은 수취된 현금흐름이 투자안의 잔존년수동안 IRR과 같은 비율로 재투자된다는 묵시적인 가정에 있다. 이것은 투자규모가 지나치게 크다든지, 매우 높은 IRR을 가정한 투자안인 경우에는 현실적이지 못하다. 초기 투자시에는 투자수익률이 보장될 수 있지만 계속 투자가 이루어지는 동안 투자수익률은 떨어지는 것이 상례이기 때문이다. 이러한 현상은 창업기업이 초기 예상된 평균투자수익률은 높을지 모르지만 지속적으로 새로운 기업이 진입하는 시장조건에서는 투자수익률이 떨어지게 된다. MIRR은 어떤 다른 비율로 재투자된다고 보고 재투자수익률을 변경하여 계산한 수정된 내부수익률이다.

앞에서 사용한 현금흐름을 이용하여 MIRR을 계산해 보자.

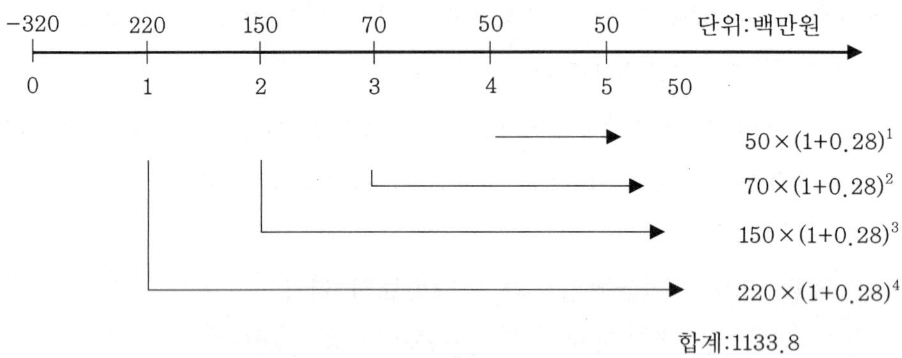

최초의 투자 320백만원으로 1133.8백만원을 벌어들인 것이고, 연평균복리수익율은 다음과 같다.

$$\sqrt[5]{\frac{1133.8}{320}} - 1 = 28.8\%$$

G85 = =(G84/-G78)^(1/5)-1

	A	B	C	D	E	F	G
77	기간	투자안C	투자안D	C-D 투자안	기간	투자안C	투자종료시가치
78	0	-320	-12	-308	0	-320	-320
79	1	220	8	212	1	220	590.558
80	2	150	9	141	2	150	314.573
81	3	70	10	60	3	70	114.688
82	4	50	13	37	4	50	64.000
83	5	50	19	31	5	50	50
84	NPV	121.8	30.9	91			1133.8
85	IRR	30%	74%	27%	MIRR(투자안C)	21.8%	28.8%
86	Guess	13%					
87	자본비용	10%	28%				
88	PI	1.38	3.58	1.29			

이것은 IRR와 비슷하게 맞아 들어간다.
5동안 이렇게 높은 투자수익률을 올릴 것 같지 않아 17%의 요구수익률로 재투자수익률을 바꾼다면 엑셀에서 다음과 같이 작업한다.

F85 = =MIRR(B78:B83, 17%, 17%)

	A	B	C	D	E	F	G
77	기간	투자안C	투자안D	C-D 투자안	기간	투자안C	투자종료시가치
78	0	-320	-12	-308	0	-320	-320
79	1	220	8	212	1	220	590.558
80	2	150	9	141	2	150	314.573
81	3	70	10	60	3	70	114.688
82	4	50	13	37	4	50	64.000
83	5	50	19	31	5	50	50
84	NPV	121.8	30.9	91			1133.8
85	IRR	30%	74%	27%	MIRR(투자안C)	21.8%	28.8%
86	Guess	13%					
87	자본비용	10%	28%				
88	PI	1.38	3.58	1.29			

엑셀 MIRR함수는 다음과 같이 사용된다.

MIRR(Values, Finance_Rate, Reinvest_Rate)

여기에서 Value는 현금흐름의 참조 범위를 지정하고, Finance_Rate 는 요구수익률(사용된 금액에 대해 지불할 이자율),
Reinvest_Rate는 재투자한 금액으로부터 받을 이자율이다.
워크시트에서 MIRR 값을 구할 셀에 다음과 같이 입력한다.

F85셀 : =MIRR(B78:B83,17%,17%)

엑셀에서 구한 결과 값은 21.8%이며, 이것은 자본비용보다 높기 때문에 채택될 수 있다.

2. 전통적 평가방법

전통적인 평가방법은 화폐의 시간가치를 고려하지 않는 방법으로서 회수기간법과 회계적 이익률법이 있다.

1) 회수기간법

회수기간(Payback Period)은 최초투자에 소요된 모든 비용을 회수하는 데 걸리는 기간을 의미하며, 통상 연단위로 표시한다. 예를 들어, 현재 3,000만원과 5,000만원의 투자비용이 소요되는 두 개의 투자안 A, B가 있으며, 이들 투자안으로부터 유입되는 현금흐름이 다음과 같다면 투자안 A와 투자안 B의 회수기간은 얼마가 되는지 살펴보자.

표 5-4 투자안 A, B의 현금흐름

A	B	C	D	E	F	G	H
-5 회수기간법							
투자안	연도	0	1	2	3	4	5
A	현금흐름	-3000	1000	1100	700	600	0
	현금유입누계			2100	2800	3400	3400
B	현금흐름	-5000	500	700	1500	2500	3000
	현금유입누계			1200	2700	5200	8200

① 투자안 A의 경우 최초 투자비용이 3,000만원이고, 연도별로 1,000만원 1,100만원, 700만원, 600만원의 현금유입이 발생한다.
3년말 현재 현금유입액 누계는 2,800만원이므로 현재 미수액은 200만원이다. 현금유입이 연중 일정하게 발생한다고 보고 미수액 200만원은 4년째 현금유입액 600만원의 1/3이기 때문에 4개월에 해당된다. 따라서 투자안 A의 회수기간은 3년 4개월이다.

② 투자안 B의 회수기간도 마찬가지로 계산된다. 3년말 현재 현금유입액 누계는 2,700만원이고, 미수금2,300만원을 4년째 현금유입액 2,500만원에 대하여 기간을 계산하면 약 11개월에 해당된다.
따라서 투자안 B의 회수기간은 3년 11개월이다.

회수기간법 평가기준

(1) 독립적인 투자안

투자안의 회수기간이 기업자체에서 설정한 회수기간보다 짧으면 투자안을 채택하고, 투자안의 회수기간이 기업자체에서 설정한 회수기간보다 긴 경우 투자안을 기각한다.

투자안 회수기간<목표회수기간 ⇒ 투자안 채택
투자안 회수기간>목표회수기간 ⇒ 투자안 기각

위에서 구한 투자안 A, B의 회수기간이 모두 3년 이상이다. 만약 기업이 설정한 목표회수기간이 3년 이내인 경우에는 두 개의 투자안이 모두 기각된다.

(2) 상호 배타적인 투자안

목표 회수기간보다 짧은 투자안 중에서 회수기간이 가장 짧은 투자안을 채택한다.

(3) 회수기간법의 문제점

회수기간법이 지닌 문제점은 다음과 같다.

① 회수기간 내 현금흐름의 화폐적 시간가치를 무시한다.
② 회수기간 이후의 현금흐름을 무시한다.
③ 기업이 설정한 목표 회수기간이 자의적이다.

그러나 회수기간법의 단점에도 불구하고 회수기간법이 자주 사용되는 이유는 계산방법이 쉽고 직관적으로 이해하기 쉽다는 점이다. 그리고 투자자금의 회수가 빠르면 빠를수록 투자위험이 작다고 볼 수 있기 때문에 기업의 입장에서는 회수기간이 짧은 투자안을 선택함으로써 그 만큼 미래의 불확실성을 줄일 수 있다는 장점이 있다. 화폐의 시간적 가치를 무시하고 있는 회수기간법의 문제점을 보완하기 위해서 할인된 회수기간(Discount Payback Period)을 사용하기도 한다. 미래의 현금흐름들을 자본비용으로 각각 할인한 현재가치를 가지고, 투자에 소요된 모든 비용을 회수하는 데 얼마의 기간이 걸리는 지를 계산하는 방법이다. 이 방법 역시 회수기간 이후의 현금흐름을 무시하기는 마찬가지이므로 문제점은 여전히 남는다. 이렇게 본다면 회수기간법만을 단독으로 사용하여 투자안 경제성을 분석한다는 것은 위험한 방법이라고 하겠다.

2) 평균회계이익률법

평균회계이익률(AAR : Average Accounting Return)은 투자안의 내용연수동안 세후 평균순이익을 투자의 평균장부가치, 즉 평균투자액으로 나눈 값으로 다음과 같이 정의된다.

$$AAR = \frac{\text{세후연평균순이익}}{\text{연평균투자액}} = \frac{\text{세후연평균순이익}}{\frac{\text{총투자액}}{2}} \qquad \text{(식5-6)}$$

위 식 5-6에서 세후 연평균순이익은 투자기간동안 매기 작성되는 추정손익계산서의 법인세공제후순이익을 단순 평균한 값이며, 평균투자액은 총투자액에서 매기 감가상각비를 차감한 장부상 투자잔액을 단순 평균한 값이다.

표 5-5 투자안의 추정 손익계산서

	A	B	C	D	E	F
97	7-6 평균회계이익률법(AAR)		단위: 만원			
98	연도	1	2	3	4	5
99	매출액	43,333	45,000	26,667	20,000	13,333
100	현금지출비용	20,000	15,000	10,000	10,000	10,000
101	감가상각전이익	23,333	30,000	16,667	10,000	3,333
102	감가상각비	10,000	10,000	10,000	10,000	10,000
103	세전순이익	13,333	20,000	6,667	-	- 6,667
104	법인세(25%)	3,333	5,000	1,667	-	- 1,667
105	세후순이익	10,000	15,000	5,000	-	- 5,000

예를 들어서 새로운 투자안의 초기 투자액은 50,000만원이고 5년의 내용연수를 가지고 잔존가치는 없다고 가정한다. 감가상각은 정액법으로 하고, 법인세율은 25%로 가정한다. 5년 동안의 매출액과 비용이 표 5-5와 같이 발생한다고 하면 투자안에 대한 추정 손익계산서를 엑셀로 작성할 수 있다. 먼저 세후 평균순이익을 구하면 다음과 같다.

$$\text{세후 평균순이익} = \frac{10,000+15,000+5,000+0-5,000}{5} = 5,000\text{만원}$$

C107 = =(B105+C105+D105+E105+F105)/5

	A	B	C	D	E	F
97	7-6 평균회계이익률법(AAR)		단위: 만원			
98	연도	1	2	3	4	5
99	매출액	43,333	45,000	26,667	20,000	13,333
100	현금지출비용	20,000	15,000	10,000	10,000	10,000
101	감가상각전이익	23,333	30,000	16,667	10,000	3,333
102	감가상각비	10,000	10,000	10,000	10,000	10,000
103	세전순이익	13,333	20,000	6,667	-	- 6,667
104	법인세(25%)	3,333	5,000	1,667	-	- 1,667
105	세후순이익	10,000	15,000	5,000.25	-	- 5,000.25
106						
107	Average net income		5000			

총투자액이 5,000만원이고 매년 일정금액을 감가상각하기 때문에 매년도말 투자의 순장부가치는 다음과 같이 계산된다.

109	연도말	0	1	2	3	4	5
110	총장부가치	50,000	50,000	50,000	50,000	50,000	50,000
111	감가상각누계액	-	10,000	20,000	30,000	40,000	50,000
112	순장부가치	50,000	40,000	30,000	20,000	10,000	-
113	Average book va	25,000					

그러므로 연간 평균투자액을 구하면 2,500만원이 된다. B113셀에 마우스포인트를 위치시키고 Average 함수를 이용하여 값을 구한다.

B113셀 :=AVERAGE(B112:G112)

이상의 결과를 이용하여 AAR을 구하면 20%가 된다.

07	Average net income		5,000				
08							
09	연도말	0	1	2	3	4	5
10	총장부가치	50,000	50,000	50,000	50,000	50,000	50,000
11	감가상각누계액	-	10,000	20,000	30,000	40,000	50,000
12	순장부가치	50,000	40,000	30,000	20,000	10,000	-
13	Average book val	25,000					
14							
15	AAR	=C107/B113					

3. 특수한 경우의 투자안 평가

투자안의 경제성평가에서 가장 우수한 방법이 현금흐름 할인법 특히, 순현가법이라고 할 수 있다. 그러나 기업에서 실제 투자안을 평가할 때 부딪히는 어려유 문제들이 있는데, 일반적인 것으로 ① 투자안 상호간에 내용연수가 다르거나 투자규모가 차이가 나는 경우, ② 조달 가능한 자본이 제약된 경우 ③ 인플레이션 영향을 고려하는 경우로 나누어 볼 수 있다.

1) 내용연수가 다른 투자안 평가

내용연수가 서로 다른 상호 배타적인 투자안 A, B를 평가할 때 현금흐름 할인법을 적용하는 것이 바람직하지 않을 때가 있다. 지금 내용연수가 서로 다른 두 개의 투자안이 다음과 같이 있다면 먼저 투자안의 현금흐름을 동일한 내용연수를 가진 투자안으로 일치시켜 상호 비교하여야 할 것이다.

내용연수가 다른 투자안의 현금흐름을 조정하는 방법에는 두 가지 방법이 있다.

첫째, 반복 투자가 불가능한 경우이다.

투자안이 종료한 후 그와 동일한 투자안에 반복해서 투자할 수 없다는 말은 한번 투자하면 그 투자안과 동일한 투자기회가 사라진다는 말이다. 따라서 투자자가 상이한 내용연수를 맞추기 위해서 반복 투자한다 하더라도 단지 자본비용과 동일한 투자수익률을 주는 투자안(NPV=0)에 투자할 수 있을 뿐이다. 이와 같이 반복투자가 불가능한 경우에는 순현가가 제로가 된다는 의미이다.

순현가가 많은 투자안 B를 선택해야 한다.

표 5-6 내용연수가 다른 투자안의 현금흐름

	A	B	C	D	E	F
116	7-7 내용연수가 다른 투자안 평가		자본비용	10%		
117	연도	투자안A	투자안B	연도	투자안A	투자안B
118	0	- 4,000	- 6,000	0	- 4,000	- 6,000
119	1	1,400	1,350	1	1,400	1,350
120	2	1,400	1,350	2	1,400	1,350
121	3	1,400	1,350	3	1,400	1,350
122	4	1,400	1,350	4	1,400	1,350
123	5		1,350	5	0	1,350
124	6		1,350	6	0	1,350
125	7		1,350	7	0	1,350
126	8		1,350	8	0	1,350
127	반복투자가 가능한 경우			반복투자가 불가능한 경우		
128	NPV_!	₩437.81	₩572	NPV	₩ 437.81	₩572
129	NPV_2	₩299.03				
130						
131	조정 NPV	₩736.84	₩572			

둘째, 동일한 투자가 반복해서 이루어지는 경우이다. 투자안이 종료한 후 그와 동일한 투자안이 반복해서 투자가 이루어지는 경우이다. 투자안 A의 경우 내용연수를

맞추기 위해서 동일한 투자가 반복해서 이루어지기 때문에 NPV는 NPV_1+ NPV_2의 합으로 계산된다.

즉, 첫 번째 투자의 NPV_1 값 : 437만원

두 번째 투자의 NPV_2 값 : 437만원×PVIF(10%,4)=736.84만원

투자안 B의 순현가(NPV) : 572만원

B129 = =PV(D116,4,,-B128)

	A	B	C	D
116	7-7 내용연수가 다른 투자안 평가		자본비용	10%
117	연도	투자안A	투자안B	
118	0	- 4,000	- 6,000	
119	1	1,400	1,350	
120	2	1,400	1,350	
121	3	1,400	1,350	
122	4	1,400	1,350	
123	5		1,350	
124	6		1,350	
125	7		1,350	
126	8		1,350	
127				
128	NPV_!	₩437.81	₩572	
129	NPV_2	₩299.03		
130				
131	조정 NPV	₩736.84	₩572	

따라서 조정된 공통연수의 순현가는 투자안 A가 736.84만원으로 투자안 B의 순현가 572만원보다 크다. 투자안 A를 채택해야 한다.

2) 자본제약하의 투자안 평가

투자할 자금에 제한이 없는 경우에는 순현가가 0보다 큰 투자안을 모두 채택하면 되겠지만 현실적으로 투자자금의 제약이 있는 경우가 일반적이다. 경제성 있는 투자안을 모두 채택할 만큼 충분한 자금을 조달할 수 없을 때에는 기업의 가치를 가장 증대시켜주는 최적투자조합의 선택이 중요하다. 이와 같이 제한된 자본을 합리적으로 투자안에 배분하는 과정을 자본할당(Capital Rationing)이라 한다.

자본제약하의 투자안 평가는 부분선택이 가능한 경우와 부분 선택이 불가능한 경우로 나누어 살펴볼 수 있다.

(1) 부분선택이 불가능한 경우

다음 표 5-7과 같이 투자한도가 10,000만원으로 제한되어 있을 경우 4개의 투자안에 대한 순현가, 수익성지수가 표 5-7과 같이 주어진다고 가정해 보자. NPV는 유입액의 현가-투자비용로 구해지고, PI는 유입액현가/투자비용으로 값이 구해진다.

현재, 투자안 A, B, C, D 모두 NPV가 0보다 크고, 따라서 PI도 1보다 크기 때문에 모두 채택 가능하다. 그런데 투자자금의 한도가 5,000만원이므로 예산 한도내에서 투자 가능한 투자안의 조합은 다음 표 5-7와 같다.

표 5-7 자본 할당하의 투자안 평가

133	7-8 자본할당					단위 : 만원
134	투자안	투자비용	유입액 현재가치	NPV	PI	순위
135	A	3000	3400	400	1.13	
136	B	2000	2340	340	1.17	
137	C	2000	2260	260	1.13	
138	D	1000	1050	50	1.05	

NPV와 PI가 가장 높은 순위대로 투자안A와 투자안B를 선택하면 된다. 순위를 구하는 방법은 F135셀에 마우스포인트를 위치시키고 함수마법사를 눌러 RANK를 선택한다.

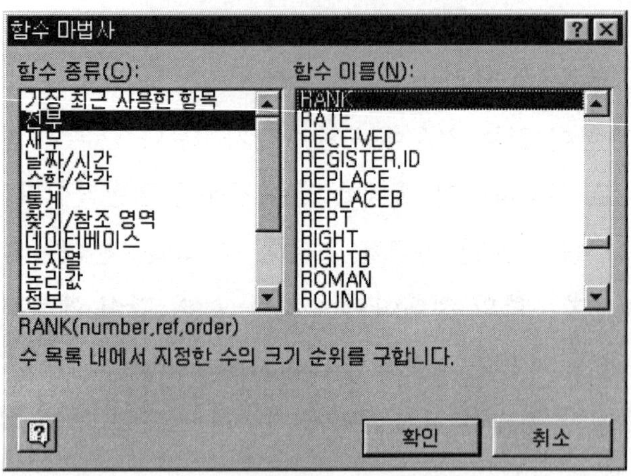

Number에는 순위를 구하고자 하는 셀을 입력하고, Ref에는 순위 값을 구하고자 하는 목록을 지정한다. 여기에서는 E135:E138 범위를 지정한다. 즉, PI지수 목록을 지정하는데 유의할점은 절대주소로 입력한다.

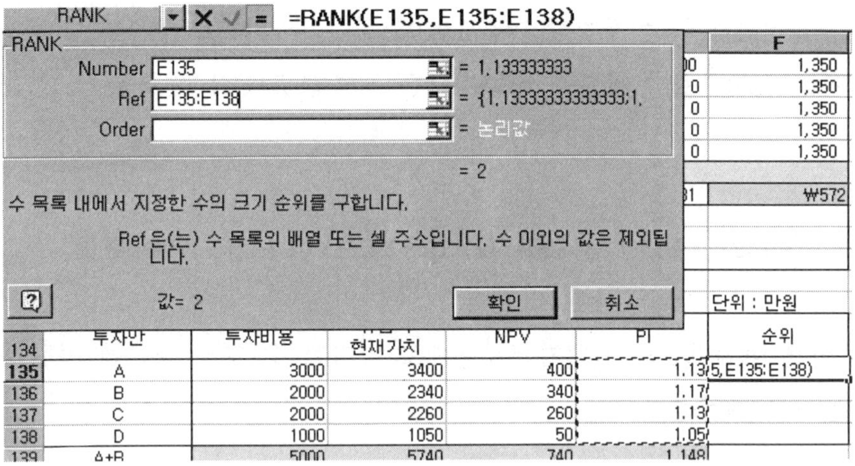

마우스로 F135셀을 밑으로 드래그하여 순위를 구한다.

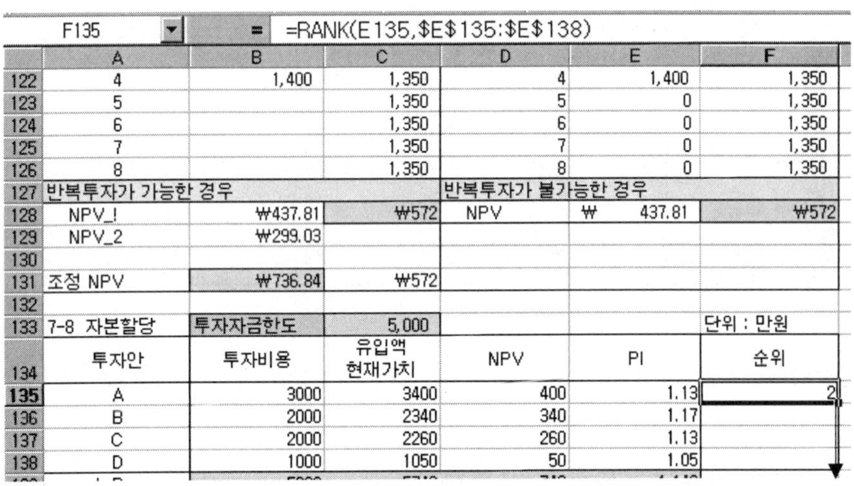

따라서 투자자본의 제약인 5,000만원 범위내에서 NPV가 400만원이고, PI가 1.13인 투자안 A와 NPV가 340만원이고, PI가 1.17인 투자안 B를 선택하면 최적의 투자안

선택이 이루어진다.

(2) 부분선택이 가능한 경우

이제 부분 선택이 가능한 경우를 살펴보기 위해서 가중평균지수를 구하는 방법을 설명한다. 가장 PI가 높은 투자안 B에 2,000만원을 투자하고, 투자안 C에 2,000만원을 투자하여, 1,000만원이 여유자금으로 남은 투자안 B+C의 가중평균수익률은 다음과 같다.

E142 : =E136*(B136/B142)+E137*(B137/B142)+(1000/5000)*1

여기서 남은 여유자금의 기회자본비용으로 투자할 수 있기 때문에 여유자금의 수익성지수는 1로 계산한다.

따라서 나머지 투자안의 가중평균수익성지수를 구하면 표 7-5와 같다.

표 5-8 가중평균수익성 지수를 이용한 투자안 선택

133	7-8 자본할당	투자자금한도	5,000			단위 : 만원
134	투자안	투자비용	유입액 현재가치	NPV	PI	순위
135	A	3000	3400	400	1.13	2
136	B	2000	2340	340	1.17	1
137	C	2000	2260	260	1.13	3
138	D	1000	1050	50	1.05	4
139	A+B	5000	5740	740	1.148	2
140	A+C	5000	5660	660	1.132	3
141	A+D	4000	4450	450	1.09	5
142	B+C	4000	4600	600	1.35	1
143	B+D	3000	3390	390	1.078	6
144	B+C+D	5000	5650	650	1.13	4

부분선택이 가능한 경우 PI가 가장 높은 투자안 B+C를 선택하면 될 것이다.

자본 제약하의 투자결정문제에 선형계획법을 이용해 풀이해 보자. 선형계획함수는 다음과 같이 표시된다.

목적함수 : Max. NPV=400A+340B+260C+50D

제약조건 : 3A+2B+2C+1D≤5

A, B, C, D>0

자본할당 최적해 찾기

투자안 A, B, C, D의 초기투자비용, NPV를 입력한다. 투자한도는 5,000만원이고, 이 범위 내에서 순현가를 최대로 하는 투자조합을 찾기 위하여 엑셀 [해 찾기]를 사용한다.

① 데이터 입력 : 초기 투자비용, NPV를 B151:E152 범위에 입력한다.

② 초기해 : 초기해를 B149:E149 범위에 입력한다. 초기해는 0이 된다.

③ 총 투자비용 : F152셀에 다음 함수식을 입력한다.

$$F152 : SUMPRODUCT(B149 : E149, B152 : E152)$$

④ 순현가 : B154셀에 다음 함수식을 입력한다.

$$B154셀 : SUMPRODUCT(B149 : E149, B152 : E152)$$

엑셀 해 찾기 사용을 설명하면 다음과 같다.

⑤ 해 찾기 : 먼저 B154셀을 클릭하고, 메뉴표시줄에서 [도구]→[해 찾기] 명령을 선택한다. 목표 셀인 B154셀에 최종 결과치인 순현가 합계액이 산출된다. 다음 [해의 조건]에는 최대값을 클릭한다.

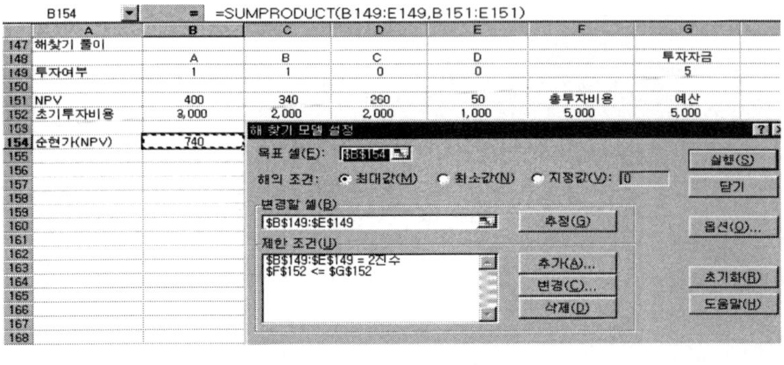

⑥ 변경할 셀 : 최적해를 구하는 범위를 지정한다. B149:E149를 입력한다.

⑦ 제한조건 : 여기에서는 이진수((B149:E149=bin)로 지정해 준다. 총 투자비용은 예산보다 작다는 조건식을 추가시킨다. F152< G152

⑧ [실행]을 클릭하면 최적해가 제시된다.

투자여부가 "1"로 표시되면 투자안 선택이고, "0"이면 선택되지 않음을 표시한다.

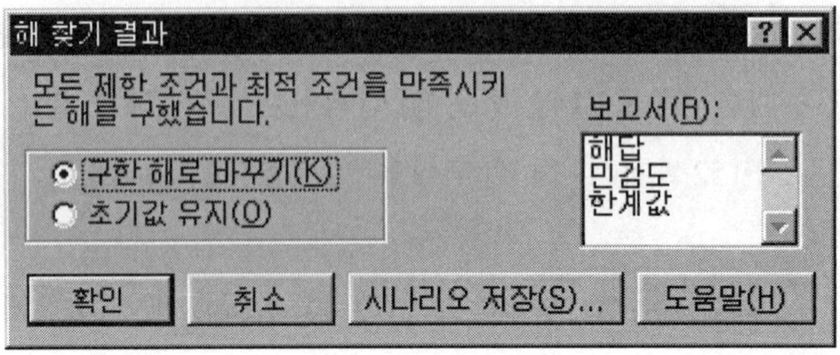

⑨ 결과 해석 : 투자안 A, B를 선택하면 순현가가 740만원으로 최대가 됨을 알 수 있다.

B154 = =SUMPRODUCT(B149:E149,B151:E151)

	A	B	C	D	E	F	G
147	해찾기 풀이						
148		A	B	C	D		투자자금
149	투자여부	1	1	0	0		5
150							
151	NPV	400	340	260	50	총투자비용	예산
152	초기투자비용	3,000	2,000	2,000	1,000	5,000	5,000
153							
154	순현가(NPV)	740					

연습문제

1. 내부수익률업과 순현재가치법을 비교 설명하시오.

2. 자본예산기법 중에서 회수기간법의 장단점을 들어보시오.

3. 두 개의 상호 배타적인 투자안의 현금흐름은 다음과 같다.

	A	B	C	D
1	7-1 투자안의 순현가			단위 : 만원
2	연도	구분	투자안 A	투자안 B
3	0	최초투자액	- 12,000	- 12,000
4	1	순이익	7,000	1,000
5	2	순이익	4,000	2,000
6	3	순이익	3,000	3,000
7	4	순이익	1,000	5,000
8	5	순이익	1,000	8,000

(1) 각 투자안에 대하여 IRR를 계산하시오.
(2) 자본비용이 8%라고 하면 NPV에 의해서 투자안의 현재가치를 구하시오
(3) NPV와 IRR에 의한 투자안 경제성 평가가 다르다면 이유는 무엇인가?

4. (위험조정할인율과 투자안 평가)
최초 투자액이 1,000만원이고 매년 180만원의 순현금흐름이 10년간 확실히 보장되는 투자안이 있다고 한다.
(1) 이 투자안의 순현재가치는 얼마인가?
(2) 그러나 여러 가지 불확실한 사정으로 인하여 위험프리미엄 4%를 더 고려해야 할 사정이 생겼다면, 이 투자안의 순현재가치는 어떻게 변할까?

5. 다음과 같은 순현금흐름을 갖는 투자안의 투자베타가 1.8이고 연간 시장수익률

과 무위험이자율이 각각 16%와 7%라고 한다. 이 투자안의 위험조정할인율을 구하고 순현가를 계산하시오.

연도	0	1	2	3	4	5
현금흐름	2,000	400	600	700	800	900

제4편

포트폴리오와 CAPM

제6장

위험과 수익률

지금까지 우리는 이자율이라는 요소를 이용하여 일정시점에서의 현금흐름을 현재가지 혹은 미래가치로 전환하는 방법을 공부하였다. 그러나 이러한 형태의 현금흐름들은 모두 확실하게 발생될 현금흐름이라는 점이다. 예를 들어 은행 예입금액은 만기일에 원금과 이자 지급이 확실하게 보장되고 있는 현금흐름이며, 보험증서나 교직원 연금(Pension) 지급 역시 확실하게 약관에 의해 지급이 확실하게 보장된 현금흐름이다. 그러나 현실에서 우리가 경험하는 기업의 투자나 주식, 채권 등 증권투자로부터 발생하는 현금흐름은 미래 현금흐름의 크기가 확실하지 않다. 실제로 주식형 수익증권 투자로부터 발생한 수익은 실제 은행 예금수준의 투자성과도 얻지 못한 결과를 초래할 때도 있다.

주식투자의 경우도 배당금이나 전매로부터 얻어지는 매매가격차익인데 배당금이 얼마가 될지 알 수 없고, 투자자의 의도대로 주가가 움직여 줄지 아무도 알 수 없다. 따라서 이들 불확실한 현금흐름의 미래가치나 현재가치를 계산하고자 할 경우 이때까지 사용한 무위험 이자율 r이 아니라 **불확실성이 고려된 이자율이나 할인율**이 사용되어야 한다.

미래 현금흐름의 실현이 불확실한 것을 위험이라고 하는데 투자자들이 이런 위험을 감수하는데 따른 보상을 요구하기 때문에 재무관리에서는 위험을 감안한 이러한 수익률을 요구 수익률 혹은 **기대 수익률**이라 한다. 따라서 위험자산을 평가할 때에는 위험이 없는 경우에 비하여 높은 할인율을 사용하여 가치평가를 하여야 한다는 것이다. 이 장에서는 위험에 대한 개념과 구체적인 측정 방법을 살펴보고, 위험과 기대수익률과의 상관(상충)관계에 대해서 알아본다. 마지막으로 여러 자산으로 포트폴리오를 구성함으로써 위험이 감소되는 현상을 살펴보고, 위험이 있는 투자안들에 대한 투자결정이 어떻게 이루어지는 지를 평균-분산모형을 중심으로 설명하고자 한다.

1.재무관리에서 위험의 의미

재무관리에서 위험이란 “미래의 현금흐름 또는 투자수익에 대한 변동가능성(Variability)의 정도, 또는 이에 대한 불확실성 (Uncertainty)의 정도” 로 이해할 수 있다.

기업 재무관리의 목적이 기업가치를 극대화하는 것이라면, 이러한 기업의 목적을 달성하기 위해서는 재무관리 담당자는 기업가치를 결정하는 핵심적인 두 가지 요소인 위험과 수익률을 평가할 수 있어야 할 것이다. 이제부터 재무관리에서 위험의 의미를 살펴보자.

우리가 미래에 실현된 투자수익을 예측할 때 흔히 미래상황을 세 가지 경우로 나누어 의사결정이 이루어진다.

① 확실성(Certainty) : 미래에 발생할 상황을 미리 알 수 있는 상태에서 의사결정이 이루어질 수 있다. 미래의 투자수익을 알 수 있어 기대수익률만의 크기로 투자안을 결정할 수 있게 된다. 위험이 배제된 이런 경우는 현실세계에서 드물다고 하겠으나 이론적으로는 가능한 일이다.

② 위험(Risk) : 미래에 실현될 투자수익이 기대수익률에 미달하거나 투자손실로 나타날 가능성 내지 변동성(Variability)이 있는 경우의 의사결정이다. 위험상태의 의사결정은 미래상황에 대하여 확실한 예측은 할 수 없지만 발생가능한 여러 상황에 대한 객관적인 확률분포가 존재하고 있는 경우이다. 예를 들면, 서울지역 자동차 사고 발생률, 30대 이혼율, 목조건물의 화재 발생률 등 경험적 확률이 존재하는 경우이다.

③ 불확실성(Uncertainty) : 미래의 투자수익을 예측할 자료나 개관적인 확률분포가 존재하지 않은 경우이다.

이렇게 본다면, 재무관리에서는 위험상태에서의 의사결정이나 불확실한 상태의 의사결정이나 객관적인 확률분포를 이용할 수 있느냐 없느냐의 차이뿐이지 별반 다를 것이 없다.

이제 우리는 재무관리에서 이야기하는 위험(Risk)이 미래의 불확실성 때문에 발생하는 것이며, 일반적인 위험(Danger)이라고 사용할 때의 개념과는 다르다는 것을 이해하게 되었으리라 생각된다. 백척간두(百尺竿頭)와 같이 위험(Danger)은 “위태로운 아슬한 상황"을 의미하는 것이다. 누구나 노년에 접어들면 한평생 살아온 과거를 돌이켜 보게된다. 돌이켜 보면 너무나 가난에 배고파서 어려웠던 시절, 젊은 날 목숨을 걸고 생과 사를 넘나들었던 정말 아찔한 위험한 상황도 한 두 번은 경험했으리라 생각된다. 이런 위험은 미래의 불확실성이란 위험(Risk)개념과는 다른 것으로 위험하지 않다. 왜냐하면 이미 지나간 과거의 사건으로서 확정된 것이고, 따라서 미래의 불확실성이 존재하지 않기 때문이다.

이제 개별자산의 수익률과 위험에 대해서 알아보기로 한다. 여기서 개별자산이란 정부나 지방자치단체가 발행한 국채와 공채. 기업이 발행한 주식과 채권, 옵션, 선물 등 금융자산이나 기업이 새로 시작한 투자프로젝트, 보유하고 있는 부동산 등 모든 형태의 자산이 포함된다. 그런데 이들 개별자산을 살펴보면 정기예금이나 국공채와 같은 무위험자산들은 미래 실현되는 현금흐름의 크기가 확정되어 있으나 채권과 주식 투자의 경우는 사전에 투자수익이 확실하지 않고 변동가능성이 있다. 즉 투자결과 손실도 볼 수 있다는 말이다. 이처럼 개별자산의 종류에 따라 위험과 기대수익률이 모두 다르기 때문에 일반 투자자들은 위험과 기대수익률의 구체적인 측정방법을 알아야 한다.

개인이나 기업이 어려 형태의 자본자산에 투자할 경우 그로부터 얻게되는 투자수익이나 현금흐름으로부터 다음과 같이 수익률을 계산할 수 있다.

$$\text{수익률} = \frac{\text{투자수익} - \text{투자액}}{\text{투자액}} = \frac{\text{투자수익}}{\text{투자액}} - 1$$

즉, 수익률이란 투자금액을 얼마 투자하여 어느 정도의 투자수익이 발생하였는가(또는 미래에 발생할 것인가)를 나타내는 척도인 것이다. 이미 발생한 수익률을 실현수익률이라 하며, 미래에 발생할 수익률이면, 기대수익률이라 한다.

앞에서 언급한 것처럼 은행정기예금과 같이 투자수익의 발생이 전혀 의심이 없는 무위험자산인 경우와 주식투자, 기업 신규프로젝트처럼 위험이 있는 경우로 나누어서 위험과 기대수익률을 설명하고자 한다.

첫째, 투자수익에 불확실성이 없는 경우로서 무위험자산의 사례이다. 지금

10,000,000원을 연이자율 12%로 은행에 예금한다고 가정하자. 한 달 후 10,100,000원 투자수익이 발생하기 때문에 기대수익률은 다음과 같다.

$$기대수익률 = 10,100,000 \div 10,000,000 - 1 = 0.01$$

둘째, 투자수익에 불확실성이 있는 경우, 미래기업에 대한 주식투자 결과 다음과 같은 호경기, 보통, 불경기 등 세 가지 미래경기상황에 따라 예상수익률이 달라진다. 호경기일 경우, 예상수익률이 30%, 보통일 경우 10%, 불경기일 경우 -20%로 예상이 된다.

기대투자수익은 투자수익의 가중평균치로서 미래시점에 발생하는 모든 투자수익을 그 발생확률에 따라 가중평균한 값이다.

표6-1 미래기업의 예상수익률과 확률

	A	B	C	D	E
1	**미래기업의 예상수익률과 확률**				
2	**경기상황**	**투자수익**	**예상수익률**	**확률**	
3	원금	₩ 10,000,000			
4	호경기	₩ 13,000,000	0.3	0.3	₩ 3,900,000
5	정상	₩ 11,000,000	0.1	0.4	₩ 4,400,000
6	불경기	₩ 8,000,000	-0.2	0.3	₩ 2,400,000
7		기대투자수익			₩ 10,700,000
8		기대수익률	0.07		

기대투자수익

$= 13,000,000 \times 0.3 + 11,000,000,000 \times 0.4 + 8,000,000 \times 0.3$

$= 10,700,000$

$$기대투자수익률 = \frac{10700000}{10000000} - 1 = 0.07$$

엑셀에서의 작업화면도 계산된 기대수익률은 해당 주식에 투자할 경우 미래시점에서 일어날 수 있는 모든 예상수익률을 그 발생확률에 따라 가중 평균한 값으로 투자수익은 10,700,000원이고 또 기대수익률은 7%로서 평균적으로 기대되는 수익률이라는 뜻이다. 따라서 아무나 투자한다면 그런 수익률이 반드시 실현된다는 것이 아니고 실제 투자의 결과는 변동가능성(위험)이 있는 것이다.

표6-2 미래기업의 예상수익률과 확률

C8 = =E7/B3-1

	A	B	C	D	E
1	**미래기업의 예상수익률과 확률**				
2	**경기상황**	**투자수익**	**예상수익률**	**확률**	
3	원금	₩ 10,000,000			
4	호경기	₩ 13,000,000	0.3	0.3	₩ 3,900,000
5	정상	₩ 11,000,000	0.1	0.4	₩ 4,400,000
6	불경기	₩ 8,000,000	-0.2	0.3	₩ 2,400,000
7		기대투자수익			₩ 10,700,000
8		기대수익률	0.07		
9					

위에서 설명한 것처럼 확실한 은행 정기예금을 10,000,000원 투자할 경우에는 투자수익이 11,000,000원으로 10%의 확실한 수익률을 가져다 준다. 그러나 기업주식투자의 경우는 앞으로 경기상황에 각기 다른 예상수익률을 보이고 있다. 따라서 투자의 결과는 확실한 것이 아니고 평균적으로 기대되는 기대수익률이 7%라는 것이다.

여기서 미래현금흐름의 분산정도 즉, 경기상황에 따른 예상수익률의 변동가능성(위험)을 아는 것이 매우 중요하다.

재무관리에서 위험이 있는 투자안에 대한 투자 등 모든 의사결정은 위험과 기대수익률을 고려하여 이루어져야 한다. 재무관리에서 위험은 분산 또는 표준편차를 많이 사용하고 있다. [11]

그러면 개별자산의 위험을 객관적으로 측정하는 방법에 대하여 살펴보고자 한다.

개별자산의 위험이란 자산에서 발생하는 현금흐름 또는 투자수익률의 불확실성으로 정의할 수 있으므로, 미래의 발생 가능한 수익률들이 기대수익률을 기준으로 흩어진 정도(분산도)를 측정하는 수단으로 **분산**과 **표준편차**를 사용한다.

위험은 분산(σ^2) 또는 표준편차(σ)으로서 다음과 같은 (식6-1)으로 표시한다.

---

11 위험수준을 나타내는데 분산, 표준편차 이외에도 범위(Range), 반사분위편차(Semi-Interquatile Range), 평균편차(Mean Absolute Deviation), 준분산(Semi-Variance) 등이 있으나 분산과 표준편차가 가장 많이 쓰인다. 수익률의 분포가 기대치를 중심으로 대칭분포 또는 정규분포를 이루고 있을 때에는 표준편차를 위험의 척도로 사용하는데 문제가 없지만 비대칭분포를 이룰 경우에는 비대칭성을 조정하여 위험을 측정해 주어야 한다.

$$\sigma^2 = \sum_{i=1}^{n} [Pi - E(Ri)]^2 \qquad \text{(식6-1)}$$

$$\sigma = \sqrt{\sum_{i=1}^{n} [Pi - E(Ri)]^2}$$

σ^2 : 수익률의 분산

σ : 수익률의 표준편차

위 식에서 알 수 있듯이 표준편차는 분산의 양(+)의 제곱근을 구한 것이며, 이는 편차를 제곱함으로써 단위적용이 힘들어진 분산을 수익률의 단위와 같도록 표준화 함 값이라고 할 수 있다. 알기 쉽게 직관적으로 말한다면 발생 가능한 수익률들이 기대수익률로부터 떨어져 있는 평균거리라고 보면 되겠다.

2. 위험과 기대수익률 측정

앞에서 살펴본 것처럼 위험을 분산이나 표준편차로 측정할 수 있음을 알았다. 미래의 현금흐름의 분산이 큰 투자안은 위험이 높은 투자이며, 분산이 작을수록 투자안의 위험은 작아진다라고 표현할 수 있다.

기대수익률과 위험을 측정하기 위하여 앞에서 사용한 적은 있는 사례를 다시 한번 더 사용해 보기로 한다. 이 테이블에서는 호황기, 보통, 불경기 세 가지 경기상황에 따라 확률이 0.3, 0.5, 0.2로 조정한 A, B, C 세 가지 투자안이 있다고 가정한 것이다.

투자안 분산과 표준편차 계산 실습

먼저 A, B, C 투자안의 수익률 기대치를 구하는 식은 다음과 같다.

$$E(RA) = 30(0.3) + 10(0.5) - 20(0.2) = 10.0\%$$

$$E(RB) = 15(0.3) + 12(0.5) - 10(0.2) = 8.5\%$$

$$E(RC) = 15(0.3) + 10(0.5) - 5(0.2) = 8.5\%$$

엑셀 작업방법은 수식을 그대로 해당 셀 C15, D15, E15에 입력한다.

C15 = =C12*$B$12+C13*$B$13+C14*$B$14

	A	B	C	D	E
10	경기상황	확률	예상수익률		
11			A투자안	B 투자안	C투자안
12	호경기	30%	30%	15%	15%
13	정상	50%	10%	12%	10%
14	불경기	20%	-20%	-10%	-5%
15		E(R)	10.0%	8.5%	8.5%

작업을 편하게 하기 위해서는 [확률] 컬럼 B12, B13, B14셀 앞에 마우스 포인트를 놓고 F4키를 눌러 주면 절대주소로 변경시킨다. B투자안, C 투자안의 결과값은 C15 셀을 드래그 해주면 자동으로 구해진다.

또한 A, B, C 의 분산과 표준편차를 구하는 식은 엑셀에서 바로 구할 수 있다.

표6-3 분산계산실습

= =(C12*100-C15*100)^2*$B$12+(C13*100-C15*100)^2*$B$13+(C14*100-C15*100)^2*$B$14

확률	예상수익률		
	A투자안	B 투자안	C투자안
30%	30%	15%	15%
50%	10%	12%	10%
20%	-20%	-10%	-5%
E(R)	10.0%	8.5%	8.5%
Var	300	87	50

C16셀

:=(C12*100-C15*100)^2*$B$12+(C13*100-C15*100)^2*$B$13+(C14*100-C15*100)^2*$B$14=300.0%

C17셀

:=(D12*100-D15*100)^2*$B$12+(D13*100-D15*100)^2*$B$13+(D14*100-D15*100)^2*$B$14=87.25%

C18셀

:=(E12*100-E15*100)^2*$B$12+(E13*100-E15*100)^2*$B$13+(E14*100-E15*100)^2*$B$14=50.25%

위에서 구한 분산을 표준편차로 환산하면 다음과 같다.

엑셀에서 특수문자를 입력하려면 한글 자음(r,s,e,..)중에서 "ㅎ“을 입력하고, [한자]

키를 누르면 그리스 문자가 나온다. 이중에서 시그마(σ)를 선택하면 된다. 구하고자 하는 C17셀에서 함수 마법사를 눌러 대화상자가 나오면, 수학, SQRT를 선택한다.

SQRT 대화상자가 나오면 "C16"셀을 포인팅해 주고 확인을 누르면 해당 값이 표시된다. 같은 방법으로 구하든지 마우스포인트를 끌기하여 간단히 구한다.

$$\sigma(RA)=\sqrt{(300)}=17.32\%, \qquad \sigma(RB)=\sqrt{(87.25)}=9.34\%,$$

$$\sigma(RC)=\sqrt{(50.25)}=7.09\%$$

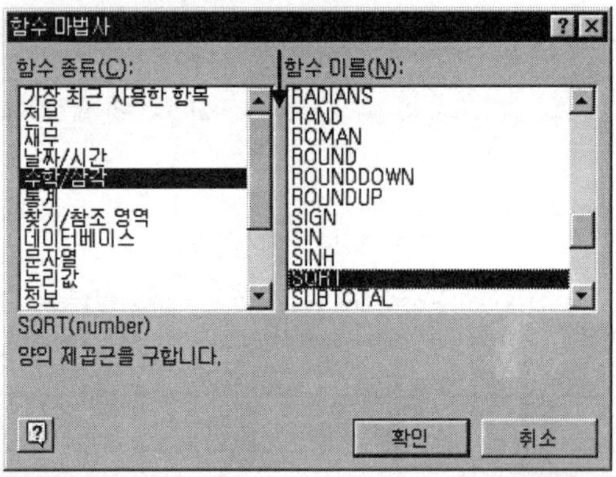

위 계산에서 보면 B투자안과 C 투자안은 수익률 기대치가 모두 동일한 8.5%로 나타나는 데 분산과 표준편차는 C 투자안이 작게 계산이 된다.

또 C투자안과 A투자안을 비교하면 A투자안은 C투자안에 비하여 기대수익률이 높게 나타나고 동시에 분산 및 표준편차도 높게 나타난다. 따라서 C 투자안이 B투자안보다 우세한 투자안이나 A투자안과 우열을 비교하기 위해서는 투자자의 위험에 대한 태도[12]를 감안하여야 할 것이다.

12 위험에 대한 투자자의 태도는 세 가지 유형으로 나누어진다. ① 위험회피형(Risk Averter) : 안전한 투자를 선호하며, 위험이 존재할 경우 이에 상응하는 수익률의 증가를 기대할 때에만 투자한다. 위험회피형 투자자는 위험에 대한 보상(risk Premium)이 있을 경우에만 투자를 하게 된다. ② 위험선호

이와 같이 통상 위험이 있는 투자안들에 대한 투자결정을 내릴 때 기대수익률(평균개념)과 분산(위험개념)의 두 가지 요인에 의해서 투자안을 평가하는 것을 **평균-분산모형**(Mean-Variance Model)이라 한다.

B투자안의 기대수익률과 C투자안의 기대수익률이 모두 동일한 8.5%이지만, 수익률의 분산은 C투자안이 50.25%로서 작게 나타난다. 이것은 B 투자안보다 C 투자안의 위험이 작다는 것으로 위험회피형 투자자(Risk Averter)인 일반 투자자들은 당연히 위험이 작은 C투자안을 선택하게 된다는 것이다. 이때 C투자안이 B투자안을 **지배한다**고 말한다.

그리고 투자안의 가치가 기대수익률과 위험의 함수로서 정의될 수 있다면 투자자의 기대효용은 다음과 같이 표시된다.

$$E(U) = f[E(Ri), Var(Ri)] \qquad \text{(식6-2)}$$

이 식에서 위험회피형 투자자인 경우 위험이 높을 경우 반드시 이에 상응하는 수익률 증가를 기대하게 된다. 이것을 위험과 기대수익률간의 상관(보상)관계라고 말한다.

위험과 수익률에 대한 투자자의 선호태도는 수평축에 위험으로서 분산[Var(Ri)]을, 수직축에는 기대수익률[E(Ri)]을 표시한 좌표면에서 위험과 수익의 무차별곡선(Risk-Return Indifference Curve)으로 나타낼 수 있다.

여기서 무차별곡선이란, 위험과 수익과의 관계에서 투자자의 효용이 동일한(무차별한) 포트폴리오가 위치한 점들을 연결한 선이다.

위험회피형 투자자인 경우에는 무차별곡선이 다음 그림6-1에서 보는 것처럼 우상향 곡선이고, 밑으로 볼록한 형태를 취하고 있다. 이것은 수평축으로 위험이 커질수록 높은 수익이 보상되어야 투자자의 주관적 효용수준은 같아지기 때문에 우상향 곡선이어야 하고, 위험이 동일한 크기로 증가할 경우 위험증가에 따르는 기대수익률의

형 투자자(Risk Seeker) : 위험이 있는 투자를 오히려 선호하는 투자자이다.동일한 기대수익률을 가진 투자안이 있다면 위험이 큰 투자안을 선호함으로써 높은 효용을 얻는다. 따라서 위험선호형 투자자인 경우 가로축에 위험[Var(Ri)]을, 세로축에 기대수익률(E(Ri)]을 표시한 직각 좌표축에 효용무차별곡선을 표시한다면 우하향하는 곡선으로 나타난다. ③ 위험 중립형 투자자(Risk Neutralist) : 위험요인을 무시하고, 기대수익률에 의해서만 투자결정을 한다.

보상은 점점 많아져야 됨을 의미한다.

위험 중립형 투자자의 무차별곡선은 위험 수익률 좌표면에서 수평의 직선으로 표시된다. 이것은 위험중립형 투자자인 경우에는 위험에는 무관심하고 오로지 기대수익률의 크기에 의해서만 투자결정이 이루어지기 때문에 수평의 직선으로 표시된다.

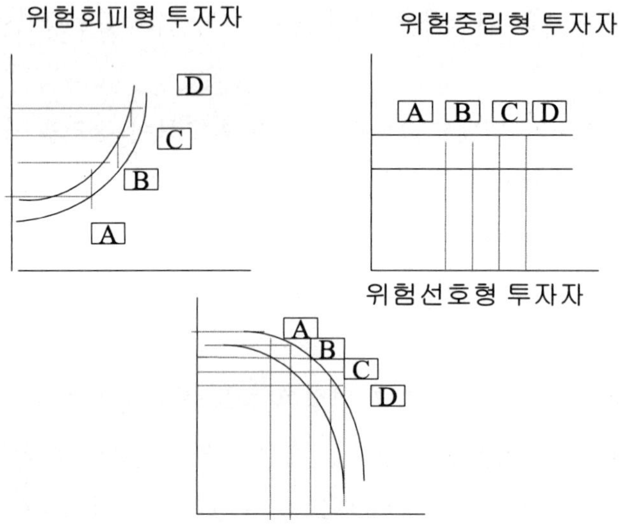

그림 6-1

3. 포트폴리오 위험과 기대수익률

1) 포트폴리오 구성의 의미와 목적

"계란을 한 바구니에 담지 말고 나누어 담아라"라는 투자격언처럼 우리는 주식투자를 할 때 특정종목의 주식에만 투자하지 않고 여러 종목에 나누어 분산투자를 하는 것이 일반적이다. 이와 같이 개인이나 기업이 투자를 할 때 여러 자산의 집합체인 포트폴리오를 구성하여 투자를 할 경우에는 포트폴리오의 기대수익률과 위험도 개별자산의 투자와 같이 미래 수익률의 평균과 분산으로 이루어지게 되나 위험은 감소한다.

포트폴리오 이론의 아버지라고 불리는 마코위츠는 최적 포트폴리오 선택이론을 통하여 포트폴리오투자로 투자위험을 줄일 수 있음을 설명하였다. 이 절에서는 포트폴리오의 기대수익률과 위험은 어떻게 계산하는지, 그리고 포트폴리오를 구성하여 투자할 경우 위험이 어떻게 감소하는지 살펴보고자 한다.

포트폴리오(Portfolio)란 하나 이상의 자산의 결합을 의미한다. 넓은 의미로는 증권뿐만 아니라 모든 자산의 묶음을 나타낸다고 설명하였다. 원래의 의미는 “두 개 이상의 집합 또는 서류철“을 뜻하였으며, 점차 모든 형태의 금융자산, 부동산, 가계자산을 뜻하는 넓은 뜻으로 쓰이고 있다. 주로 재무관리에서 투자와 관련하여 많이 사용되며, 모든 형태의 금융자산 집합체를 뜻한다고 보면 되겠다.

이처럼 포트폴리오를 구성하여 분산 투자하는 목적은 어디에 있는 것일까? 위험회피형 일반투자자라면 가능한 투자위험을 낮춤으로써 기대효용을 극대화시키려고 할 것이다. 투자자들은 포트폴리오 구성을 적절히 함으로써 전체 포트폴리오의 위험을 감소시킬 수 있게 된다. 이것을 **포트폴리오 위험감소효과**라고 하는데 실제로 개별자산들이 완전 상관관계를 가지고 있지 않기 때문에 위험감소효과가 나타난다.

2) 포트폴리오 기대수익률과 위험 계산

개별자산의 집합체라고 볼 수 있는 포트폴리오의 기대수익률과 위험이 어떻게 결정되는지 살펴보고자 한다. 먼저, 두 개의 개별자산으로 구성되는 포트폴리오의 기대수익률과 위험을 살펴 본 다음 다수의 자산으로 구성된 포트폴리오의 기대수익률과 위험으로 논의를 확장하는 것이 이해하기에 편하다.

2개의 자산으로 구성된 포트폴리오

2개의 자산으로 구성된 포트폴리오에서 각 자산의 기대수익률, 분산, 표준편차 및 투자비율을 다음 표6-4와 같은 기호로 표시해 본다. 투자비율은 총투자액 중에서 포트폴리오를 구성하는 각 자산의 전체에 대한 투자비율로서 그 합계는 1이 된다.

표6-4

구성자산	기대수익률	분산	표준편차	투자비율
제1자산	E(R1)	σ_{12}	σ_1	w_1
제2자산	E(R2)	σ_{22}	σ_2	w_2
포트폴리오	E(RP)	σ_{P2}	σ_P	w_3

표6-4와 같은 기호로 표시할 대 두 개의 자산으로 구성된 포트폴리오의 기대수익률과 분산은 다음과 같이 표시된다.

$$E(R_p) = w_1 \cdot E(R_1) + w_2 \cdot E(R_2) \qquad \text{(식6-3)}$$

$$\sigma_p^2 = w_1^2 \cdot \sigma_1^2 + w_2^2 \cdot \sigma_2^2 + 2_w 1 \cdot {}_w 2 \cdot \sigma_1 2 \qquad \text{(식6-4)}$$

σ_{12} : 자산1의 수익률과 자산1의 수익률의 공분산 임

위 식에서 알 수 있듯이 포트폴리오의 기대수익률은 개별자산의 기대수익률에 각각의 투자비율을 곱하여 합계한 가중 평균된 수익률이다. 그러나 포트폴리오 분산은 기대수익률과 같이 간단하지 않고 식3-5에서 볼 수 있듯이 개별자산1의 수익률과 개별자산2의 수익률의 공분산인 σ_{12} 을 이용하여 값을 계산할 수 있게 된다.

공분산 σ_{12} 은 각 자산의 표준편차와 관련하여 다음 식6-5과 같이 계산할 수도 있다.

$$\sigma_{12} = \rho_{12} \cdot \sigma_1 \cdot \sigma_2 \qquad \text{(식6-5)}$$

식3-6에서 공분산σ_{12}는 제1자산의 표준편차 σ_1와 제2자산의 표준편차 σ_2에 제1자산과 제2자산 수익률의 상관계수 ρ_{12} 을 곱하여 계산됨을 보여주고 있다.

상관계수(Correlation Coefficient) ρ_{12}는 제1자산과 제2자산의 수익률의 상관관계를 보다 분명하게 측정할 수 있도록 표시해 준 것으로 $-1 \lesseqgtr \rho_{12} \lesseqgtr 1$ 의 범위에 있고, 'rho' 라고 읽는다.

상관계수가 양(+)의 값을 가지면 두 자산의 수익률이 같은 방향으로 움직이고, 음(-)의 값을 가지면 두 수익률의 움직임이 반대방향이다. 따라서 상관계수가 +1의 값

을 가진다면 두 자산의 수익률은 양(+)의 기울기를 갖는 완전한 직선관계로 나타낼 수 있고, 반대로 이 값이 -1이면 음(-)의 기울기를 갖는 완전한 직선관계로 표시할 수 있다. 또한 상관계수가 0이면 완전 무 상관으로 두 변수의 움직임에 상호간에 관계가 전혀 없다. 예를 들면 맥주의 생산량과 철강의 생산량과는 아무 상관이 없기 때문에 공분산과 상관계수를 계산하면 "0"에 가까운 값이 될 것이다.

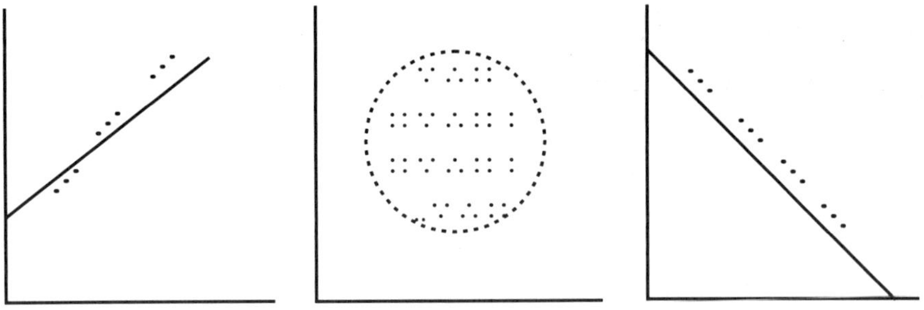

그림 6-2 상관관계

위의 식6-4을 다시 한번 다음과 같이 고쳐 쓰면, 포트폴리오의 분산을 결정하는 데 세 가지 요인이 있음을 알 수 있다. 개별자산의 **분산**, 개별자산의 **투자비율**, 두 자산간의 **상관계수**에 의해서 포트폴리오 전체의 분산이 작아 질 수 있는 것이다.

$$\sigma_P^2 = w_1^2 \cdot \sigma_1^2 + w_2^2 \cdot \sigma_2^2 + 2w_1 \cdot w_2 \cdot \rho_{12} \cdot \sigma_1 \cdot \sigma_2 \qquad (식6\text{-}6)$$

여러 위험자산에 나누어 분산 투자하게 되면 위험이 감소하게되는 데 이것을 포트폴리오 **위험감소효과**(Diversification Effect)라고 한다. 이중에서 특히, 개별 자산투자 수익률간의 상관계수 ρ_{12}의 값에 따라서 포트폴리오 분산이 크게 좌우된다. 따라서 상관계수[13]가 다를 경우 각 자산의 투자비율이 변동함에 따라 포트폴리오의 기대수

13 옛날에 두 아들을 둔 어머니가 있었다. 큰 아들은 짚신 장수이고, 작은 아들은 우산 장수였기 때문에 어머니 마음은 항상 편할 날이 없었다. 날씨가 맑은 날이면 큰아들 짚신 장사가 잘 되어 좋지만, 우산장수인 작은 아들은 우산을 팔 수가 없었기 때문에 걱정이었다. 또 날이 흐려 비가 오는 날이면 작은 아들은 우산이 잘 팔려 좋았지만 큰 아들의 짚신은 잘 팔리지 않았다. 이 경우는 상관계수가 -1의 값을 가진 완전 부(負)의 상관관계를 갖는 경우가 될 것이다. 우리생활에서 상관계수가 이처럼 -1을 갖는 경우나 두 확률변수가 정확하게 완전 정(正)의 상관관계를 갖는 +1을 갖는 경우는 드물겠지만, 대체로 플러스(+) 상관관계를 갖는 경우는 많다. IMF 시절 라면업체 매출증가는 제분업체의

익률과 위험 어떻게 달라지는 살펴보자.

우선 상관계수가 각각 +1, 0, -1일 때 식6-6에 기초하여 두 개의 자산으로 구성된 포트폴리오의 표준편차가 어떻게 전개되는지 살펴보자.

위에서 보듯이 상관계수가 "1"인 경우의 포트폴리오의 표준편차 는 두 자산의 표준편차의 가중평균이 된다. 그러나 상관계수가 "1"인 아닌 경우의 포트폴리오의 표준편차는 두 자산의 표준편차의 가중평균보다 작아지게 된다. 실제로 두 자산의 상관계수가 "1"이 되는 경우는 드물기 때문에 상관계수가 "1" 이 아니기만 하면 포트폴리오의 위험감소효과는 언제나 발생한다고 볼 수 있다.

표 6-5 상관계수에 따른 포트폴리오의 표준편차

$\rho 12$	σ_P
$\rho 12=+1$	$\sqrt{w1^2 \cdot \sigma1^2 + w2^2 \cdot \sigma2^2 + 2w1 \cdot w2 \cdot 1 \cdot \sigma1 \cdot \sigma2}$ $= \sqrt{(w1 \cdot \sigma1 + w2 \cdot \sigma2)^2}$ $= w1 \cdot \sigma1 + w2 \cdot \sigma2$
$\rho 12=0$	$\sqrt{w1^2 \cdot \sigma1^2 + w2^2 \cdot \sigma2^2}$
$\rho 12=-1$	$\sqrt{w1^2 \cdot \sigma1^2 + w2^2 \cdot \sigma2^2 - 2w1 \cdot w2 \cdot \sigma1 \cdot \sigma2}$ $= \sqrt{(w1 \cdot \sigma1 - w2 \cdot \sigma2)^2}$ $= \mid w1 \cdot \sigma1 - w2 \cdot \sigma2 \mid$

기대수익률이 10%이고, 표준편차가 10%인 증권1과 기대수익률이 20%이고, 표준편차가 30%인 증권2로 포트폴리오를 구성한다고 가정하고, 두 증권의 상관계수 $\rho 12$가 +1, 0, −1인 경우에 투자비율을 달리함으로써 얻는 포트폴리오 기대수익률과 위험(표준편차)을 계산해 보시오.

매출증가를 가져왔으며, 이들 업체의 주식 가격도 동반 상승하였다. 또 날씨가 더워 빙과류 생산업체의 판매량이 증가하면 맥주 매출도 증가하는 법이다. 따라서 청량음료의 판매량과 맥주의 판매량은 (+) 상관관계가 있음을 알 수 있다.

우선 엑셀로서 두 증권의 투자비율 w1, w2에 따른 포트폴리오의 기대수익률 [E(Rp)]과 위험[σp]을 표시하는 표를 다음과 같은 작업순서로 작성해 본다.

두 투자안으로 구성된 포트폴리오의 위험계산

표6-6 투자비율에 따른 포트폴리오의 기대수익률과 위험

C24 = =A24*$B$20+B24*$B$21

	A	B	C	D	E	F	G	H
19	투자비율에 따른 포트폴리오의 기대수익률과 위험							
20	E(R1)	10%	σ 1	10%				
21	E(R2)	20%	σ 2	30%				
22	투자비율		ρ12 =+1		ρ12 =0		ρ12 =-1	
23	w1	w2	E(Rp)	σ p	E(Rp)	σ p	E(Rp)	σ p
24	1.00	0.00	0.100	0.100	0.100	0.100	0.100	0.100
25	0.90	0.10	0.110	0.120	0.110	0.095	0.110	0.060
26	0.80	0.20	0.120	0.140	0.120	0.100	0.120	0.020
27	0.70	0.30	0.130	0.160	0.130	0.114	0.130	-0.020
28	0.60	0.40	0.140	0.180	0.140	0.134	0.140	-0.060
29	0.50	0.50	0.150	0.200	0.150	0.158	0.150	-0.100
30	0.40	0.60	0.160	0.220	0.160	0.184	0.160	-0.140
31	0.30	0.70	0.170	0.240	0.170	0.212	0.170	-0.180
32	0.20	0.80	0.180	0.260	0.180	0.241	0.180	-0.220
33	0.10	0.90	0.190	0.280	0.190	0.270	0.190	-0.260
34	0.00	1.00	0.200	0.300	0.200	0.300	0.200	-0.300

먼저, C24 셀에 포트폴리오 기대수익률[E(Rp)]을 계산하는 수식을 입력한다.

$$C24 : = w1 \cdot E(R1) + w2 \cdot E(R2) = A24*\$B\$20+B24*\$B\$21$$

여기서 B20, B21셀은 절대주소로 입력한 후 C34셀 까지 마우스로 드래그하여 포트폴리오 기대수익률 나머지 해당 값을 구한다.

이제, 포트폴리오 위험을 구하기 위해 표준편차[σp]를 계산해 본다.

① ρ12가 +1인 경우의 포트폴리오 위험계산 : D24 셀에 포트폴리오 표준편차[σp]를 계산하는 수식을 입력한다.

$$D24 : = w1 \cdot \sigma1 + w2 \cdot \sigma2 = A24*\$D\$20+B24*\$D\$21$$

앞에서와 같이 D24 셀 모서리를 마우스로 드래그하여 채우기 한다.

② ρ12가 0인 경우의 포트폴리오 위험계산 : F24 셀에 포트폴리오 표준편차를 구하는 식을 입력한다.

$$\text{F24}:\sqrt{w1^2 \cdot \sigma1^2 + w2^2 \cdot \sigma2^2}$$

=SQRT(A24^2*$D$20^2+B24^2*$D$21^2)

③ ρ12가 -1인 경우의 포트폴리오 위험계산 : H24 셀에 포트폴리오 표준편차를 구하는 식을 입력한다.

$$\text{H24}: = |\, w1 \cdot \sigma1 - w2 \cdot \sigma2 \,|$$ =(A24*$D$20-B24*$D$21)

결과 값이 마이너스(-)로 나온 것은 절대값으로 읽는다.

④ 단위를 %로 나타내기 위해서는 C24:H34 영역을 범위를 지정하고 [백분율 유형] 도구 아이콘을 클릭하면 %로 바뀐다.

C24 = =A24*$B$20+B24*$B$21 백분율 유형

	A	B	C	D	E	F	G	H
19	투자비율에 따른 포트폴리오의 기대수익률과 위험							
20	E(R1)	10%	σ1	10%				
21	E(R2)	20%	σ2	30%				
22	투자비율		ρ12 =+1		ρ12 =0		ρ12 =-1	
23	w1	w2	E(Rp)	σp	E(Rp)	σp	E(Rp)	σp
24	1.00	0.00	0.100	0.100	0.100	0.100	0.100	0.100
25	0.90	0.10	0.110	0.120	0.110	0.095	0.110	0.060
26	0.80	0.20	0.120	0.140	0.120	0.100	0.120	0.020
27	0.70	0.30	0.130	0.160	0.130	0.114	0.130	-0.020
28	0.60	0.40	0.140	0.180	0.140	0.134	0.140	-0.060
29	0.50	0.50	0.150	0.200	0.150	0.158	0.150	-0.100
30	0.40	0.60	0.160	0.220	0.160	0.184	0.160	-0.140
31	0.30	0.70	0.170	0.240	0.170	0.212	0.170	-0.180
32	0.20	0.80	0.180	0.260	0.180	0.241	0.180	-0.220
33	0.10	0.90	0.190	0.280	0.190	0.270	0.190	-0.260
34	0.00	1.00	0.200	0.300	0.200	0.300	0.200	-0.300

위 표6-6을 그림으로 표시하면 그림6-3과 같다.

그림 6-3에서 상관계수가 +1 인 경우 두 개의 증권으로 구성된 포트폴리오의 기대수익률과 위험은 선형관계에 있다. 증권1에 100%투자한 경우의 기대수익률은 10%이고 표준편차도 10%이다. 증권2에 100% 투자할 경우 기대수익률이 20%이고, 표준편차가 30%이다. 증권1의 투자비율이 감소하고 증권2의 투자 비율이 증가함에 따라 포트폴리오의 기대수익률은 상관계수의 크기에 관계없이 일정하게 감소하나 포트폴리오의 표준편차는 상관계수가 달라짐에 따라 상이한 형태로 변동한다. 그림 3-2에서 보면 첫째, $\rho 12$ = +1일 때 포트폴리오 표준편차는 기대수익률이 감소함에 따라 일직선으로 감소한다. 둘째, $\rho 12$ = 0일 때에는 포트폴리오의 기대수익률과 표준편차의 결합선이 왼쪽으로 볼록한 곡선의 모양을 가진다. 셋째, $\rho 12$ = -1인 경우에는 투자비율을 조정하면 표준편차가 0인 포트폴리오를 구성할 수 있음을 보여주고 있다. 증권1에 75%, 증권2에 25%를 투자할 경우 전체 포트폴리오는 이 될 수 있다. 이와 같이 현실적으로 -1와 +1 사이의 상관계수를 가지기 때문에 포트폴리오 위험감소효과를 얻을 수 있다. 따라서 두 개의 증권으로 구성된 포트폴리오의 기대수익률과 표준편차의 결합점은 빗금 친 영역에 위치하는 경우가 대부분이라고 하겠다.

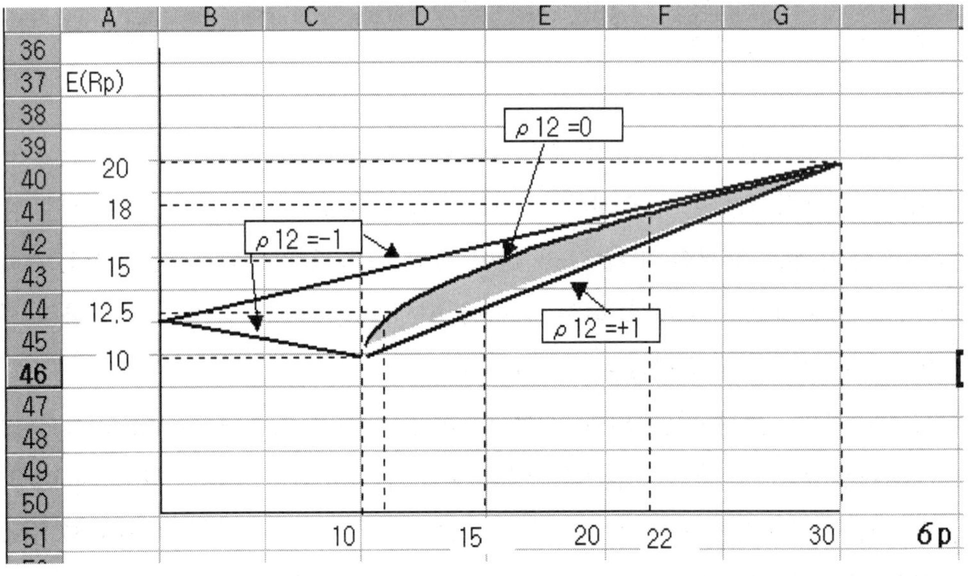

그림 6-3 투지비율에 따른 포트폴리오 수익률과 위험

4. 체계적 위험과 증권시장선

1) 포트폴리오의 위험측정

지금까지 우리는 두개의 자산으로 구성된 포트폴리오의 분산(표준편차)과 기대수익률에 대하여 살펴보았다. 그러나 현실적으로 투자자들은 두 개 이상 다수의 자산으로 포트폴리오를 구성하여 투자할 경우에 보다 더 큰 위험감소효과를 얻을 수 있다. 따라서 이제부터는 두 개 이상 n자산으로 구성된 포트폴리오의 분산(표준편차)을 계산하는 식3-8에 대해서 살펴보자.

$$\sigma p^2 = \sum_{i=1}^{n} wi^2 \cdot \sigma i^2 + \sum_{i=1}^{n}\sum_{j=1}^{n} wi \cdot wi \cdot \sigma ij$$

$$= \sum_{i=1}^{n} wi^2 \cdot \sigma i^2 + \sum_{i=1}^{n}\sum_{j=1}^{n} wi \cdot wi \cdot \rho ij \cdot \sigma i \cdot \sigma j \quad (i \neq j) \qquad (식6\text{-}7)$$

σij = 자산 i의 수익률과 자산 j의 수익률의 공분산

ρij = 자산 i의 수익률과 자산 j의 수익률의 상관계수

σi^2 = 자산 i의 수익률의 분산

이미 앞에서 살펴본 것처럼 포트폴리오를 구성하는 자산의 수가 늘어나면 날수록 전체 포트폴리오의 위험은 감소된다는 사실을 알았다. 그러나 포트폴리오 위험의 감소는 분산 투자하는 증권의 수가 그리 많이 필요로 하지 않는다는 사실이다. 그리고 분산투자를 무한정으로 한다고 해서 위험이 일정수준까지만 감소하지 무한정 감소하지 않는 다는 사실을 유념해야 할 것이다.

그림3-3을 보면 분산투자에 의한 위험감소에는 한계가 있으며, 포트폴리오에 포함되는 개별자산의 수를 한없이 늘여도 어느 한계까지만 위험이 감소하지 더 이상 위험이 감소하지 않는다는 사실을 확인할 수 있다. 이렇게 분산투자에 의해서 감소되는 위험을 분산가능위험(Diversifiable Risk), 또는 비체계적 위험(Unsystematic Risk)이라 하며, 더 이상 제거할 수 없는 위험을 분산불가능위험(Non-diversifiable Risk) 또는 체계적 위험(Systematic Risk)이라고 한다.

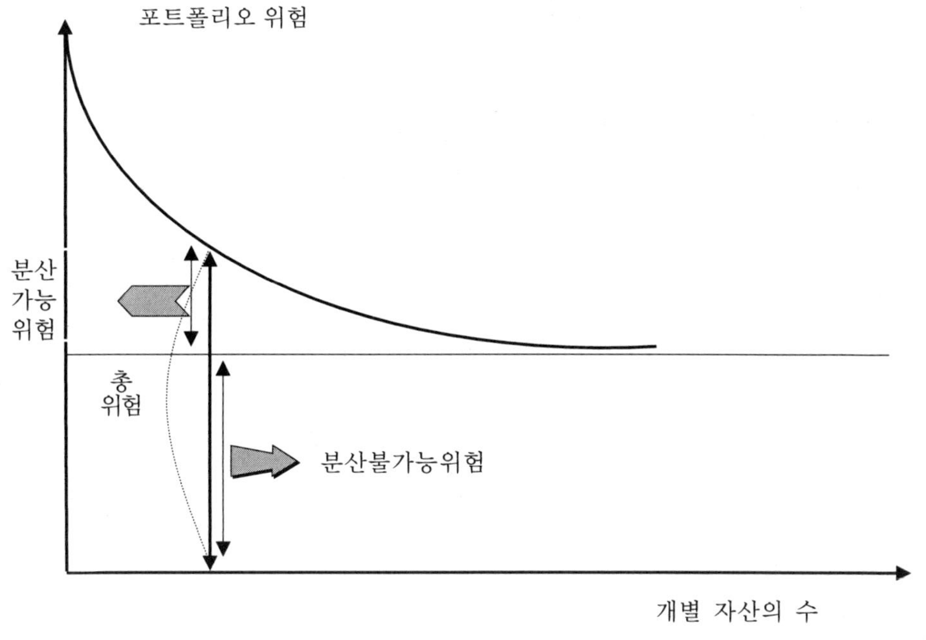

그림 6-4 분산투자에 의한 포트폴리오 위험의 변화

분산가능위험은 개별기업에서만 발생하는 고유위험(Unique Risk)으로 기술의 노후화에 따른 위험, 경쟁심화로 인한 매출 감소위험, 신제품 개발, 특허권과 관련된 위험, 노조와의 관계, 경영자의 자질과 리더쉽 문제로 발생하는 위험 등이다.

분산불가능위험은 포트폴리오에 모든 증권을 포함해도 없어지지 않는 위험으로 시장위험(Market Risk)이라고도 한다. 이것은 전반적인 경제상황(경제구조)과 관련된 위험으로 경기변동, 조세제도의 변화, 국제원유가의 인상, 이자율 변동, 환율변동, 전쟁위험 등 정치, 경제, 사회, 문화 전반적인 측면에서 기업활동에 영향을 미치는 위험요인이다. 따라서 이러한 위험은 개별기업의 노력에 의해서 위험이 관리될 수 있는 위험이 아니기 때문에 구조적 위험(Systematic Risk)이라고도 한다.

따라서 표준편차 또는 분산으로 나타내는 개별증권의 위험을 총위험이라고 하면 총위험은 다음과 같이 두 개의 요소로 구분된다.

총위험=분산불가능위험+분산가능위험

=시장위험+고유위험

=체계적위험+비체계적위험 (식6-8)

2) 투자자의 효용과 최적 포트폴리오의 선택

우리는 앞에서 포트폴리오의 기대수익률과 분산 혹은 표준편차를 중심으로 포트폴리오의 위험감소효과에 대하여 설명하였다. 이제는 투자자의 입장에서 투자의 결과 얻게 되는 효용이 어떤 경우에 극대화되는지를 효용무차별곡선의 개념을 도입하여 효율적 투자선 혹은 효율적 프론티어(Efficient Frontier)를 도출하고 최적 포트폴리오 선택하는 문제를 설명하고자 한다.

이미 기대수익률·표준편차 좌표평면상에 투자 가능한 모든 개별 자산이나 포트폴리오의 집합을 그림 3-2에서처럼 표시할 수 있었다. 여기에서 이들 집합을 투자기회집합(Investment Opportunity Set)이라고 부른다면, 상관계수가 $-1<\rho12<+1$일 경우 $\rho12=0$인 경우와 마찬가지로 포트폴리오의 기대수익률과 표준편차 좌표평면에서 투자기회집합이 왼쪽으로 볼록한 형태의 곡선으로 나타나고 있음을 배웠다. 만약 상관계수가 $-1<\rho12<0$ 이면 투자기회집합이 $\rho12=0$인 경우 보다 더욱 더 왼쪽으로 볼록한 곡선의 형태가 될 것이다.

따라서 일반적으로 n 자산으로 포트폴리오를 구성한다면 투자기회집합은 그림6-5의 ABC곡선 오른쪽 빗금 친 부분이 될 것이다.

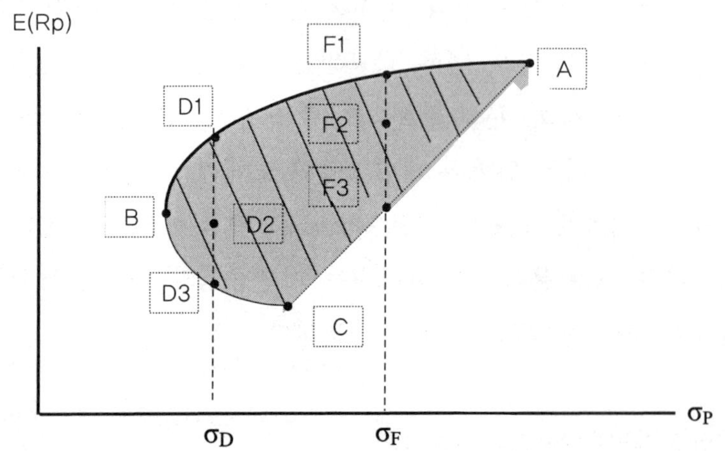

그림 6-5 투자기회집합과 효율적 프론티어

이러한 ABC곡선 오른쪽 부분의 투자기회집합에서 투자자의 효용을 최대로 만족시켜주는 최적 포트폴리오의 선택은 앞에서 설명한 지배원리(Dominance Principle)에 의해서 이루어진다. 동일한 위험수준의 투자대상에서 기대수익률이 가장 높은 투자안이 선택된다. 예를 들어 포트폴리오 D1, D2, D3은 모두 위험이 σ_B 로 동일하나, D1의 기대수익률이 가장 높다. 같은 방법으로 F1의 기대수익률이 동일한 위험수준에서 가장 높다. 즉, 동일한 위험수준에서 기대수익률이 가장 높은 D1, F1이 포트폴리오 D2, D3 및 포트폴리오 F2, F3을 지배한다. 이와 같은 지배원리를 적용시키면 가장 효율적인 포트폴리오를 얻게 되고 이를 표시한 것이 굵은 우상향곡선 BA 이다. 이것을 효율적 투자선, 혹은 효율적 프론티어(Efficient Frontier)라고 한다.

그런데 이런 효율적 프론티어에는 수많은 포트폴리오가 존재한다. 이 중에서 투자자의 효용을 극대화 시켜주는 최적 포트폴리오의선택은 투자자의 효용무차별곡선이 효율적 프론티어와 접하는 곳에서 이루어진다.

다음 그림 3-5에서 위험 회피형 투자자의 효용무차별곡선은 기대수익률과 표준편차 좌표면에서 우상향의 밑으로 볼록한 곡선의 형태를 보이고 있다. 그러나 같은 위험회피형 투자자라 하더라도 위험에 대한 태도가 서로 다르다. 효용무차별곡선 Ia는 상대적으로 위험을 회피하려는 보수적인 투자자의 효용무차별곡선이고, Ib는 어느 정도 위험을 감수하려는 공격적인 투자자의 효용무차별곡선이다.

Ia 효용무차별곡선은 급격한 우상향 곡선의 형태이고 Ib 효용무차별곡선은 완만한 우상향의 곡선의 형태를 가지고 있다. 이것은 σp가 동일한 크기로 증가함에 따라 효용이 감소하는데 이때 효용의 감소를 보상하기 위해서 Ia 효용무차별곡선은 보다 많은 기대수익률의 증가를 요구하며, Ib 효용무차별곡선은 적은 기대수익률의 증가로도 만족한다는 것을 의미한다.

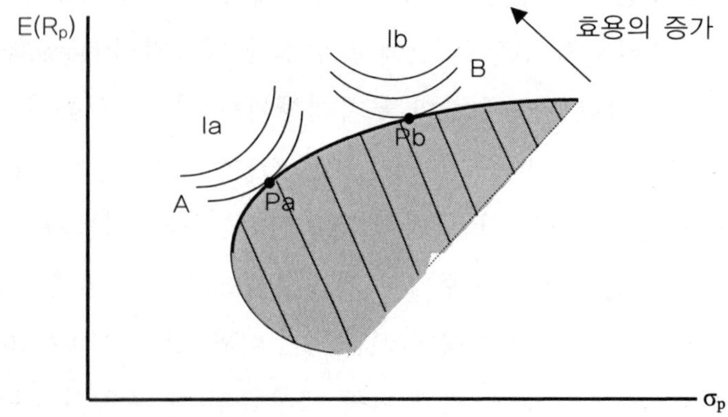

그림 6-6 최적 포트폴리오의 선택

위 그림에서 보수적인 투자자 A의 최적 포트폴리오의 선택은 위험과 기대수익률이 낮은 Pa 점에서 이루어지고, 공격적인 투자자 B의 최적 포트폴리오 선택은 위험과 기대수익률이 높은 Pb 점에서 이루어진다.

3) 체계적 위험의 의미

증권시장에서 모든 투자자들은 위험회피형 투자자로 간주되며, 이들은 가능한 위험을 회피하기 위해서 효율적인 분산투자를 행하기 때문에 사실상 비체계적인 위험은 모두 사라지고 체계적 위험만이 남게 된다. 즉, 포트폴리오 위험은 포트폴리오 구성에 의해서 제거되지 않은 위험, 체계적 위험만이 남게 되고, 이러한 체계적 위험만이 기대수익률의 보상을 받을 수 있는 위험이 된다.

개별자산(증권)의 위험이 포트폴리오 위험에 영향을 미치는 정도는 자신의 위험보다도 작다. 왜냐하면 이미 많은 자산에 분산투자를 하고 있는 투자자가 추가로 특정자산(증권)에 투자한다고 할 때 특정 자산(증권)이 포트폴리오에 편입되는 시점에서 비체계적인 위험은 사라지고 체계적인 위험만이 남기 때문이다. 따라서 개별자산(증권)의 위험 중에서 포트폴리오의 위험에 영향을 미치는 부분은 체계적인 위험뿐이다. 자본시장의 균형하에서 개별자산의 위험과 수익률관계를 설명하는 증권선(Security Market Line)은 자본자산가격결정모형(CAPM)의 중심이 되는 이론이다. 여기에 대한 설명은 다음으로 미루기로 한다.

연습문제

1. 다음에 대하여 설명하시오.
   (1) 투자안에 대한 기대효용의 극대화
   (2) 위험에 대한 인간의 태도
   (3) 평균-분산 모형
   (4) 지배원리
   (5) 상관계수
   (6) 포트폴리오 위험분산(감소)효과
   (7) 분산가능 위험의 성격
   (8) 효율적 투자선

2. 위험은 구체적으로 어떻게 측정가능한가?

3. 일반적으로 포트폴리오를 구성함으로써 기대되는 위험분산(감소)효과는 상관계수의 크기에 따라 달라진다. 상관계수의 크기에 따라 어떻게 달라지는 지 그림으로 설명하시오.

4. 다음과 같은 두 개의 투자안 A, B가 있다고 가정할 때 두 투자안의 기대수익률, 분산을 구하시오. 만약에 A 투자안에 50%, B 투자안에 50% 포트폴리오를 구성하여 투자한다면 포트폴리오의 기대수익률과 표준편차를 구하시오. 단 두 투자안의 수익률의 상관계수는 –0.978이다.

경제상황	수익률		확률
	A 투자안	B 투자안	
호황	16	4	25%
보통	12	6	50%
불황	8	8	25%

(1) A, B 투자안의 기대수익률을 구하시오.

(2) A, B 투자안의 분산을 구하시오.

(3) A 투자안 50%, B 투자안 50%를 투자하는 포트폴리오를 구성할 경우 포트폴리오의 기대수익률과 분산을 구하시오.

(4) 개별 자산에 투자하는 것 보다 포트폴리오에 투자하는 경우가 더 유리함을 설명해 보시오.

[풀이] 엑셀 프로그램에 의한 문제 풀이 과정을 설명하면 다음과 같다.

(1) A 투자안에 대한 기대수익률을 구하는 계산식은 다음과 같다.

B7 셀 : =B4*$D$4+B5*$D$5+B6*$D$6

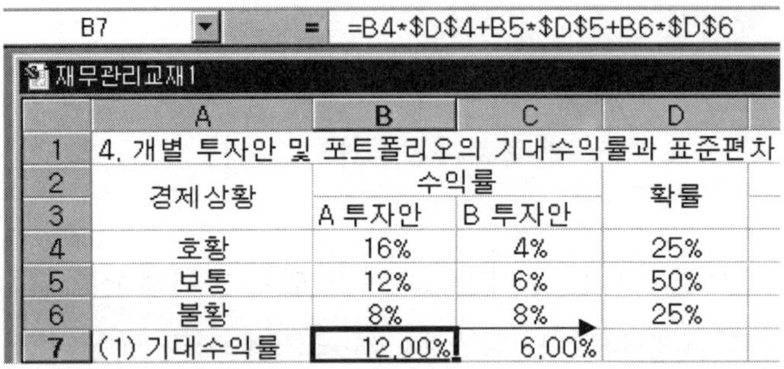
B7 = =B4*$D$4+B5*$D$5+B6*$D$6

재무관리교재1

	A	B	C	D
1	4. 개별 투자안 및 포트폴리오의 기대수익률과 표준편차			
2	경제상황	수익률		확률
3		A 투자안	B 투자안	
4	호황	16%	4%	25%
5	보통	12%	6%	50%
6	불황	8%	8%	25%
7	(1) 기대수익률	12.00%	6.00%	

B 투자안의 기대수익률은 B7셀을 마우스로 끌기하여 값을 구한다.

이 때에도 D4, D5, D6 셀에 대해서는 각각 절대주소를 입력해 주어야 한다.

(2) A 투자안에 대한 분산의 계산 : 수식을 입력한다.

B8셀: =((B4-B7)^2*$D$4+(B5-B7)^2*$D$5+(B6-B7)^2*$D$6)*100

B 투자안의 분산도 B8셀을 끌기하여 구하면 된다.

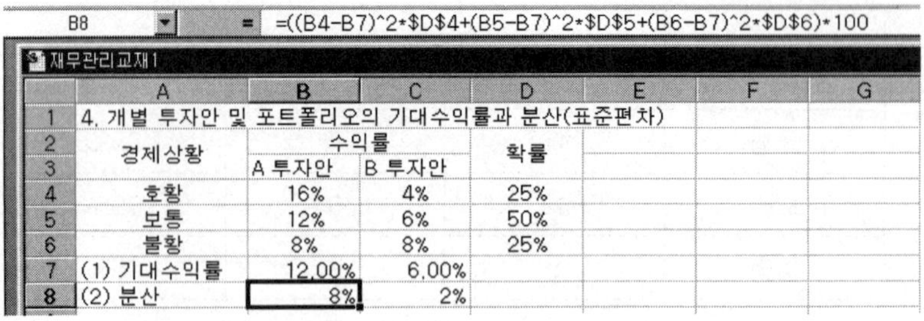
B8 = =((B4-B7)^2*$D$4+(B5-B7)^2*$D$5+(B6-B7)^2*$D$6)*100

재무관리교재1

	A	B	C	D	E	F	G
1	4. 개별 투자안 및 포트폴리오의 기대수익률과 분산(표준편차)						
2	경제상황	수익률		확률			
3		A 투자안	B 투자안				
4	호황	16%	4%	25%			
5	보통	12%	6%	50%			
6	불황	8%	8%	25%			
7	(1) 기대수익률	12.00%	6.00%				
8	(2) 분산	8%	2%				

(3) 포트폴리오 기대수익률은 개별자산의 기대 수익률에 개별자산의 가중치를 곱하여 합산하여 구한다. 따라서 B11셀에 다음과 같이 입력한다.

B11 셀 : =B7*0.5+C7*0.5

포트폴리오의 분산을 구하기 위해 B12셀에 다음과 같이 입력한다.

B12 셀 :=(0.5)^2*(B8)+(0.5)^2*(C8)+2*0.5*0.5*B9*C9*(-0.978)

표준편차를 구하기 위해서는 SQR 함수를 선택한다.

(4) 포트폴리오의 분산 및 표준편차는 개별자산의 분산, 표준편차보다 작다.

B13 = =SQRT(B12)

재무관리교재1

	A	B	C	D	E
1	4. 개별 투자안 및 포트폴리오의 기대수익률과 분산(표준편차)				
2	경제상황	수익률		확률	
3		A 투자안	B 투자안		
4	호황	16%	4%	25%	
5	보통	12%	6%	50%	
6	불황	8%	8%	25%	
7	(1) 기대수익률	12.00%	6.00%		
8	(2) 분산	8%	2%		
9	표준편차	0.28	0.14		
10	(3) 포트폴리오				
11	E(Rp)	0.09			
12	σp^2	0.00544			
13	σp	0.073756			

5. 투자자의 효용함수의 형태는 크게 위험 중립형, 위험선호형, 위험 회피형 세 가지가 있다. 지금, 100만원을 가지고 있는 투자자에게 다음과 같은 상호 배타적인 세 개의 투자안이 있다고 가정하고 다음 문제에 답하시오.

투자안1		투자안2		투자안3	
수익	확률	수익	확률	수익	확률
20만원	1/2	10만원	1/4	20만원	1/4
40만원	1/2	20만원	1/2	30만원	1/2
		70만원	1/4	40만원	1/4

(1) 기대수익극대화 기준에 따라 투자안을 선택한다면 어느 것을 선택해야 할까?

[풀이] 각 투자안 기대수익률 계산은 다음과 같다.

E(R1) : $20*\frac{1}{2}+40*\frac{1}{2}=30$만원

E(R2) : $10*\frac{1}{4}+20*\frac{1}{2}+70*\frac{1}{4}=30$만원

E(R3) : $20*\frac{1}{4}+30*\frac{1}{2}+40*\frac{1}{4}=30$만원

각 투자안의 기대 수익률이 모두 같기 때문에 기대수익극대화기준에 의해서 의사결정을 하는 투자자는 어느 투자안을 선택하여도 상관이 없다. 기대수익률만 고려 대상이기 때문에 투자안의 위험에 대한 고려가 없다.

(2) 투자에 따른 위험에 대한 인간의 태도는 위험중립형, 위험선호형, 위험회피형 세 가지 유형이 있다. 따라서 투자자의 효용함수 U(W)(단, 여기서 W는 부의 수준으로서 단위는 만원이다)가 다음과 같을 때 각 투자자는 어느 투자안을 선택해야 할 것인가?

① U(W)=W인 위험중립형 투자자인 경우

② U(W)=W2인 위험선호형 투자자인 경우

③ U(W)=$\sqrt{W}$ 인 위험회피형 투자자인 경우

[풀이] 1) 먼저, U(W)=W인 위험중립형 투자자인 경우 기대효용은 다음과 같다.

• 투자안1을 선택할 때 기대효용

$=(100+20)*\frac{1}{2}+(100+40)*\frac{1}{2}=130$효용

• 투자안2을 선택할 때 기대효용

$$= (100+10)*\frac{1}{4}+(100+20)*\frac{1}{2}+(100+70)*\frac{1}{4}=130\text{효용}$$

• 투자안3을 선택할 때 기대효용

$$= (100+20)*\frac{1}{4}+(100+30)*\frac{1}{2}+(100+40)*\frac{1}{4}=130\text{효용}$$

위험중립형 투자자의 효용함수는 수평축이 부, 수직축이 기대효용으로 이루어지는 평면에서 선형함수 형태를 취한다.

즉, 각 투자안의 기대효용이 모두 동일한 U(W)=W의 효용함수를 가지고 있기 때문에 이러한 위험중립형 투자자는 투자안 선택시 위험을 고려하지 않는다. 따라서 기대수익극대화기준에 의한 투자선택과 결과와 동일하다.

(3) U(W)=W2인 위험선호형 투자자인 경우 기대효용은 다음과 같다.

• 투자안1을 선택할 때 기대효용

$$= (100+20)^2*\frac{1}{2}+(100+40)^2*\frac{1}{2}=17,000\text{효용}$$

• 투자안2을 선택할 때 기대효용

$$= (100+10)^2*\frac{1}{4}+(100+20)^2*\frac{1}{2}+(100+70)^2*\frac{1}{4}=17,450\text{효용}$$

• 투자안3을 선택할 때 기대효용

$$= (100+20)^2*\frac{1}{4}+(100+30)^2*\frac{1}{2}+(100+40)^2*\frac{1}{4}=16,950\text{효용}$$

위험선호형 투자자인 경우의 효용함수는 원점에 대하여 볼록한 함수형태를 취하고 있다. 즉, 위험선호형 투자자는 동일한 기대수익이 주어진다면 위험이 있는 투자안을 선택하여 기대효용을 증가시키려고 한다. 여기서는 투자안2의 기대효용이 가장 크다.

(4) U(W)= $\sqrt{W}$ 인 위험회피형 투자자인 경우 기대효용은 다음과 같다.

• 투자안1을 선택할 때 기대효용

$$= \sqrt{(100+10)}*\frac{1}{2}+\sqrt{(100+40)}*\frac{1}{2}=11.393\text{효용}$$

• 투자안2을 선택할 때 기대효용

$$= \sqrt{(100+10)} * \frac{1}{4} + \sqrt{(100+20)} * \frac{1}{2} + \sqrt{(100+70)} * \frac{1}{4} = 11.359\text{효용}$$

• 투자안2을 선택할 때 기대효용

$$= \sqrt{(100+10)} * \frac{1}{4} + \sqrt{(100+40)} * \frac{1}{2} + \sqrt{(100+40)} * \frac{1}{4} = 11.398\text{효용}$$

위험회피형 투자자 효용함수는 원점을 향하여 오목한 형태의 효용함수를 갖는다. 이러한 투자자는 동일한 투자수익이 주어진다면 상대적으로 위험이 적은 투자안을 선택한다. 따라서 U(W)=$\sqrt{W}$ 인 효용함수를 가진 위험회피형 투자자인 경우에는 투자안3의 기대효용이 가장 크다.

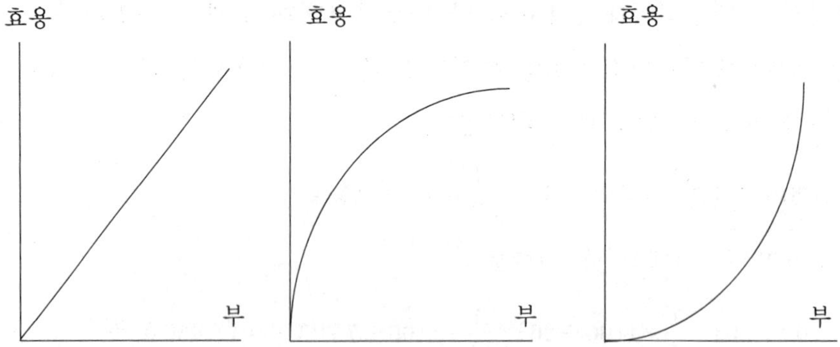

효용함수의 유형

위험중립형 효용함수 위험회피형 효용함수 위험선택형 효용함수

6. 우리는 다음과 같은 금융증권의 투자수익률 데이터를 가지고 있다고 가정하자.

(1)평균수익률을 구하고, 이를 이용하여 분산(Variance), 표준편차(Standard Deviation)를 엑셀 프로그램을 사용하여 계산하시오.

(2) 대기업주식(L)과 중소기업주식(S)간의 공분산, 상관계수를 구하시오.

[풀이] 평균 투자수익률, 분산, 표준편차를 구하고 공분산, 상관계수의 기본 개념을 설명해 보기로 한다.

① 평균(Average)을 구하기 위해 함수마법사에서 Average 함수를 사용한다.

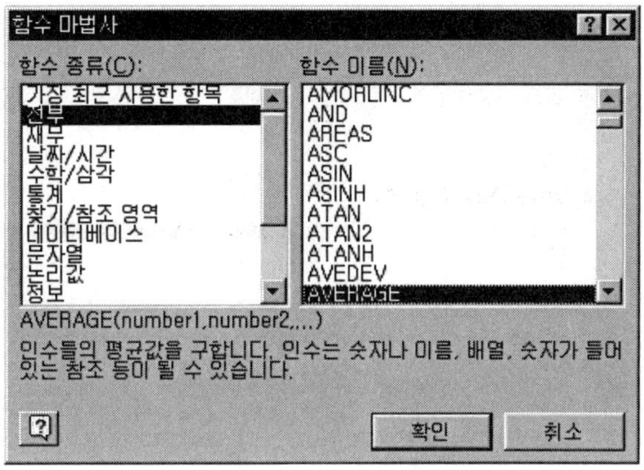

대기업의 평균투자수익률이 계산되면 마우스로 드래그하여 중소기업, 공채 평균 투자수익률 값을 구한다.

	A	B	C	D
15	6. 공분산과 상관계수			
16	Year	L	S	Treasury Bill
17	1992	0.0767	0.2335	0.0351
18	1993	0.0999	0.2098	0.029
19	1994	0.0131	0.0311	0.039
20	1995	0.3743	0.3446	0.056
21	1996	0.2307	0.1762	0.0521
22	Average	0.15894	0.19904	0.04224

분산(Variance), 표준편차를 구한다. 구하고자 하는 B23셀에 마우스포인트를 위치시키고 함수마법사를 눌러 Variance를 선택한다.

	대기업주식(L)	중소기업주식(S)	공채
연도1992	0.0767	0.2335	0.0351
1993	0.0999	0.2098	0.0290
1994	0.0131	0.0311	0.0390
1995	0.3743	0.3446	0.0560
1996	0.2307	0.1762	0.0521
평균투자수익률	0.1589	0.1990	0.0422

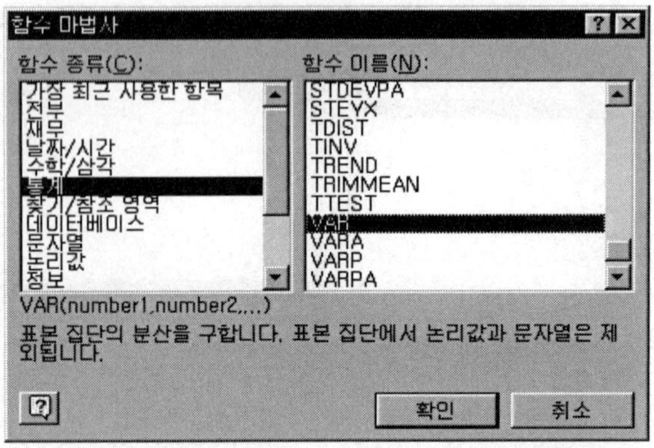

[확인]을 누르면 대화상자가 나온다. B17:B21까지 범위를 지정하고 [확인]을 클릭하면 대기업주식의 분산 값이 표시된다.

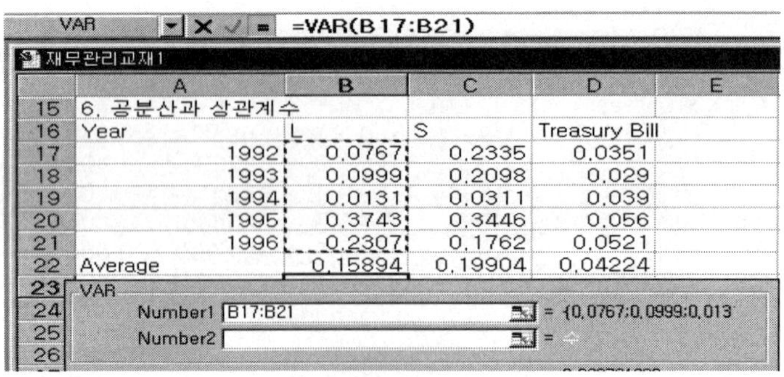

같은 방법으로 계속 구할 필요 없이 마우스를 드래그하여 나머지 값을 구한다.표준편차도 같은 방법으로 함수마법사를 이용하여 STDEV 함수를 선택해서 구한다.

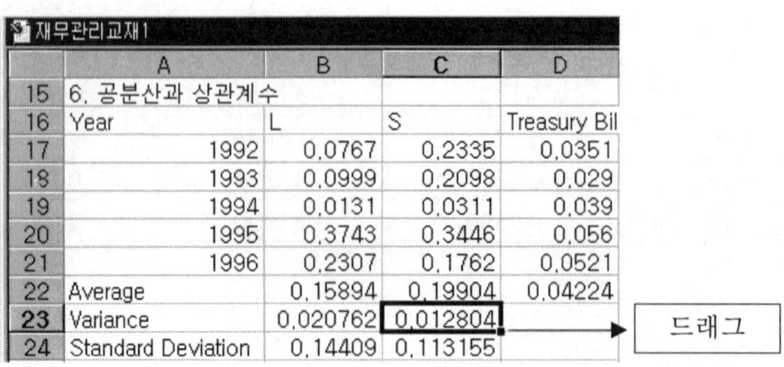

② 두 변수의 상관관계를 표시하는 것으로 공분산(Covariance), 상관계수(Correlation Coefficient)가 있다. 대기업주식(L), 중소기업주식(S)의 공분산과 상관계수를 구해보자.
두 변수 i, j 의 공분산은 다음과 같이 표시한다.

Cov(i,j) 또는 σij

이 공분산은 상관계수를 이용하면 다음과 같이 표시된다.

$$Cov(i,j) = \rho ij\sigma i\sigma j \text{ 또는 } \rho ij = \frac{Cov(i,j)}{\sigma i\sigma j}$$

ρij : 변수 i와 변수 j의 상관계수
σi : 변수 i의 표준편차
σj : 변수 j의 표준편차

$Cov(L,S)$을 구하기 위해 B25셀에 마우스포인트를 위치시키고 함수마법사를 클릭한다. COVAR 함수를 선택하고 [확인]으르를 누르면 다음 단계 대화상자가 표시된다.

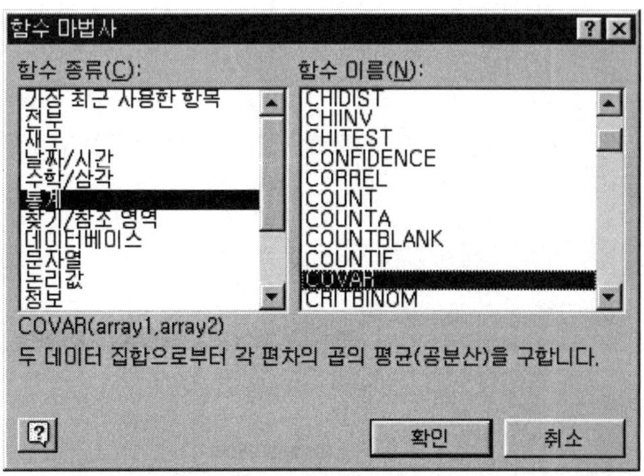

첫 번째 변수를 선택하기 위한 범위(B17:B21)를 지정한다

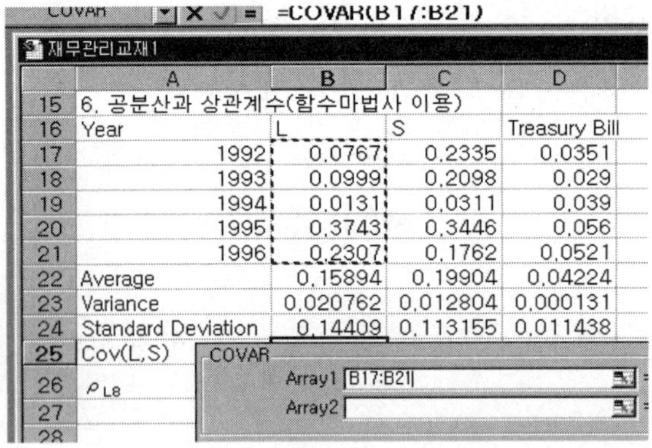

두 번째 변수에 대한 범위지정을 하고 [확인]을 누르면 공분산 값이 표시된다.

상관계수 ρLS도 CORREL 함수를 사용하여 같은 방법으로 구한다.

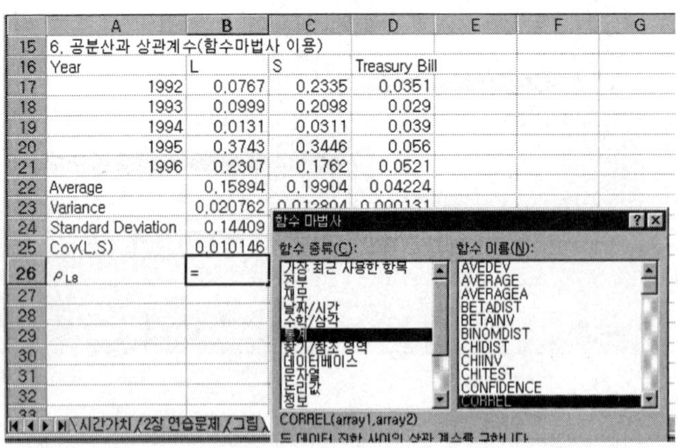

제7장

자본자산 가격결정모형

불확실성하의 투자자들은 기대수익률과 분산이라는 두 가지 척도를 사용하여 자신의 기대효용을 극대화시켜주는 최적 포트폴리오를 선택하였다. 그런데 투자자들의 일반적인 투자대상에는 위험자산 뿐만 아니라 정부가 발행하는 국공채 등 무위험자산도 포함된다. 자본시장선(CML : Capital Market line)은 무위험자산을 포함하는 새로운 효율적 포트폴리오 집합을 말하며, 무위험자산이 존재하는 경우의 위험과 기대수익률간의 관계를 나타내는 직선이다.

그러나 자본시장선은 개별자산의 위험과 기대수익률의 관계를 설명해 줄 수가 없게 되어 증권시장선(SML : Security Market Line)의 개념이 도입되었다. 증권시장선은 시장이 균형상태에 있을 때 비효율적인 개별자산 혹은 포트폴리오를 포함한 모든 증권 혹은 포트폴리오의 체계적 위험과 수익의 관계를 잘 설명해 줌으로써 현대재무관리이론의 핵심이 되고 있다. 증권시장선으로 대표되는 자본자산가격결정모형(CAPM: Capital Asset Pricing Model)은 직관적인 설명력이 높아 여러 가지 형태의 자산 가치평가에 널리 활용되고 있다. 그러나 여러 가지 비현실적인 가정에서 출발하였기 때문에 현실적 타당성 검정문제는 아직 일관된 결론이 제시되고 있지 못하고 있다. 최근 CAPM의 대체적인 모형으로서 차익거래가격결정이론(APT : Arbitrage Pricing Theory)이 개발되고 있다.

1. 자본자산가격결정모형의 전제 가정

자본시장의 균형이론을 모형에 의해서 설명하려면 될 수 있으면 비현실적인 가정에 기초하여 현실세계를 단순화시키는 것이 필요하다. 그리고 현실을 설명하는 여러 요인들 중에서 가장 중요한 요인을 중심으로 기본적인 모형을 만들고, 점차 비현실적인 가정들을 완화시켜 현실세계를 잘 설명할 수 있도록 모형을 발전시켜 나가는 방법을 사용하고 있다.

CAPM에서 전제로 하고 가정은 다음과 같다.

① 투자자들은 위험회피형이며, 평균-분산 선택기준에 의해서 포트폴리오를 선택한다.

② 자본시장은 완전경쟁시장이다. 완전경쟁시장이 되기 위해서는 다음조건을 요구하고 있다. 이것을 보다 자세히 설명하면 다음과 같다.

- 모든 투자자들은 가격 순응자(price taker)이다. 소수의 투자자들이 증권가격에 영향을 미칠 수 없다.
- 투자자들은 동일한 무위험이자율로 얼마든지 자금을 차입하거나 대출할 수 있다. 차입이자율과 대출이자율이 같다.
- 증권투자이익(배당, 이자 그리고 자본소득 등)에 대한 개인소득세, 거래비용 및 기타 증권거래를 저해하는 어떤 장애요인도 존재하지 않는다. 증권정보는 누구에게나 공평하고 저렴하게 이용 가능하다.

③ 투자자들은 경제상황, 각 위험자산의 수익률에 대해 동질적인 예상(Homogeneous Expectation)을 한다. 즉, 모든 투자자들은 각 자산의 기대수익률과 위험(분산 및 공분산)에 대하여 동일한 예측을 한다는 것이다.

이상의 가정을 기초로 CAPM을 중심으로 하는 자본시장이론은 단계적인 발전을 하여왔다. 투자자의 개인균형에 초점을 둔 것이 자본시장선(CML)이며, 시장균형에 초점을 둔 것이 증권시장선(SML)이라고 하겠다.

2. 자본시장선

마코위츠가 설명한 효율적 프론티어는 위험자산만을 고려하여 위험과 수익률의 관계를 설명하였다. 그러나 실제적으로 정부나 지방자치단체의 국·공채와 같이 전혀 위험이 없는 무위험자산이 존재하기 때문에 이것을 포함한 새로운 효율적 프론티어를 생각해야 한다.

다음 그림과 같이 **자본시장선**(CML)은 무위험자산 R_F와 위험자산만으로 구성된 효율적 포트폴리오 집합중 하나인 M을 연결한 직선으로 표시되고 있다. 이제 무위험자산이 존재하는 경우 효율적 포트폴리오 집합으로서 자본시장선이 어떻게 도출되는지 자세히 설명해 보기로 한다. 기대수익률 -표준편차 평면상에서 투자자들은 무위험자산과 마코위츠의 효율적 투자대상에 있는 위험자산을 대상으로 최대의 기대효용을 제공하는 포트폴리오를 구성하게 된다. 모든 투자자들은 자신의 투자 금액 중 위험자산에 w% , 효율적 투자선상의 위험자산에 (1-w)%를 투자한다면 그러한 포트폴리오로부터 기대수익률 $E(R_P)$와 위험σp 은 다음과 같이 계산된다.

$$E(R_P) = w \cdot R_F + (1-w)E(R_M) \quad \text{(식7-1)}$$

$$\sigma_p^2 = w^2 \cdot \sigma R_F^2 + (1-w)^2 \sigma R_M^2 + 2w(1-w)\rho \cdot \sigma R_F . \sigma R_M$$

$$= (1-w)^2 \cdot \sigma R_M^2 \qquad \because \sigma(R_F)2 = 0$$

$$\sigma_p = |(1-w)| \sigma R_M \quad \text{(식7-2)}$$

R_M : 효율적 투자선상에 있는 포트폴리오의 수익률

위의 식에서 알 수 있는 것은 무위험자산과 효율적 투자선상의 위험자산으로 구성된 포트폴리오의 기대수익률과 위험은 w에 대한 일차함수이기 때문에 일차함수형태로 나타난다. 이것을 그림으로 표시하고 있는 것이 R_FP_1 , R_FP_2, R_FP_3 직선 등이다.

이들 포트폴리오 직선이외도 무위험자산과 효율적 투자선상의 어느 위험자산과 결합했느냐에 따라 무수히 많은 포트폴리오 직선이 그려질 수 있다. 그러나 이들 포트폴리오 직선 중에서 지배원리에 따라 투자자에게 가장 높은 기대 수익률을 가져다 주는 것은 무위험자산 R_F과 위험자산 M을 연결한 **포트폴리오 직선**이다. 이 직선이 바로 새로운 효율적 프론티어가 되고 자본시장선(Capital Market Line)이라고 한다. 자본시장선은 투자자가 무위험자산과 위험자산에 투자할 때의 효율적 프론티어로서 그림에서 확인되는 것처럼 무위험자산의 수익률과 위험자산의 효율적 프론티어가 접하는 접선이 되며, 이 점에서 개인 투자자의 균형을 나타낸다. 그리고 무위험자산과 결합하여 자본시장선을 생성하게 되는 포트폴리오 M을 시장 포트폴리오(Market Portfolio)라 부른다.

$$E(R_P) = R_F + \frac{E(R_M) - R_F}{\sigma_M} \cdot \sigma_P \quad \text{(식7-3)}$$

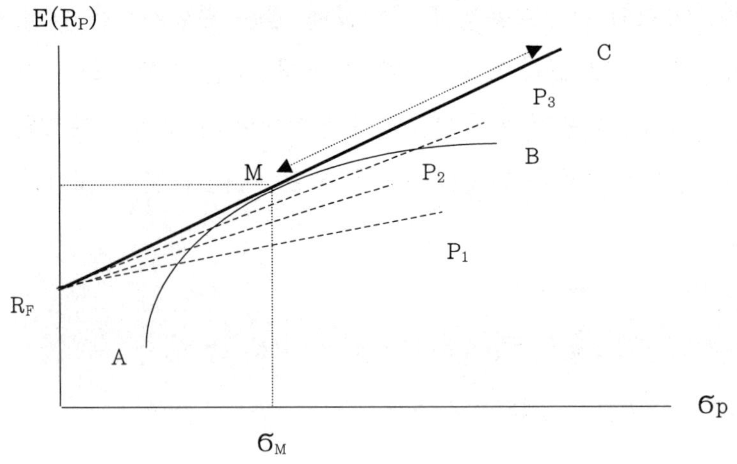

그림 7-1 자본시장선

시장균형과 시장포트폴리오

이제 자본시장선의 **의미**와 **한계**에 대해서 살펴보자. 자본시장선상에 있는 포트폴리오의 기대수익률을 포트폴리오의 위험인 표준편차와 연관시켜보면 $E(R_P) = R_F +$ (CML 기울기) × σp로 표시된 CML 기울기는 앞에서 식 7-1과 식 7-2에서 W에대한 편도함수를 구한 후 미분하여 정리하면 CML 기울기가 구해진다.[14]

따라서 CML 절편(RF)과 기울기 $\frac{E(R_M) - R_F}{\sigma_M} \cdot \sigma_P$를 결합하면 식7-3이 표시된다.

CML의 기울기는 기대수익과 위험간의 한계교환을 계산하는 방법으로 사용되기 때문에 **위험의 균형가격**(ERP : Equilibrium Price of Risk)이라고 하며, 항상 양수이어야 한다. **CML의 의미**는 다음과 같다.

효율적 포트폴리오의 기대수익률 = 무위험이자율 + 위험프리미엄

= 무위험이자율 + (위험의균형가격) × (위험량)

14 CML의 기울기 = ∂E(RP)/∂бp = ∂E(RP)/∂W·∂W/∂бp=E(RM) -RF/бM

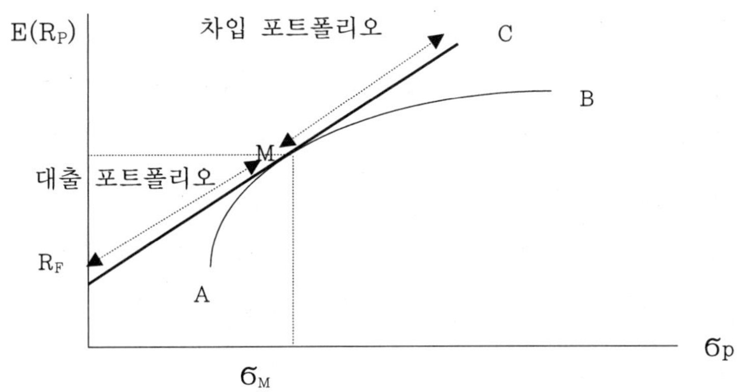

그림 7-1에서 보듯이 투자자들의 포트폴리오 선택행위는 투자자의 위험회피성향에 따라서 달라진다. 무위험자산과 위험자산들로 구성된 효율적 포트폴리오 집합(자본시장선) 중에서 위험회피성향이 높은 보수적인 투자자들은 RFM사이의 포트폴리오(기대수익률과 위험이 모두 낮은 포트폴리오)를 선택하며, 위험회피성향이 낮은 공격적인 투자자들은 MC 사이의 포트폴리오를 선택할 것이다. 전자는 현재 소유하고 있는 자금 중 일부는 무위험자산에 투자를 하고 나머지는 포트폴리오 M에 투자를 하는 경우로서 **대출포트폴리오**(Lending Portfolio)라 한다. 그리고 후자인 MC 사이의 포트폴리오는 무위험이자율로 차입한 자금과 현재 보유하고 있는 자금을 합쳐서 포트폴리오 M에 모두 투자하는 경우에 생성되는 포트폴리오로서 **차입포트폴리오**(Borrowing Portfolio)라고 한다.

그러면 자본시장에 어떠한 장애도 존재하지 않는 다는 사실은 차입이자율과 대출이자율이 동일하다는 의미가 되는데, 이와 같은 가정이외에도 동질적인 기대의 가정15을 추가한다면 모든 투자자들은 결국 무위험자산과 시장 포트폴리오 M에만 투자하게 된다. 이와 같이 완전자본시장에서 투자자들이 위험자산에 투자할 경우 투자대상이 되는 위험자산의 최적포트폴리오를 표시하는 M을 **시장포트폴리오**(Market Portfolio)라고 한다.

---

15 모든 투자자들이 자산의 수익률, 분산 그리고 공분산에 관해서 동일한 믿음을 가진다는 것이다. 이와 같이 세금과 거래비용 등 거래를 제약하는 장애요소가 없고, 정보수집 비용과 장애요소가 없을 때 완전자본시장이 성립된다. 이러한 시장상황에서는 모든 투자자들은 위험자산에 대한 미래수익률 분포에 대해 똑 같은 정보를 갖기 때문에 동일한 포트폴리오를 구성하게 된다. 분산투자를 하면 위험이 감소하므로 궁극적으로 분산불가능한 위험 시장위험만 남게 된다.

시장포트폴리오의 내용

그러면 시장포트폴리오가 가지는 시장균형에 대해서 살펴보자. 시장포트폴리오에서는 위험자산의 공급과 수요가 일치하는 균형상태를 표시하고 있다. 완전자본시장에서 균형이란 거래되는 모든 증권의 수요와 공급이 일치하여 어느 특정 증권도 초과수요와 초과공급을 갖지 않는다. 따라서 포트폴리오내에서 각 자산들은 해당 자산의 수요와 공급이 일치되도록 균형시장가치의 비율대로 구성이 되며, 포트폴리오를 구성하는 이들 개별증권들의 구성비율을 표시하면 다음과 같다.

$$Wi = \frac{\text{자산}i\text{의총가치}}{\text{모든자산들의시장가치의합}} \qquad \text{(식7-4)}$$

Wi : 시장포트폴리오를 구성하는 자산i의 구성비

예를 들어 증권시장에서 거래되는 위험자산이 주식만으로 구성되어 있다고 가정하면 시장포트폴리오가 각 주식의 총가치, 즉 "주가×발행주식수"의 비율대로 구성될 때 시장전체가 균형상태가 될 수 있다.

$$Wi = \frac{\text{주식}i\text{의총가치}}{\text{시장전체주식의총가치}} = \frac{Pi \cdot Qi}{\sum_{i=1}^{n} Pi \cdot Qi}$$

Wi : i 주식의 시장포트폴리오 구성비율

Pi : i 주식의 시가

Qi : i 주식의 상장주식총수

n : 거래되는 주식의 총구

이처럼 투자자가 시장포트폴리오를 선택한다는 것은 시장포트폴리오와 동일한 구성비율을 갖는 위험자산을 구성한다는 의미가 된다. 그러므로 투자자의 위험자산에 투자하려고 하는 투자자금에 의해 위험자산 포트폴리오의 총가치는 다르다하더라도 투자자들이 선택하는 위험자산 포트폴리오의 구성비율은 모두 동일하다.

현실적으로 모든 위험자산을 포함하고 있는 시장 포트폴리오를 확인한다는 것은 불가능하기 때문에 시장포트폴리오의 변화양상을 잘 나타내고 있다고 보는 것이 종합주가지수(SPI : Stock Price Index)이다. 일반적으로 종합주가지수를 시장포트폴리오의 대용치(Proxy)로 이용하고 있다.

단지 세 개의 증권으로 구성된 주식시장이 있으며, 350억원을 투자하려는 투자자 1과 400억원을 투자하려는 투자자 2와 같이 단 두 사람의 투자자만이 존재한다고 가정하자. 주식시장에 대한 데이터가 다음과 같을 때 물음에 답하시오.

차입 이자율과 대출 이자율은 동일하며, 두 투자자는 주식 수익률의 미래 확률분포에 대하여 동질적인 기대를 가지고 있는 완전자본시장이라 가정한다.

무위험자산이 존재하고 동질적인 기대를 가지는 경우 투자자 1, 투자자 2는 각각의 주식에 얼마씩을 투자할 것인가?

주식	주가	발행주식수	총시장가치	시장의 구성비
A	10,000원	200만주	200억원	9%
B	50,000원	100만주	500억원	23%
C	30,000원	500만주	1,500억원	68%
합계			2,200억원	100%

[풀이] 완전자본시장에서 위험 회피적인 투자행동을 취하는 투자자들은 모두 위험자산으로 구성된 포트폴리오 중에서 시장포트폴리에 투자한다. 투자자 1의 투자비율은 다음과 같다.

투자자 1 : W_{1A} = 9%, W_{1B} = 23%, W_{1C} = 68%

투자자 2 : W_{2A} = 9%, W_{2B} = 23%, W_{2C} = 68%

[엑셀 작업 순서]

① 작업을 위한 데이터 입력을 한다.

	A	B	C	D	E
1	1. 시장포트폴리오 구성				
2	주식	주가	발행주식수	총시장가치	시장구성비
3	A	₩ 10,000	200만주	2000000만원	9%
4	B	₩ 50,000	100만주	5000000만원	23%
5	C	₩ 30,000	500만주	15000000만원	68%
6	합계			22000000만원	100%

[주가] 데이터 입력형식은 원화표시를 선택한다. [발행주식수] 데이터 형식은 범위를 지정하고 마우스 오른쪽 버튼을 클릭하면 단축 메뉴가 표시된다. 여기에서 [셀 서식]→[표시형식]을 선택하고 사용자 정의에서 "만원"을 추가로 입력해 준다.

② [총시장가치]는 D3셀에 마우스 포인트를 위치시키고 수식입력줄에 B3*C3을 입력한다.

D3셀 : =B3*C3

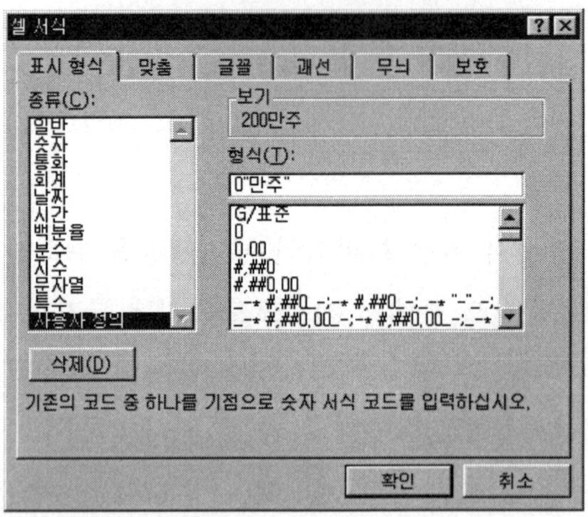

③ [시장구성비]를 구하기 위해 D6셀에 마우스포인트를 위치시키고 [자동합계] 도

구 아이콘을 클릭한다. E3셀에 마우스포인트를 위치시키고 "=D3/$D$6"을 입력한다. 마우스포인트를 E3셀 가장자리에 두고 드래그하면 나머지 값이 구해진다. [백분율 유형] 도구아이콘을 클릭하여 %로 바꾸어준다.

④ 이제 투자자 개인별 개별주식에 대한 투자 금액을 구할 수 있게 되었다.

투자금액 = 투자자의총투자액×구성비율이기 때문에 투자자 1의 투자금액 350억원을 A8셀에 입력하고, 투자자 2의 투자금액 400억원을 A9셀에 각각 입력한다. 투자자 1의 A주식에 대한 투자비율을 곱하여 A주식 투자금액을 구한다. F3셀에 "=$A$8*E3"을 입력한다.

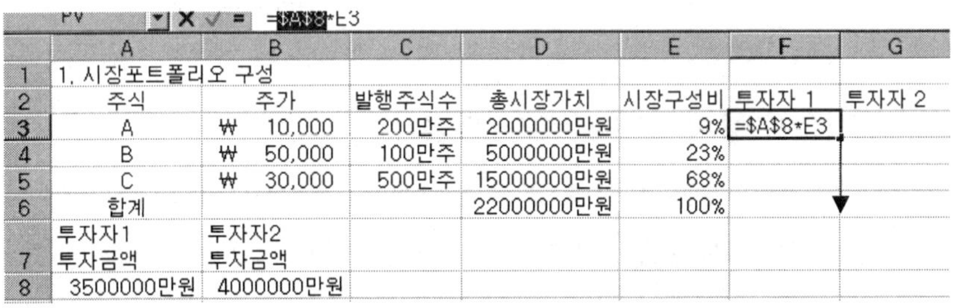

PV | =$A$8*E3

	A	B	C	D	E	F	G
1	1. 시장포트폴리오 구성						
2	주식	주가	발행주식수	총시장가치	시장구성비	투자자 1	투자자 2
3	A	₩ 10,000	200만주	2000000만원	9%	=$A$8*E3	
4	B	₩ 50,000	100만주	5000000만원	23%		
5	C	₩ 30,000	500만주	15000000만원	68%		
6	합계			22000000만원	100%		
7	투자자1 투자금액	투자자2 투자금액					
8	3500000만원	4000000만원					

⑤ 같은 방법으로 투자자 2의 A, B, C 주식에 대한 투자금액을 구한다.

G3셀 : =$B$8*E3

⑥ 투자금액 결과 값들(다음 그림에서 범위 지정된 부분)에 대하여 "만원"이라는 단위를 첨가할 차례이다. 앞에서 사용한 방법 외에 [서식복사] 기능을 이용해 보자.

편집(E) 보기(V) 삽입(I) 서식(O) 도구(T) 데이터(D) 창(W) 도움말(H)

= =$A$8*E3

A	B	C	D	E	F	G
포트폴리오 구성						
식	주가	발행주식수	총시장가치	시장구성비	투자자 1	투자자 2
A	₩ 10,000	200만주	2000000만원	9%	318182 만원	363636 만원
B	₩ 50,000	100만주	5000000만원	23%	795455 만원	909091 만원
C	₩ 30,000	500만주	15000000만원	68%	2386364 만원	2727273 만원
계			22000000만원	100%	3500000 만원	4000000 만원

서식복사를 해 올 원본을 먼저 복사한다. 다음 그림에서 복사할 원본이 있는 셀에

마우스포인트를 두고 [서식복사] 도구아이콘을 클릭한다. 원본 셀의 테두리가 빤짝거리면서 셀 모양이 변한다. 다음 복사할 대상 셀에 대해해서 마우스 포인트로 그냥 드래그하면 서식이 자동으로 바뀐다. 엑셀화면에서 대상 셀이 모두 "만원" 단위가 첨가되어 있음을 확인할 수 있다.

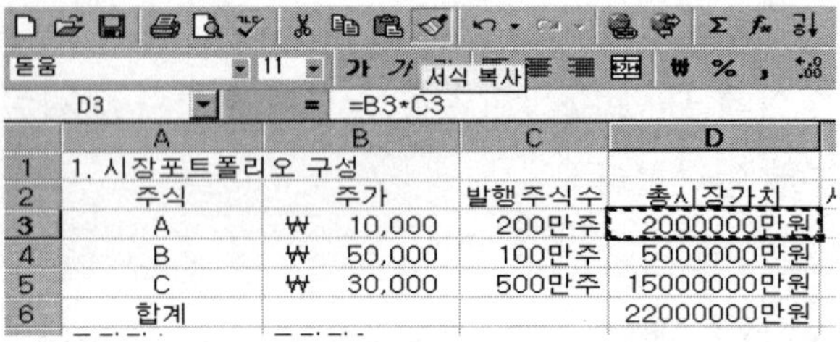

포트폴리오의 자본모형과 β(베타)의 추정

이상과 같이 자본시장선은 효율적 포트폴리오의 위험에 따른 기대수익률을 설명해 주고 있지만, 개별 자산 또는 비효율적 포트폴리오의 기대수익률에 대해서는 설명을 해 주지 못한다. 왜냐하면 개별자산들은 그 자체로서 자본시장선 아래에 위치하는 비효율적인 자산이기 때문이다. 따라서 이와 같은 효율적 포트폴리오에 대해서만 적용되는 자본시장선으로는 개별자산과 같은 비효율적 자산의 위험과 기대수익률의 관계를 설명할 수가 없게 된다. 이것은 주식이나 채권, 보험증권 등과 같은 개별자산의 기대수익률과 위험간에 존재하는 관계를 설명하기 위해서는 자본시장선과는 다른 개념이 필요하게 된다. 즉, 자본시장선에서는 비체계적 위험이 존재하지 않는 효율적 포트폴리오의 기대수익률과 위험의 관계를 나타내기 때문에 적절한 위험의 측정치로서 표준편차를 사용하였다. 그러나 비체계적인 위험도 포함하고 있는 개별자산의 경우에는 적절한 위험 측정치로서 표준편차가 아닌 체계적 위험{β계수)을 사용하여야 한다. 이와 같은 논리로 개별자산의 위험과 기대수익률의 관계를 설명해 주는 모형인 증권시장선(Security Market Line)에서는 적절한 위험측정치로서 체계적 위험을 사용하고 있으며, 베타(β)계수로 측정되고 있다.

개별자산의 기대수익률과 베타로 측정되는 위험간의 관계를 설명하는 증권시장선 또는 자본자산가격결정모형(CAPM: Capital Asset Pricing Model}은 다음과 같이 표시된다.[16]

$$E(Ri) = R_F + [E(R_M) - R_F]\beta i \qquad (식7-5)$$

여기서 $E(Ri)$: 자산 i의 기대수익률

R_F : 무위험이자율

$E(R_M)$: 시장포트폴리오의 기대수익률

$$\beta i = \frac{Cov(R_F, R_M)}{Var(R_M)}$$

이상과 같은 증권시장선을 도출하기에 앞서 체계적 위험(β계수) 의 개념을 확실하게 파악해 두기로 하자.

베타는 시장수익률의 변화에 따른 특정 주식의 시장민감도(Market Sensitivity)를 측정하는 통계적인 개념이다. 즉 시장의 수익률이 변동할 때 해당 주식의 수익률이 얼마나 민감하게 변동하는 가를 측정하는 지표가 된다. 그러므로 특정자산의 위험을 표시하는 베타계수가 큰 주식일수록 시장수익률(시장전체의 경기변동)에 대하여 보다 민감한 반응을 나타낸다. 예를 들어서 베타계수가 2.40인 America Online 증권과 0.65인 Exxon증권이 있다고 하면 시장수익률이 1%포인트 변동할 때 America Online 증권의 수익률은 2.40%포인트 변동하고, Exxon 증권의 수익률은 0.65% 포인트 변동하게 될 것이다. 여기서 우리가 알 수 있는 것은 베타계수가 높은 America Online 주식의 기대수익률이 Exxon 주식보다 더 높을 것이라는 것이다.

표 7-1 주요기업의 베타계수 예

	β 계수		β 계수
Exxon	0.65	General Motors	1.15
AT&T	0.90	Microsoft	1.30
IBM	0.95	Harley-Davidson	1.65
Wal-Mart	1.10	America Online	2.40

16 CAPM과 SML은 보통 같은 의미로 사용하고 있지만 엄밀하게 이야기 하면 CAPM은 식 7-5와 같은 등식을 의미하며, SML은 이 등식을 그래프로 나타낸 것을 의미한다.

그러면 개별자산의 체계적 위험인 베타계수(Beta Coefficient)를 어떻게 측정할 수 있을 까? 어떤 한 자산의 베타계수는 시장수익률(Market Return)에 대한 역사적인 수익률을 관찰해 봄으로써 알 수있다. 시장수익률은 시장에서 거래되는 모든 증권들로 구성된 시장포트포리오 수익률을 의미하며, 미국에서는 S&P 500지수 수익률, 우리나라에서는 종합주가지수 수익률이 일반적으로 대용치로 이용되어진다.

개별자산의 체계적인 위험 베타계수를 추정하는 식을 증권특성선(Security Characteristic Line)이라 하며, 시장포트폴리오 수익률 변동에 대한 개별 자산 수익률의 변동을 나타낸 선이다. 증권특성선을 구하는 방법은 종합주가지수와 개별 자산(증권)의 가격(주가)에 대한 사후적인 자료(ex-post data)에 의해서 과거일정기간 동안 시장포트폴리오의 수익률과 같은 기간 동안의 개별 자산의 수익률을 계산하여 시장수익률-개별자산 수익률 좌표상에 만나는 점들을 추세 회귀식으로 표시한다.

$$R_i = \alpha_i + \beta_i \times R_M + e_i \qquad \text{(식 7-6)}$$

α_i : 회귀식의 수직 절편

β_i : 회귀식의 기울기로 체계적 위험

e_i : 잔차항

식 7-6에서 직선의 기울기 β_i가 어떻게 i 개별 자산의 체계적 위함으로 고려될 수 있는가? 이것을 설명하기 위하여 다시 한번 시장포트폴리오의 체계적 위험과 개별자산의 위험(베타계수)간의 관계에 대하여 언급하고자 한다.

위험회피형 투자자는 모든 개별주식에 분산 투자하여 위험을 줄이려고 한다. 따라서 완전한 분산투자가 이루어진 시장포트폴리오를 구성함으로써 더 이상 분산 가능한 위험은 포함하지 않고 체계적 위험만 남게 된다. 따라서 시장포트폴리오의 위험 즉, 시장포트폴리오 수익률의 분산인 σ_M^2은 체계적 위험이다. 그리고 시장포트폴리오에는 수많은 자산들이 포함되어 있으므로 시장포트폴리오의 체계적 위험은 개별자산들의 체계적 위험의 합이어야 한다.

σ_M^2=시장포트폴리오의 체계적 위험=개별자산의 체계적 위험의 합

$$= VAR(w_1R_1 + w_2R_2 + w_3R_{3+} \cdots + w_nR_n) = \sum_{n=1}^{n} COV(R_i, R_M) \qquad \text{(식7-7)}$$

그러면 i 개별자산의 체계적 위험은 어떻게 구하면 되는가? 개별자산의 체계적 위험은 해당증권이 시장포트폴리오의 위험에 영향을 미치는 부분으로서 개별자산의 체계적 위험 $COV(R_i, R_M)$을 시장포트폴리오 체계적 위험 σ_M^2으로 나누어주면 될 것이다. 이와 같이 구해진 개별자산의 체계적 위험을 개별자산의 베타라고 정의한다.

$$\beta_i = \frac{COV(R_i, R_M)}{\sigma_M^2} = \frac{\sigma_{iM}}{\sigma_M^2} \qquad \text{(식7-8)}$$

식 7-8에서 정의된 개별자산의 베타는 개별자산의 수익률이 시장포트폴리오의 수익률과 얼마만큼 민감하게 연관되어 있는가를 나타내기 위한 것으로 시장포트폴리오의 체계적 위험이 “1”이라고 할 대 개별자산의 체계적 위험이 시장포트폴리오의 위험의 몇 분의 1이 되는지를 나타내는 측정치인 것이다.

만일 i 개별자산의 수익률이 시장포트폴리오 수익률의 변동과 정확하기 일치한다면 $\sigma_{iM} = \sigma_{MM} = \sigma_M^2$이 되어 1이 될 것이다. 만약 개별자산의 수익률이 시장포트폴리오 수익률 변동보다 크게 나타난다면 $\sigma_{iM} > \sigma_M^2$이 되어 $\beta_i > 1$이 될 것이고, 반대로 개별자산의 수익률이 시장포트폴리오 수익률 변동 보다 작게 나타난다면 $\sigma_{iM} < \sigma_M^2$이 되어 $\beta_i < 1$이 될 것이다.

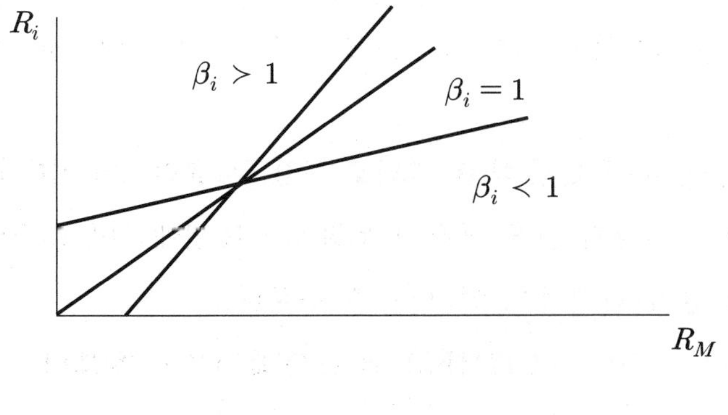

그림 7-2 증권 특성선의 기울기

사전적 베타의 추정

개별자산(주식)의 베타는 개별자산(주식)과 시장포트폴리오의 미래수익률에 대한 확률분포로부터 개별자산(주식)과 시장포트폴리오 간의 공분산과 시장포트폴리오의 분산을 계산하고 이를 이용하여 추정할 수 있다. 이런 방법으로 계산된 베타를 사전적 베타(ex ante β)라고 한다.

사전적 베타의 추정실습

=(6*E28-B28*C28)/(6*D28-C28^2)

다음 표 7-2는 예상되는 미래경제상황에 따른 주식 A와 B, 그리고 시장포트폴리오의 미래수익률의 확률분포를 나타내고 있는 테이블이다.

표7-2 미래수익률에 대한 확률분포

A	B	C	D	E	F
2. 사전적 베타의 추정					
경제상황	확률	수익률(%)			시장포트폴리오 수익률분산
		주식A (R_A)	주식 B (R_B)	시장포트폴리오(R_M)	σ^2_M
불황	0.2	-5	5	0	49
보통	0.5	15	11	14	
호황	0.3	25	15	20	
		E (R_A)	E (R_B)	E (R_M)	
		14	11	13	

미래 경제상황이 위 표와 같이 세 가지로 각기 다르게 전개될 때 예상되는 주식 A, B 그리고 시장포트폴리오의 기대수익률은 얼마가 되겠는가? 그리고 시장포트폴리오 수익률의 확률을 계산한 다음, 주식 A와 시장포트폴리오, 그리고 주식 B 와 시장포트폴리오의 공분산을 계산하고 이를 바탕으로 주식 A, B의 베타를 계산해 보시오.

[작업과정 설명] ① 주식 A, 주식 B, 그리고 시장포트폴리오의 기대수익률을 계산한다.

주식 A의 기대수익률 $E(R_A)$을 구하기 위해서 C16셀에 마우스포인트를 두고 수식 입력줄에 다음과 같이 입력하고 엔터 키를 누른다.

C16 : =C12*$B$12+C13*$B$13+C14*$B$14

같은 방법으로 주식 B의 기대수익률 $E(R_B)$을 구하기 위해 D16셀 에 각각 수식을 입력해도 되지만 C16셀의 모서리를 마우스로 단순히 드래그하면 해당 값이 구해진다.

C16 = =C12*$B$12+C13*$B$13+C14*$B$14

	A	B	C	D	E
9	2. 사전적 베타의 추정				
10	경제상황	확률	수익률(%)		
11			주식A (R_A)	주식 B (R_B)	시장포트폴리오(R_M)
12	불황	0.2	-5	5	0
13	보통	0.5	15	11	14
14	호황	0.3	25	15	20
15			E (R_A)	E (R_B)	E (R_M)
16			14	11	13

② 시장포트폴리오의 수익률의 분산을 계산한다.

먼저, 시장포트폴리오 기대수익률 $E(R_M)$을 구하기 위해 C16셀이나 D16셀을 드래그하여 시장포트폴리오 기대수익률을 구한다. 다음으로 시장포트폴리오 수익률의 분산을 구하기 위해 F12셀에 마우스 포인트를 놓고 수식 입력줄에 다음과 같이 입력하고 값을 구한다.

F12 : = (E12-E16)^2*B12+(E13-E16)^2*B13+(E14-E16)^2*B14

12 = =(E12-E16)^2*B12+(E13-E16)^2*B13+(E14-E16)^2*B14

B	C	D	E	F	G	H
확률	수익률(%)			시장포트폴리오 수익률분산	주식A와 시장 포트폴리오의 공분산	주식B와 시장 포트폴리오의 공분산
	주식A (R_A)	주식 B (R_B)	시장포트폴리오(R_M)	σ^2_M	σ_{AM}	σ_{BM}
0.2	-5	5	0	49	49.4	15.6
0.5	15	11	14		0.5	0
0.3	25	15	20		23.1	8.4
	E (R_A)	E (R_B)	E (R_M)			
	14	11	13		73	24

③ 주식 A와 시장포트폴리오, 그리고 주식 B 와 시장포트폴리오의 공분산을 계산하면 다음과 같다.

$$Cov(A,M) = \sigma_{AM} = E[(R_A - E(R_A)) \cdot (R_M - E(R_M))] = 73$$

$$Cov(B,M) = \sigma_{BM} = E[(R_B - E(R_B)) \cdot (R_M - E(R_M))] = 24$$

G12셀에서는 경제상황이 불황일 경우 확률 0.2를 곱한 값이 표시되고, G13셀과 G14셀에서는 경제상황이 보통일 경우 확률 0.5, 경제상황이 호황일 경우 확률 0.3을 각각 곱한 값이 표시된다. 따라서 G16셀에서는 주식 A와 시장포트폴리오의 공분산 값 73이 표시된다.

G12 = =(C12-$C$16)*(E12-$E$16)*B12

	C	D	E	F	G	H
10	수익률(%)			시장포트폴리오 수익률분산	주식A와 시장포트폴리오의 공분산	주식B와 시장포트폴리오의 공분산
11	주식A (R_A)	주식 B (R_B)	시장포트폴리오(R_M)	σ^2_M	σ_{AM}	σ_{BM}
12	-5	5	0	49	49.4	15.6
13	15	11	14		0.5	0
14	25	15	20		23.1	8.4
15	E (R_A)	E (R_B)	E (R_M)			
16	14	11	13		73	24

④ 주식 A, B의 베타를 각각 계산한다.

$$\beta_A = \frac{\sigma_{AM}}{\sigma^2_M} = \frac{73}{49} = 1.49$$

$$\beta_B = \frac{\sigma_{BM}}{\sigma^2_M} = \frac{24}{49} = 0.49$$

B17셀에 마우스 포인트를 두고 수식 입력란에 “G16/$F$12"을 입력한다.

17 = =G16/$F$12

A	B	C	D	E	F	G	H
사전적 베타의 추정							
제상황	확률	수익률(%)			시장포트폴리오 수익률분산	주식A와 시장포트폴리오의 공분산	주식B와 시 포트폴리오 공분산
		주식A (R_A)	주식 B (R_B)	시장포트폴리오(R_M)	σ^2_M	σ_{AM}	σ_{BM}
불황	0.2	-5	5	0	49	49.4	15.6
보통	0.5	15	11	14		0.5	0
호황	0.3	25	15	20		23.1	8.4
		E (R_A)	E (R_B)	E (R_M)			
		14	11	13		73	24
β_A	1.4898						
β_B	0.4898						

⑤ 최종적으로 [자리수 줄임]을 클릭하여 소수 둘째 자리까지 표시한다.

사후적 베타의 추정

과거의 수익률분포가 미래에도 안정적으로 변하지 않는다는 전제하에서 사용되는 것이다. 사후적 베타계수는 개별자산(주식))과 시장포트폴리오의 과거 수익률을 구하여, 두 수익률 간의 공분산과 시장포트폴리오의 분산을 계산하면 된다. 즉, 개별자산(주식)의 수익률을 종속변수로 하고, 시장포트폴리오의 수익률을 독립변수로 한 회귀분석에 의해서 구해진다. i 증권의 수익률 Ri가 종속변수로 종합주가지수의 수익률 RM을 독립변수로 하였을 때 회귀식의 기울기 β_i는 다음 식과 같이 계산된다.

$$\beta_i = \frac{n \cdot \sum(R_i \cdot \overline{R_M}) - (\sum R_i)(\sum R_M)}{n \cdot \sum R_M^2 - (\sum R_M)^2} \qquad \text{(식7-9)}$$

사후적 베타의 추정 실습

다음은 S 기업의 주식 수익률과 종합주가지수 수익률(시장수익률)을 나타낸 역사적 자료이다. 무위험 이자율은 8%라고 가정한다.

	A	B	C
20	3. 사후적 베타 추정		
21	연도	Ri	Rm
22	1996	26.7	37.2
23	1997	19.4	23.8
24	1998	3.9	-7.2
25	1999	10.8	6.6
26	2000	17.7	20.5
27	2001	22.8	30.6

(1) S 기업의 증권특성선을 구하고 체계적 위험을 계산하시오.

(2) 개별자산의 체계적 위험을 구하는 식 $\beta_i = \frac{\sigma_{iM}}{\sigma_M^2}$을 이용하여 체계적 위험을 계산하시오.

[작업과정 설명]

① 베타계수를 구하기 위하여 데이터를 입력한다.

B31 =(6*E28-B28*C28)/(6*D28-C28^2)

	A	B	C	D	E
20	3. 사후적 베타 추정				
21	연도	Ri	Rm	Rm^2	Ri*Rm
22	1996	26.7	37.2	1383.84	993.24
23	1997	19.4	23.8	566.44	461.72
24	1998	3.9	-7.2	51.84	-28.08
25	1999	10.8	6.6	43.56	71.28
26	2000	17.7	20.5	420.25	362.85
27	2001	22.8	30.6	936.36	697.68
28	합계	101.3	111.5	3402.29	2558.69
29	평균	16.9	18.6		
30					
31	βi	0.51			

② 식 7-9를 이용하여 B31셀에 베타계수를 계산하는 식을 입력한다.

B31 셀 : =(6*E28-B28*C28)/(6*D28-C28^2)

≒ 0.51

증권특성선 $R_i = \alpha_i + \beta_i \cdot R_M + e_i$로 표시된다. 따라서

$\alpha_i = \overline{R_i} - \beta \cdot \overline{R_M}$=7.44 이기 때문에 증권특성선은

$R_i = 7.44 + 0.51 \cdot R_M$이고, 체계적인 위험은 0.51이다.

	D	E	F	G
20				
21	R_M^2	$Ri*R_M$	(Ri- 평균 Ri)*(R_M- 평균 R_M)	$(Ri- 평균 Ri)^2$
22	1383.84	993.24	182.7536	346.5803
23	566.44	461.72	13.1286	27.2136
24	51.84	-28.08	334.7536	664.7803
25	43.56	71.28	72.8986	143.6003
26	420.25	362.85	1.5653	3.6736
27	936.36	697.68	71.0986	144.4003
28	3402.29	2558.69	676.1983	1330.2483
29				
30				
31	σ_{iM}	112.6997222	βi	0.51
32	σ_{iM}^2	221.7080556		

③ 식 $\beta_i = \dfrac{\sigma_{iM}}{\sigma_M^2}$을 이용하여 체계적 위험을 계산한다.

④ 체계적 위험으로 베타계수가 동일하다.

포트폴리오의 베타

개별자산들이 베타를 갖는 것과 마찬가지로 자산들의 집합인 포트폴리오도 역시 베타를 갖는다. 포트폴리오의 베타계수는 포트폴리오에 포함된 자산들의 베타뿐만 아니라 포트폴리오에 포함된 자산들의 비중에 따라서도 달라진다. n 개의 개별 주식으로 구성된 포트폴리오 베타 β_P는 다음과 같이 표시된다.

$$\beta_P = w_1 . \beta_1 + w_2 . \beta_2 + ... + w_n . \beta_n = \sum_{i=1}^{n} w_i . \beta_i \quad \text{(식4-7)}$$

위의 식에서 β_i은 i자산 베타를 의미하고, w_i는 포트폴리오에 포함된 i자산의 구성비율을 뜻한다. 결국 포트폴리오 베타는 포트폴리오에 포함된 개별자산들의 베타의 가중평균이 된다.

다음과 같은 포트폴리오 투자안이 있다고 가정할 때 포트폴리오 기대수익률과 포트폴리오 베타는 얼마인가?

풀이

주식 A의 투자비율은 $\frac{\$1,000}{\$10,000} = 10\%$, 주식 B는 20%, 주식 C는 30%, 주식 D는 40% 이다.

① 포트폴리오 기대수익률을 계산한다.

E36 = =(B36/$B$40)*C36

	C	D	E	F
34				
35	예상수익	베타	wi*E(Ri)	wi*βi
36	8%	0.8	0.80%	0.08
37	12%	0.95	2.40%	0.19
38	15%	1.1	4.50%	0.33
39	18%	1.4	7.20%	0.56
40		E(R_P)	14.90%	
41		β_p	1.16	

② 포트폴리오 베타를 계산한다.

F36 셀에 다음과 같이 입력하고 밑으로 마우스로 드래그한다

F36 셀 : =(B36/$B$40)*D36

③ 이러한 포트폴리오는 14.9%의 기대수익률을 갖고 있으며, 포트폴리오 베타는 1.16이다. 그러므로 시장의 움직임에 116% 민감하다고 하겠다.

증권	투자액	예상수익률	베타
주식 A	$1,000	8%	0.80
주식 B	2,000	12	0.95
주식 C	3,000	15	1.10
주식 D	4,000	18	1.40

3. 증권시장선

지금까지 설명한 시장포트폴리오와 베타에 대한 기본 지식을 바탕으로 개별자산을 비롯한 모든 자본자산의 체계적 위험과 기대수익률사이에 존재하는 균형관계를 설명하는 자본자산가격결정모형에 대해서 설명해 보자. 앞에서 이미 설명한 바와 같이 거래비용과 세금이 없고, 동질적 기대의 가정이 성립하는 완전자본시장에서 모든 투자자들은 완전 분산된 시장포트폴리오를 항상 선택하며, 이와 같은 분산투자를 통해서 비체계적인 위험은 모두 제거된다. 따라서 시장포트폴리오 위험은 분산투자를 통해서도 제거할 수 없는 체계적 위험이다. 이에 따라 모든 투자자들이 합리적인 분산투자를 하게된다면 개별자산에 투자할 때 부담하는 위험은 체계적 위험의 크기인 베타(β_i)가 된다. 자본자산가격결정모형에 따르면 개별자산(i)의 기대수익률 $E(R_i)$은 체계적 위험인 베타계수 β_i와 선형관계를 갖는다.

$$E(R_i) = R_F + \frac{[E(R_M) - R_F]}{\sigma_M^2} Cov(R_{i,} R_M) \quad (식7\text{-}10)$$

$E(R_i)$: 자산 i의 기대수익률

σ_M^2 : 시장포트폴리오의 분산

$Cov(R_{i,}R_M)$ 혹은 σ_{iM} : 자산 i의 수익률과 시장포트폴리오의 공분산

위 식에서 $\frac{[E(R_M)-R_F]}{\sigma_M^2}$ 은 위험단위당 기대수익률의 증가율이며, 증권시장에서 형성되는 단위위험에 대한 프리미엄을 나타낸다. 이를 시장프리미엄(Market Risk Premium)이라 한다. 위 식은 다음과 같이 바꾸어 쓸 수 있다.

$$
\begin{aligned}
E(R_i) &= R_F + \frac{Cov(R_{i,}R_M)}{\sigma_M^2}[E(R_M)-R_F] \\
&= R_F + \beta_i[E(R_M)-R_F] \qquad \text{(식7-11)}
\end{aligned}
$$

이 식에서 $\frac{Cov(R_{i,}R_M)}{\sigma_M^2}$ 은 증권특성선 $R_i = \alpha_i + \beta_i \cdot R_M + e_i$ 에서 β_i 베타계수와 동일하다. 이러한 증권선의 의미는 개별자산 i와 시장포트폴리오 수익률간의 공분산 $Cov(R_{i,}R_M)$ (혹은 σ_{iM})과 개별자산 기대수익률 $E(R_i)$은 그 자산의 체계적 위험인 β_i의 선형함수로 결정됨을 보여주고 있다. 즉, 어떤 자산에 투자했을 때 기대할 수 있는 수익률은 무위험이자율 R_F에 위험프리미엄 $\beta_i[E(R_M)-R_F]$ 를 더한 값이며, 이 때 위험 프리미엄은 시장의 초과 수익률인 $[E(R_M)-R_F]$에 체계적 위험 β_i를 곱한 값이다.

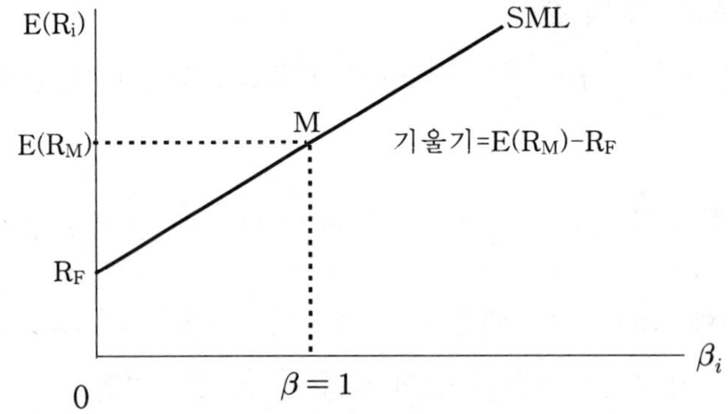

그림 7-3 증권 시장선

정기예금이자율이 8%이고 종합주가지수의 기대수익률이 10%으로 추정된다면, β_i가 2인 주식 i의 기대수익률은 얼마가 될 것인가?

풀이

증권시장선을 이용하여 특정자산의 기대수익률을 추정하려면 그 자산의 베타, 무위험이자율, 그리고 시장포트폴리오의 기대수익률을 추정할 수 있어야 한다. 이 예제에서는 정기예금이자율, 국공채 수익률을 무위험이자율 대용치로 사용할 수 있고, 종합주가지수 수익률은 시장포트폴리오 기대수익률로서 사용할 수 있다. 따라서 주식 i의 기대수익률은 다음과 같이 추정될 수 있다.

$$E(R_i) = 0.08 + 2(0.1 - 0.08) = 0.12 \text{ (즉 12\%)}$$

그런데 만약 β_i가 1인 주식 j가 있다면 주식 j의 기대수익률은 얼마가 될 것인가?
주식 j은 주식 i에 비하여 위험이 적기 때문에
주식 j의 기대수익률은 10%가 될 것이다.

$$E(R_j) = 0.08 + (0.1 - 0.08) = 0.1 \text{ (즉 10\%)}$$

증권시장선의 이용

CAPM의 핵심모형인 증권시장선은 재무관리에서 많이 사용되고있어 보다 철저한 이해가 요구되고 있다. 위에서 설명한 증권시장선은 주식이나 특정 자산에 투자했을 때 기대되는 수익률 추정에 사용될 수 있음을 알았다. 같은 방법으로 증권시장선은 특정자산의 가치평가를 위한 할인율 계산에 사용될 수 있으며, 특정자산의 가치가 적정하게 평가되는지 여부를 판단하는데 아울러 사용될 수 있다. 자세한 설명은 다음과 같다.

① **과대평가, 과소평가** : 증권시장선은 증권들의 기대수익률과 체계적 위험(베타)의 선형관계를 나타내는 직선이다. 자본시장이 균형상태에 있으므로 모든 증권들의 기대수익률은 증권시장선에 의해서 결정되고, 각 증권들은 모두 증권시장선 위에 존재한다. 만약 예제에서 주식 j가 증권시장선 위에 있지 않고 실제 기대수익률이 12%가 아닌 10%라고 생각해 보자. 이것은 주식 j가 증권시장선 아래에 위치한다는 것인데 CAPM의 가정을 사용한다면 이러한 상황은 오래 지속하지 못한다. 왜냐 하면 증권시장선 아래에 있는 주식 j 의 경우는 그것의 체계적 위험 수준(β_J)에서 적절한 기대수익률인 $E(R_J)$ 보다 낮은 수익률인 $E(R_j)$를 제공하고 있기 때문이다.

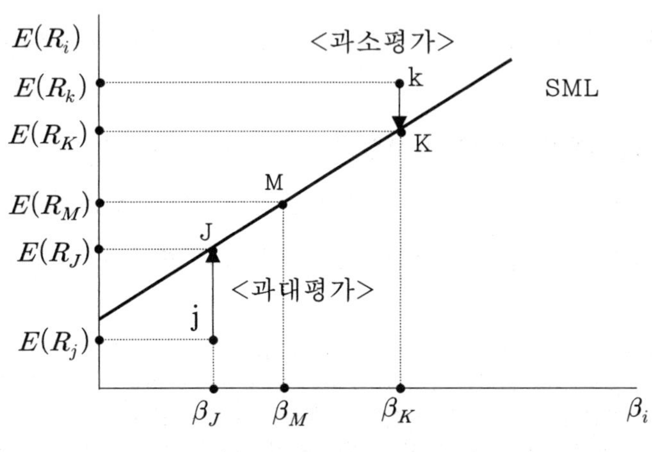

그림 7-4 증권 시장선과 균형기대수익률

따라서 주식 j은 과대 평가되어 있기 때문에 합리적인 투자자라면 이와 같은 주식을 보유하지 않고 매각하려고(공급의 증가) 할 것이다. 그 결과 해당 주식의 가격은 하락하여 기대수익률이 증가하게 된다. 이와 같은 주식의 가격 하락은 기대수익률이 $E(R_J)$이 될 때까지 지속이 된다. 반대로 증권시장선 위에 있는 주식 k의 경우는 그것의 체계적 위험 β_K에서 적절한 기대수익률 $E(R_K)$보다 높은 기대수익률$E(R_k)$을 제공하므로 과소 평가되어 있다. 따라서 합리적인 투자자라면 이와 같은 주식을 매입하려고 할 것이고(수요증대),이에 따라 주식의 가격은 상승하고 기대수익률은 하락할 것이다. 결국 주식 k의 가격상승은 그 주식의 기대수익률 $E(R_K)$로 떨어질 때 까지 지속된다.

② **요구수익률과 기대수익률** : 앞에서 설명하였듯이 증권시장선을 이용하면 균형상태에서 그 자산의 체계적 위험 β_i에 따른 적절한 보상인 기대수익률을 구할 수 있다. 증권시장선에 의해서 측정된 균형기대수익률은 투자자들의 입장에서는 해당 주식에 대해서 당연히 요구하는 최소한의 **요구수익률**(RRR : Required Rate of Return) 또는 **자본비용**(COC : Cost of Capital)이라고 할 수 있다. 17

그러나 증권시장선에 의해서 구해진 균형기대수익률(요구수익률)과 자산의 실제 확률분포에 의해서 구해진 실제 기대수익률(예상 평균수익률)은 서로 구분되어야 한다. 실제로 불균형상태에서는 자산이 과대평가, 과소평가되어 균형기대수익률과 실제 기대수익률이 서로 다를 수 있기 때문이다.

③ **CAPM에 의한 위험자산의 가치평가** : 이제까지 살펴본 바와 같이 재무관리에서 위험자산의 가치평가란 그 자산에서 발생하는 현금흐름을 적당한 요구수익률로 할인하여 현재가치로 환산하는 것이었다. 여기에서 자산의 가치문제에는

---

17 일반적으로 거의 모든 자산들은 위험자산으로 미래 현금흐름이 불확실하다. 위험이 있는 현금흐름을 현가로 환산할 경우에는 그 자산의 위험의 크기가 적절히 반영된 기대수익률을 할인율로 사용해야 한다. CAPM은 위험자산의 현가를 계산할 경우에 적절한 할인율을 구하는데 매우 유용한 수단이 된다. 그런데 이런 할인율이 투자자들의 입장에서 볼 때에는 투자에 대한 기회비용으로 인식되어 요구수익률(RRR)로 불리게 된다는 것이다. 투자자들이 기대할 수 있는 최소한의 수익률로서 요구수익률은 기업에서 자금을 사용할 때 대가로서 당연히 지불해야 하는 자본비용의 개념과 연결된다. 그리고 자본비용은 기업의 가치를 평가하는 데 사용되는 할인율이 된다.

세 가지 구성요소가 있음을 알 수 있다. 첫째 구성요소는 위험자산에서 발생하는 미래 현금흐름의 측정의 문제이고, 둘째 구성요소는 위험자산의 가치평가에 사용되는 요구수익률 즉, 할인율을 구하는 것이고, 셋째는 현금흐름의 발생시기이다.

우리는 이미 위험자산의 가치평가에 사용되는 요구수익률을 어떻게 구하는가에 대해서는 해당자산의 체계적 위험을 고려한 증권시장선을 이용함으로써 계산하는 방법을 학습한 바 있다. 기본적인 위험자산의 가치평가모형을 그림으로 표시하면 다음과 같다.

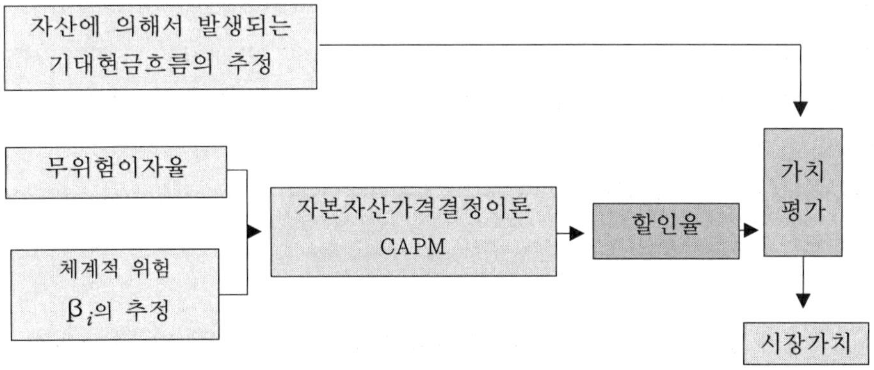

그림7-4 CAPM에 의한 위험자산의 가치평가모형

예를 들어서 주식이라는 자산의 가치를 구하려면 주식에서 발생하는 현금흐름(배당금 등)을 주식의 요구수익률로 할인하여 구한 현재가치가 주식의 가치가 된다. 그리고 기업이 발행한 채권의 가치는 채권이라는 위험자산에서 발생하는 현금흐름 즉, 쿠폰이자, 만기일 지급 받게되는 액면가를 채권의 요구수익률로 할인하여 구한 것이 현재가치가 된다. 마찬가지로 기업의 가치도 기업활동을 위해서 보유하고 있는 다양한 자산들로부터 발생하는 현금흐름을 그 기업에 적용할 수 있는 요구수익률로 할인하여 현재가치를 구하면 된다.

따라서 일반적인 자산의 가치평가모형은 다음 식 7-8과 같이 표시되며, 주식, 채권뿐만 아니라 다양한 형태의 위험자산들로부터 발생하는 현금흐름을 요구수익률로 할인하여 현재가치를 구한 것이 위험자산의 현재가치이다.

$$V_0 = \frac{CF_1}{(1+RRR)} + \frac{CF_2}{(1+RRR)^2} \frac{+CF_3}{(1+RRR)^{3+}} \cdots$$

$$+ \frac{CF_n}{(1+RRR)^N} = \sum_{i=1}^{N} \frac{CF_i}{(1+RRR)^i} \quad \text{(식 7-8)}$$

V_0 : 자산의 가치

CF_i : i 기말 현금흐름

RRR : 자산의 1기간 요구수익률

N : 현금흐름의 발생기간

강원기업의 기말 주식가격은 20,000원으로 기대되며, 이 주식의 베타는 1.4이다. 시장의 기대수익률이 14%, 무위험이자율은 8%이라면 이 기업의 현재 주식가치는 얼마가 되겠는가? 배당은 없다고 가정한다.

풀이

기말의 기대시장가격이 $E(P_1)$이고 기대방당이 E(D)인 주식i 의 현재가치 P_0는 다음과 같다.

$$P_0 = \frac{\text{기대현금흐름}}{1+RRR} = \frac{E(P_1)+E(D)}{1+[R_F+(E(R_M)-R_F)\beta_i]} \quad \text{(식7-12)}$$

$$P_0 = \frac{20,000\text{원}}{1+[0.08+(0.14-0.08)*1.4]} = 17,606\text{원}$$

④ **자본예산** : 자본예산(Capital Budgeting)이란 기업의 투자와 관련된 일련의 계획 및 집행과정을 의미하는 것으로 기업에서 매우 중요한 의사결정이다. 즉, 기업가치를 극대화하기 위해서 어떤 고정자산을 구입할 것인가를 결정하는 행위이며, 사업의 기본 아이템 선정과 같이 사업방향과 내용이 결정되면 구체적으로 사업수행에 필요한 주요 설비·기계 등을 구입하게 된다. 재무담당자에 있어 자금조달, 고정자산의 관리, 운전자금과 유동부채의 관리가 중요한 세 가지 핵심적 역할이라면, 기업의 이익 창출의 원천인 고정자산의 관리가 매우 중요하다.

따라서 자본예산의 성공여부가 바로 기업의 미래가치에 영향을 미치기 때문에 보통 최고경영층의 지대한 관심사항이 되고 있다. 자본예산은 투자안의 현금흐름의 추정, 투자안의 경제성분석, 최적 투자안 선정, 자본조달, 투자실행 및 사후 평가의 단계로 진행되며, 이중에서 가장 중요한 단계가 투자안의 **현금흐름의 추**정 및 적절한 **할인율**을 사용하여 **투자안의 경제성**을 평가하는 것이다.

그림 7-4에서 보는 것처럼 미래 현금흐름의 가치를 평가하는데 어떤 할인율을 사용하는가에 따라서 투자안의 경제적 가치가 달라진다. 이와 같이 적절한 할인율을 구하기 위해서 증권시장선이 이용되고, 이때 구해진 할인율을 사용하여 투자안의 경제성 평가가 이루어지는 것이다.

위험 투자안의 평가

위험투자안을 평가하는 방법을 알아보기 위하여 다음과 같은 기대 현금흐름을 갖는 투자안의 현재가치를 구하라. 이 때 투자안의 베타가 1.5이고, 무위험이자율과 시장의 기대수익률이 각각 5%, 9%라고 가정한다.

시점	기대 현금흐름(단위 : 만원)
0	−200
1	100
2	100
3	100

풀이

위험투자안을 평가할 때에는 먼저, 현금흐름에 포함된 위험의 크기를 감안하여 위험이 반영된 할인율을 추정하고 이것(위험조정할인율 : Risk Adjusted Discounted Rate)을 사용하여 투자안의 순현가(net Present Value)를 계산하여야 한다.

① 위험조정할인율을 계산한다.

$$E(R) = R_F + [E(R_M) - R_{F]}\beta = 0.05 + (0.9 - 0.05)(1.5) = 11\%$$

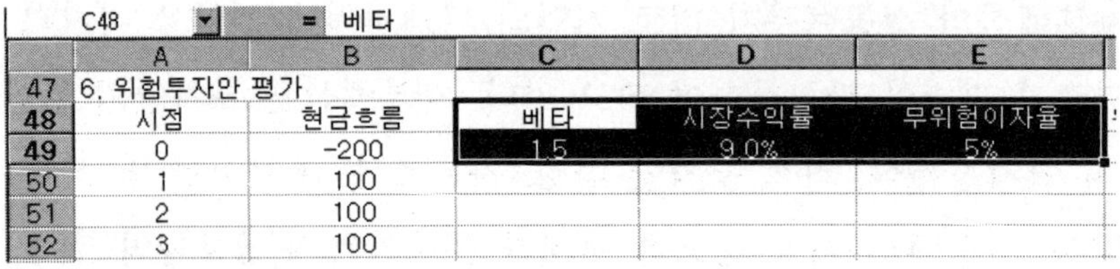

이를 위하여 데이터를 엑셀 화면에서 다음과 같이 입력하고, 마우스로 C48:E49까지 범위를 지정한 다음 메뉴에서 [삽입]→[이름]→[이름표]를 선택한다.

② **[이름표]** 대화상자에서 [열 이름표]를 선택하고 확인을 누른다.

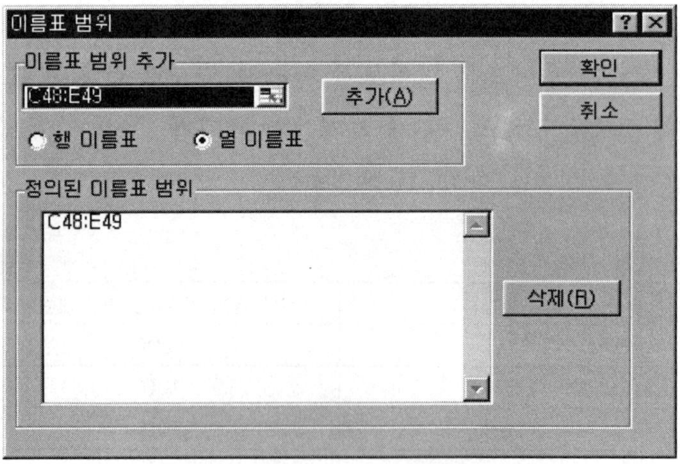

③ F49셀에 다음과 같이 위험조정할인율을 구하는 식을 입력한다.

F49셀 : =무위험이자율+(시장수익률-무위험이자율)*베타

구하는 결과값인 위험조정할인율 11%가 표시된다.

④ C49셀에 다음 수식입력줄과 같이 입력하고 마우스로 드래그한다. C53셀에서 [자동합계] 도구 아이콘을 클릭하면 위험조정 할인율로 할인된 투자안의 순현가(≒44.4만원)가 구해진다.

C49 = =B49/(1+$G$49)^A49

	A	B	C
47	6. 위험투자안 평가		
48	시점	현금흐름	할인된현금흐름
49	0	-200	-200
50	1	100	90.09009009
51	2	100	81.16224332
52	3	100	73.11913813
53		NPV	44.37147154

⑤ 투자안의 순현가가 44.4만원으로서 0보다 크기 때문에 이 투자안을 채택한다.

연습문제

1. 다음 용어에 대하여 간략하게 설명하시오
   (1) 위험 프리미엄(Risk Premium)
   (2) 베타계수(β)
   (3) 사후적 베타(ex post β)
   (4) 시장포트폴리오 (Market Portfolio)
   (5) 자본시장선(Capital Market Line)과 증권시장선(Security Market Line)
   (6) 대출 포트폴리오(Lending Portfolio)

2. 시장포트폴리오를 선택하는 투자자가 고려해야 할 개별증권의 위험을 무엇이라 하는가?

3. 자본자산가격결정모형(CAPM)이 어떻게 이용될 수 있는지 설명하시오.

4. (개별주식과 포트폴리오의 기대수익률과 표준편차)
다음은 주식 A와 B에 대한 미래 수익률 확률분포이다.

	A	B	C	D	E
1	4. 개별주식과 포트폴리오의 기대수익률과 표준편차				
2	확률	미래수익률		A주식	B주식
3		A	B	확률*수익률	확률*수익률
4	0.1	-25%	-40%	-0.025	-0.04
5	0.2	5%	0%	0.01	0
6	0.4	15%	16%	0.06	0.016
7	0.2	30%	40%	0.06	0.04
8	0.1	45%	66%	0.045	0.066

(1) 주식 A, B의 기대수익률을 계산하시오.
(2) 주식 A, B의 분산, 표준편차를 계산하시오.
(3) 두 주식으로 다음과 같이 다섯 가지 종류의 포트폴리오를 구성하려고 한다.

	주식 A의 투자 가중치	주식 B의 투자가중치
포트폴리오1	1	0
포트폴리오2	0.8	0.2
포트폴리오3	0.5	0.5
포트폴리오4	0.2	0.8
포트폴리오5	0	1

각 포트폴리오 대한 기대수익률과 표준편차를 계산하시오.

단, 두 주식의 상관계수는 -0.812이다.

(4) 주식 A, B의 기대수익률과 표준편차가 동일하다고 가정하고, 상관계수가 각각 -1. 0. 1 일 경우 위 문제 (3)의 다섯 가지 포트폴리오에 대하여 기대수익률과 표준편차를 각각 구해보시오.

[풀이] 먼저 개별주식의 기대수익률과 분산, 표준편차를 구하자.

① 주식 A의 기대수익률을 구하면 $E(R_A) = 15\%$ 가 된다.

주식 B의 기대수익률도 구하면 $E(R_B) = 17\%$가 된다.

② 주식 A, B의 분산과 표준편차를 각각 구한다.

주식A의 수익률 분산을 구하기 위해 F4셀에 다음과 같이 입력한다.

F4셀 : =$A$4*(B4-$D$9)^2

F10셀에 마우스 포인트를 위치시키고 [자동합계]를 클릭하면 주식 A의 분산이 구해진다. 주식 A, B의 표준편차는 SQRT 함수를 사용하여 각각 구하면 σ_A =16.8%, σ_B =27.0% 이다.

F4 = =$A$4*(B4-$D$9)^2

Book1

	A	B	C	D	E	F	G
1	4. 개별주식과 포트폴리오의 기대수익률과 표준편차						
2	확률	미래수익률		A주식	B주식	A주식	B주식
3		A	B	확률*수익률	확률*수익률	수익률의 분산	수익률의 분산
4	0.1	-25%	-40%	-0.025	-0.04	1.60%	3.25%
5	0.2	5%	0%	0.01	0	0.10%	0.58%
6	0.4	15%	16%	0.06	0.064	0.00%	0.00%
7	0.2	30%	40%	0.06	0.08	0.23%	1.06%
8	0.1	45%	66%	0.045	0.066	0.90%	2.40%
9	(1) E(Ri)			15.00%	17.00%		
10	(2) σ^2					2.83%	7.29%
11	σ					16.8%	27.0%

③ 주식에 대한 투자 가중치가 다를 경우 각 포트폴리오에 대한 기대수익률과 표준편차는 다음과 같다.

F14 = =B14^2*($F$10)+C14^2*($G$10)+2*B14*C14*-1*$F$11*$G$11

Book1

	B	C	D	E	F	G	H
12			상관계수 -0,812		상관계수 -1	상관계수 0	상관계수 +1
13	주식A 투자 가중치	주식A 투자 가중치	(3) E(Rp)	σp	σp	σp	σp
14	1	0	0,15	0,02825	0,02825	0,02825	0,02825
15	0,8	0,2	0,154	0,0092188	0,006474116	0,020996	0,035517884
16	0,5	0,5	0,16	0,0068855	0,002597056	0,0252875	0,047977944
17	0,2	0,8	0,166	0,0360088	0,033264116	0,047786	0,062307884
18	0	1	0,17	0,0729	0,0729	0,0729	0,0729

④ **상관계수와 포트폴리오 위험** : 상관계수가 -1, 0, 1일 경우 각 포트폴리오에 대한 기대수익률, 표준편차를 계산한다. 기대수익률은 동일하나 상관계수가 작을수록 표준편차는 작아짐을 볼 수 있다. 즉, 포트폴리오 위험 감소효과를 확인할 수 있다.

5. 증권시장선(SML)의 이해

R_F =10%, $E(R_M)=$ 13%, β_A=1.4인 주식 A가 있다.

(1) 주식 A의 요구수익률 $E(R_A)$는 얼마인가?

(2) 시장 포트폴리오 기대수익률 R_F이 12%로 상승하거나, 9%로 하락한다면 SML의 기울기는 불변이다. 이것은 $E(R_M)$, $E(R_A)$에 어떤 영향을 미치겠는가?

(3) R_F이 불변이지만, $E(R_M)=15\%$로 증가하거나 12%로 하락한다면 SML기울기는 변하게 된다. 이와 같은 기울기 변화가 $E(R_M)$에 어떤 영향을 미치겠는가?

(4) 위 (3) 문제에서 R_F는 불변이고, $E(R_M)=15\%$이고, 베타가 2.0일 경우 요구수익률은 얼마가 되는가?

[풀이]

(1) $E(R_A)=0.1+(0.13-0.1)\times 1.4=0.142$ 즉, 14.2%

(2) $E(R_A)=R_F+(E(R_M)-R_F)\times\beta$

여기에서 R_F는 국공채나 은행의 정기예금으로 측정되는 무위험수익률이다.

이것은 크게 두 가지 요소로 이루어져 있는데 첫째로, 실질이자율로서 인플레이션 제로일 경우 수익률이다. 두 번째 요인은 인플레이션 프리미엄으로서 기대 인플레이션율이다. 만약 R_F가 12%로 상승한다면 실질수익률이나 인플레이션 프리미엄이 상승한다는 이야기이다. 따라서 CAPM에서는 R_F의 증가만큼 모든 위험이 있는 자산들의 수익률에 **동일한 수익률 상승**을 가져다 준다. 마찬가지로 R_F의 감소는 그 만큼 모든 위험자산들의 수익률에 동일한 수익률 감소를 가져다 준다.

(3) SML의 기울기는 투자자들이 위험에 대하여 회피하는 정도를 나타낸다. 아래 그림에서 SML1은 베타가 1.4이고, $E(R_M)=13\%$인 주식 A의 요구수익률이 14.2%임을 보여주고 있다. 만약 $E(R_M)=15\%$ 일 때 주식 A의 요구수익률은 17%가 됨을 보여주고 있다.

(4) 그런데 이런 위험 프리미엄의 상승 정도는 베타 계수가 커질수록 뚜렷하게 나타난다. 베타가 2일 경우 20%의 요구수익률이 된다.

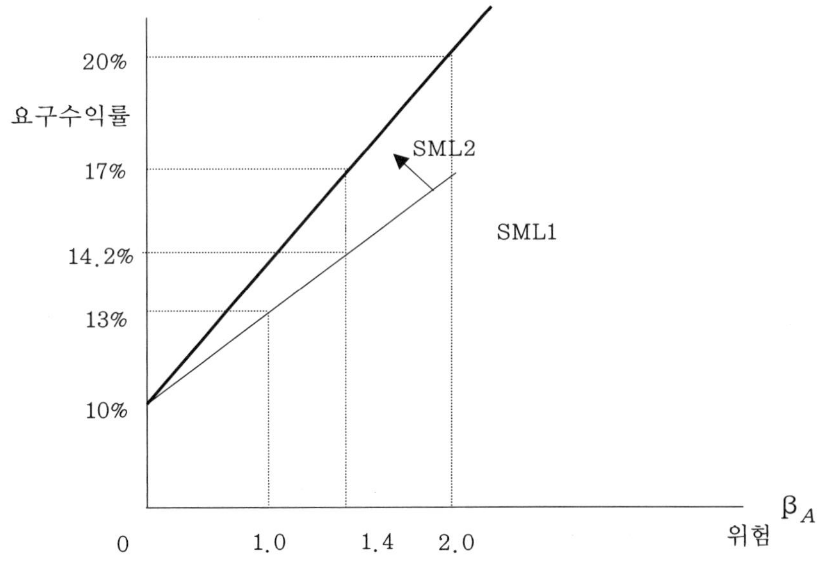

제5편

자본비용과 자본구조

제8장 레버리지와 자본비용

제9장 자본구조

제8장

레버리지와 자본비용

기업이 수익력을 높이기 위해서 생산과정에서 고정자산을 많이 사용하면 변동비용보다 고정비용이 많이 발생한다. 또한 자본조달의 경우에 있어서도 자기자본이외에 부채 등 타인자본 의존비율이 높으면 이에 대한 대가지급으로 고정적인 이자를 지급하게 되어 고정재무비용이 발생한다. 레버리지란 지렛대를 의미하며, 매출액이 증가하는 경우 이익이 큰 폭으로 증가하는 반면 매출액이 감소할 경우 손실 또한 큰 폭으로 커지게 된다. 이러한 효과를 레버리지 효과라고 부르는데, 고정영업비의 존재로부터 발생하는 영업레버리지(Operating Leverage)와 고정재무비의 존재로부터 발생하는 재무레버리지(Financial Leverage)가 있다.

이와 같은 레버리지는 기업의 자본비용에 영향을 미치게 된다. 자본비용은 자본사용에 대한 대가로서 지급하는 비용인데, 최저필수수익률, 요구수익률, 기대수익률, 자본환원률 등 다양한 용어로 불리운다. 자본비용은 투자안의 경제성을 평가하는 기준이 되며, 기업의 최적자본구조를 결정하기 위한 자본조달수단을 선택하거나, 최적배당수준을 결정하는 등 재무의사결정에 매우 중요한 요인이 되고 있다. 기업의 자본비용은 일반적으로 기업전체에 대한 자본비용 또는 요구수익률로서 가중평균비용(WACC : Weighted Average Cost of Capital)을 의미하며, 다양한 자본조달 원천별로 발생하는 자본비용을 가중평균한 값이다. 이장에서는 기업위험의 원천으로서 레버리지효과를 살펴보고, 투자결정에 있어서 중요한 개념인 가중평균비용의 계산방법을 살펴보고자 한다.

1. 레버리지 분석

레버리지는 작은 힘으로도 큰 효과를 얻는 지레대 작용을 의미한다. 기업경영에서도 고정영업비용과 고정재무비용이 지렛대 역할을 하여 매출액이 작은 비율로 변동하더라도 그 보다 큰 비율로 영업이익이나 주당순이익이 변동한다. 레버리지 효과에는 생산설비 등 고정자산의 사용이 늘어남에 따라 시설운영비나 감가상각비, 리스 비용 등 고정비용이 증가한다. 생산량에 관계없이 고정비용이 발생하는 경우에는 영업레버리지가 발생한다. 즉, 고정비의 존재로 매출액의 일정한 변화율에 대응하여 그 보다 높은 비율로 영업이익이 변화하는 영업손익의 확대효과가 있게 된다. 이것을 영업레버리지(DOL: Degree of Operating Leverage)라 하며, 매출액 변화에 다른 영업이익의 변화로 표시한다.

$$DOL = \frac{\text{영업이익}(EBIT)\text{변화율}}{\text{매출액변화율}} = \frac{\Delta EBIT / EBIT}{\Delta S / S} \qquad (\text{식 } 8\text{-}1)$$

그리고 부채사용에 따른 고정이자 지급, 일정액의 배당을 우선적으로 지급해야 하는 우선주 등으로부터 고정재무비용이 발생한다. 즉, 타인자본(부채)을 많이 사용하면 영업이익의 변화에 따라 주당순이익이 그 보다 높은 비율로 변화하는 재무레버리지효과가 나타난다. 재무레버리지(DFL: Degree of Financial Leverage)는 다음과 같이 표시된다.

$$DFL = \frac{EPS\text{변동률}}{EBIT\text{변동률}} = \frac{\Delta EPS / EPS}{\Delta EBIT / EBIT} \qquad (\text{식 } 8\text{-}2)$$

레버리지는 다음과 같이 영업레버리지와 재무레버리지로 구분되고, 이 두 개를 합친 것을 통합레버리지(DCL: Degree of Combined Leverage)라 한다.

레버리지 = 영업레버리지 + 재무레버리지

영업레버리지와 재무레버리지의 개념을 명확하게 하기 위하여 손익계산서를 살펴보자.

표 8-1 손익계산서의 구성요인

	A	B	C	D	E
1	8-1 흥부보쌈 손익계산서				
2	2019년1월1일-2019년 12월31일				
3				2019	2020
4	매출액		R	40,000,000	
5	변동원가		VC	20,000,000	
6	고정원가		FC	10,000,000	
7	영업이익		EBIT	10,000,000	
8	이자비용		*int*	1,600,000	
9	법인세차감전순이익		EBT	8,400,000	
10	법인세	34%	T	2,856,000	
11	당기순이익		NI	5,544,000	
12	우선주배당금		D_p	1,500,000	
13	보통주당기순이익			4,044,000	
14	총발행주식수		N	2,500	
15	주당순이익		EPS	1,618	
16					
17	단위당 가격		P	5,000	
18	단위당변동비		V	2,500	
19	매출수량		X	8,000	

DOL

DFL

DCL

1) 영업레버리지

영업레버리지는 탄력성 개념으로 손익분기점분석(Break-even Point Analysis)으로 설명된다.

만약

단위당 판매가격 : P

판매량 : X

단위당 변동비 : V

고정영업비 : FC

라고 한다면 영업이익, 영업이익 증가액, 매출액, 매출액 증가액은 각각 다음과 같이 표시된다.

영업이익 = EBIT= 매출액-고정영업비-변동영업비

= PX-VX-FC = (P-V)X-FC

영업이익 증가액 =ΔEBIT= 매출액증가-변동영업비 증가

= (P-V)ΔX

매출액=단위당 판매가격 ×판매량=PX

매출액 증가액 = 단위당 판매가격 ×판매량증가=P×ΔX

이를 이용하여 영업레버리지를 계산하는 식 8-1에 대입하면 다음 식을 얻을 수 있다.

$$DOL = \frac{(P-V)\Delta X}{(P-V)X-FC} \times \frac{PX}{P\Delta X} = \frac{(P-V)X}{(P-V)X-FC} \qquad \text{(식 8-3)}$$

위 식에서 고정영업비 FC가 증가하면 DOL이 증가하는 것을 알수 있는데, 이는 고정영업비가 클수록 매출액 변화에 따른 영업이익의 변화 폭이 확대됨을 알 수 있다.

흥부보쌈 손익계산서를 엑셀로 작성한 후 DOL을 계산하는 식에 해당 내용을 입력하여 DOL을 계산해 보시오. 그리고 고정원가가 2배로 증가할 경우 DOL은 얼마인지 계산해 보고, 2020년도 매출수량이 10% 증가할 경우 영업이익은 얼마(%) 증가하는지 확인해 보시오.

풀이

① DOL의 계산 : D28셀에 마우스포인트를 위치시키고 다음 수식을 입력한다. 직접 입력해도 되지만 수식입력란에서 해당 셀을 마우스로 포인팅하여 입력하면 쉽게 입력된다.

D20셀 : =(D17-D18)*D19/((D17-D18)*D19-D6)

결과 값이 2가 표시된다.

② 고정원가가 50% 증가할 경우의 DOL : 고정원가를 15,000,000으로 입력하고 D20셀을 오른쪽으로 드래그 하면 결과 값 4를 확인할 수 있다.

③ 매출수량이 10% 증가 할 경우의 영업이익 :

F28셀 : =(F17-F18)*F19/((F17-F18)*F19-F6

고정원가가 증가하면 DOL도 증가한다. 2020년도 매출수량이 10%증가하면 영업이익은 20% 증가하며, DOL은 1.83으로 감소한다.

이것은 다음 손익분기점 설명에서 알 수 있듯이 매출수량이 손익분기점에서 멀어질수록 영업레버리지는 감소함을 알 수 있다.

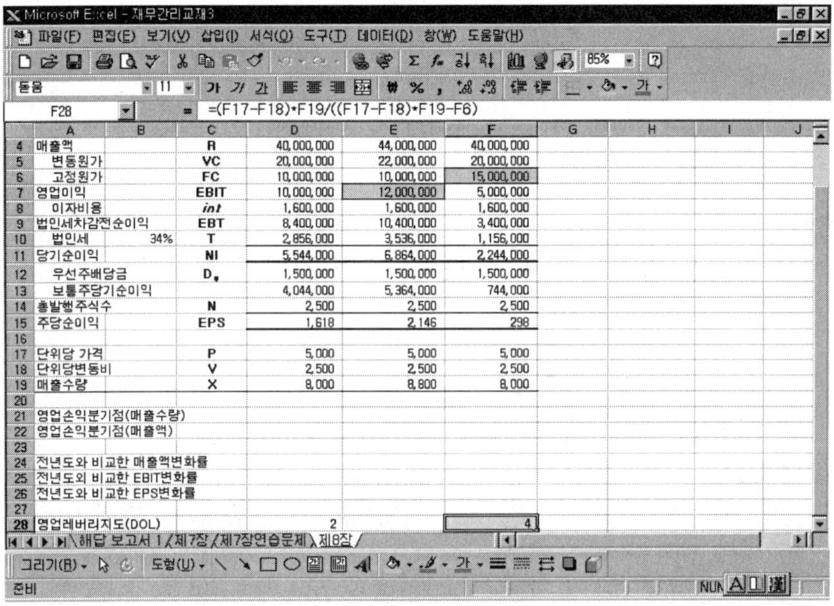

F28 =(F17-F18)*F19/((F17-F18)*F19-F6)

	A	B	C	D	E	F
4	매출액		R	40,000,000	44,000,000	40,000,000
5	변동원가		VC	20,000,000	22,000,000	20,000,000
6	고정원가		FC	10,000,000	10,000,000	15,000,000
7	영업이익		EBIT	10,000,000	12,000,000	5,000,000
8	이자비용		*int*	1,600,000	1,600,000	1,600,000
9	법인세차감전순이익		EBT	8,400,000	10,400,000	3,400,000
10	법인세	34%	T	2,856,000	3,536,000	1,156,000
11	당기순이익		NI	5,544,000	6,864,000	2,244,000
12	우선주배당금		D_p	1,500,000	1,500,000	1,500,000
13	보통주당기순이익			4,044,000	5,364,000	744,000
14	총발행주식수		N	2,500	2,500	2,500
15	주당순이익		EPS	1,618	2,146	298
16						
17	단위당 가격		P	5,000	5,000	5,000
18	단위당변동비		V	2,500	2,500	2,500
19	매출수량		X	8,000	8,800	8,000
20						
21	영업손익분기점(매출수량)					
22	영업손익분기점(매출액)					
23						
24	전년도와 비교한 매출액변화률					
25	전년도외 비교한 EBIT변화률					
26	전년도와 비교한 EPS변화률					
27						
28	영업레버리지도(DOL)			2		4

손익분기점 분석

손익분기점(Break Even Point)은 수익과 비용이 일치하게 하는 판매수량을 말하며, 다음과 같이 계산된다. 즉, 매출액과 비용을 같게 놓고 손익분기점에서의 판매수량 X를 구하면 된다.

$$PX = VX + FC \Leftrightarrow (P - V)X = FC \qquad \text{(식 8-4)}$$

이것을 X에 대해서 풀면 $X = \dfrac{FC}{P - V}$

따라서 손익분기점 $= \dfrac{\text{고정영업비}}{\text{단위당가격} - \text{단위당변동비}}$

흥부보쌈 손익계산서에서 손익분기점을 결정하시오. 고정비와 단위당 변동비가 증가할 때, 손익분기점은 어떻게 변하는 지 확인해 보시오. 그리고 단위당 판매가격이 변동할 때 손익분기점은 어떻게 변동하는 지 확인해 보시오.

[힌트] $X = \dfrac{FC}{P-V}$ 식을 결과 값을 구할 셀에 입력한다.

[작업과정]

① D21셀에 수식을 입력하고 엔터키를 누르면 값이 구해진다.

D21 = =D6/(D17-D18)

	A	B	C	D	E	F
1	8-1 흥부보쌈 손익계산서					
2	2019년1월1일-2019년 12월31일					
3				2019	2020**(매출증가)**	**고정원가증가**
4	매출액		R	40,000,000	44,000,000	40,000,000
5	변동원가		VC	20,000,000	22,000,000	20,000,000
6	고정원가		FC	10,000,000	10,000,000	15,000,000
7	영업이익		EBIT	10,000,000	12,000,000	5,000,000
8	이자비용		*int*	1,600,000	1,600,000	1,600,000
9	법인세차감전순이익		EBT	8,400,000	10,400,000	3,400,000
10	법인세	34%	T	2,856,000	3,536,000	1,156,000
11	당기순이익		NI	5,544,000	6,864,000	2,244,000
12	우선주배당금		D_p	1,500,000	1,500,000	1,500,000
13	보통주당기순이익			4,044,000	5,364,000	744,000
14	총발행주식수		N	2,500	2,500	2,500
15	주당순이익		EPS	1,618	2,146	298
16						
17	단위당 가격		P	5,000	5,000	5,000
18	단위당변동비		V	2,500	2,500	2,500
19	매출수량		X	8,000	8,800	8,000
20						
21	영업손익분기점(매출수량)			4,000.0000	4,000.0000	6,000.0000

② 소수점 이하가 표시되어 있어 [자리수 줄임] 도구아이콘을 클릭하면 4,000단위로 결과 값이 표시된다.

③ 고정비용의 증가 : 고정비용이 10,000,000에서 15,000,000으로 증가함에 따라 손익분기점은 6,000단위로 증가한다.

④ 단위당 변동비 증가 : 단위당 변동비 30% 증가로 손익분기점은 4,000단위에서 5,714단위로 증가한다.

⑤ 단위당 판매가격의 상승 : 판매가격 30% 상승으로 손익분기점은 4,0000단위에서 2,500단위로 감소한다.

재무레버리지

재무레버리지는 기업이 자산을 취득하기 위해서 조달한 자금 가운데 타인자본이 차지하는 비율을 의미하며, 기업의 총자산에 대한 총부채의 비율로 정의 될 수 있다. 기업 재무활동에서 발생하는 레버리지는 지급이자 이외에도 우선주 배당금 등 고정재무비 존재로 인해서 발생한다. 재무레버리지는 영업이익의 변화에 대한 주당이익(EPS)의 변화의 정도로 표시하는데, 재무레버리지가 클수록 영업이익의 변동률보다 주주들에게 돌아가는 세후순이익 변동률이 확대되어 나타난다. 이것을 재무레버리지효과(Financial Leverage Effect)라고 한다. 이제 앞에서 살펴본 홍부보쌈의 워크시트를 다시 사용하여 DFL을 계산해 보기로 한다.

$$DFL = \frac{EPS\text{의 변화율}}{EBIT\text{의 변화율}} = \frac{\Delta EPS / EPS}{\Delta EBIT / EBIT} \quad \text{(식 8-5)}$$

그런데 주주에게 귀속되는 세후순이익 EPS는 다음과 같이 표시된다.

$$EPS = \frac{(EBIT - IC)(1-t)}{n} \quad \text{(식 8-6)}$$

단 IC :고정재무비 t : 법인세율 n: 보통주 발행수

EPS의 증가액 ΔEPS는 다음과 같이 표시된다.

$$\Delta EPS = \frac{\Delta EBIT(1-t)}{n} \quad \text{(식 8-7)}$$

식 8-6과 식 8-7를 식 8-5에 대입하면 다음과 같이 정리된다.

$$\begin{aligned} DFL &= \frac{\Delta EPS / EPS}{\Delta EBIT / EBIT} = \frac{\Delta EBIT}{(EBIT - IC)} \times \frac{EBIT}{\Delta EBIT} = \frac{EBIT}{EBIT - IC} \\ &= \frac{(P-V)X - FC}{(P-V)X - FC - IC} (\because EBIT = (P-V)X - FC) \end{aligned} \quad \text{(식 8-8)}$$

흥부보쌈의 워크시트에서 고정재무비는 지급이자와 우선주 배당금이 있다. 재무레버리지를 구하고 통합레버리지도 함께 계산해 보시오.

풀이

결과값을 구할 해당 셀에 다음 수식을 입력한다.

D29셀 : =((D17-D18)*D19-D6)/((D17-D18)*D19-D6-D8-D12)

표 8-2 흥부보쌈의 3개 레버리지 측정치

D29 = =((D17-D18)*D19-D6)/((D17-D18)*D19-D6-D8-D12)

	A	B	C	D	E	F	G	H
7	영업이익		EBIT	10,000,000	12,000,000	5,000,000	4,000,000	22,000,000
8	이자비용		*int*	1,600,000	1,600,000	1,600,000	1,600,000	1,600,000
9	법인세차감전순이익		EBT	8,400,000	10,400,000	3,400,000	2,400,000	20,400,000
10	법인세	34%	T	2,856,000	3,536,000	1,156,000	816,000	6,936,000
11	당기순이익		NI	5,544,000	6,864,000	2,244,000	1,584,000	13,464,000
12	우선주배당금		D_p	1,500,000	1,500,000	1,500,000	1,500,000	1,500,000
13	보통주당기순이익			4,044,000	5,364,000	744,000	84,000	11,964,000
14	총발행주식수		N	2,500	2,500	2,500	2,500	2,500
15	주당순이익		EPS	1,618	2,146	298	34	4,786
16								
17	단위당 가격		P	5,000	5,000	5,000	5,000	6,500
18	단위당변동비		V	2,500	2,500	2,500	3,250	2,500
19	매출수량		X	8,000	8,800	8,000	8,000	8,000
20								
21	영업손익분기점(매출수량)			4,000	4,000	6,000	5,714	2,500
22	영업손익분기점(매출액)							
23								
24	전년도와 비교한 매출액변화률				10.00%			
25	전년도외 비교한 EBIT변화률				20.00%			
26	전년도와 비교한 EPS변화률				32.64%			
27								
28	영업레버리지도(DOL)			2	1.83	4		
29	재무레버리지도(DFL)			1.45	1.35	2.63		
30	결합레버리지도(DCL)			2.90	2.47	10.53		

통합레버리지

통합레버리지(Combined Leverage)는 영업레버리지와 재무레버리지를 곱한 것으로 매출액 변호에 따른 주당이익의 변화의 정도를 표시한다. 통합레버리지는 매출액과 영업이익간의 변동에 영향을 미치는 영업레버리지와, 영업이익과 주당이깅간의 변동에 영향을 미치는 재무레버리지를 동시에 고려한 것이다.

영업레버리지, 재무레버리지, 통합레버리지 3자의 관계를 그림으로 도식하면 다음과 같다.

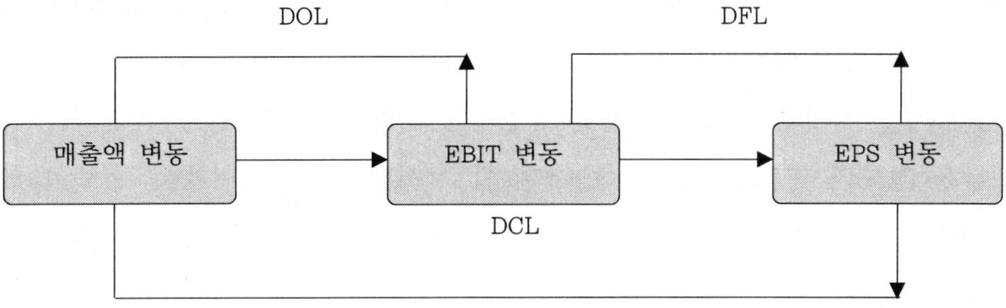

그림 8-1 DOL, DFL, DCL간의 관계

$$DCL = DOL \times DFL = \frac{\Delta EBIT/EBIT}{\Delta S/S} \times \frac{\Delta EPS/EPS}{\Delta EBIT/EBIT}$$
$$= \frac{\Delta EPS/EPS}{\Delta S/S} = \frac{(P-V)X}{(P-V)X-FC-IC} \quad \text{(식 8-9)}$$

영업이익에서 당기순이익을 창출하는 과정에서 당기순이익을 확대시킬 목적으로 타인자본을 사용함으로써 지급이자 등 고정재무비용을 재무위험이 높아지게 된다.

2. 자본비용

1) 자본비용의 의의

자본비용이란 기업이 자본을 사용한 대가로 자본공급자에게 지급하는 비용으로서 투자결정시에는 필수수익률 그리고 자금조달결정에 있어서는 자본구조를 결정하는 기준으로서 재무의사결정에 중심적인 역할을 수행하고 있다. 예를 들어서 1억의 자본을 조달받고 일년 후에 1억 2천만원의 현금흐름을 지불하게 된다면 20%에 해당되는 2천만원이 자본조달의 자본비용이 된다. 이처럼 타인자본을 사용하게 될 경우에는 일정기간마다 지급해야 하는 이자금액이 타인자본에 자본비용이 된다. 그러나 1억원을 조달해 준 투자자의 입장에서는 2천만원의 투자수익을 얻게 되어 수익률이 된다. 이처럼 자본을 조달하는 입장에서는 자본비용이 되고, 자본을 제공한 투자자의 입장에서는 최소한 요구되는 요구수익률이 된다.

그리고 기업이 어떤 사업에 투자를 계획하고 있다면 기업의 현재가치를 하락시키지 않기 위해서 최소한 벌어들여야 할 최저필수수익률(Minimum Required Rate of Return)의 개념으로 인식되어야 한다. 재무관리의 목표가 기업가치의 극대화에 있다면 기업가치를 높이기 위해서 자본을 사용하는 경우라면 최소한 기업가치를 떨어뜨리지 않을 정도의 수익을 가져다 주어야 할 것이다. 이런 의미에서 새로 기획되는 투자안의 경제성 평가에 적용되는 최소한의 필수수익률을 장애률(Cut-off Rate)[18]이라고 한다.

그런데 자본운영의 대가인 자본비용을 해석할 때 몇 가지 점에서 유의할 필요가 있다.

첫째, 우선주 배당금, 금융기관 차입금과 같이 명시적 비용이 있는 경우에는 자본비용을 인식하기 쉽지만 명시적 자본비용이 없는 경우에는 자본비용을 인식하기가 쉽지 않다. 금융기관에서 빌린 자금에 대해서는 차입시 결정된 이자율에 따라 지급되는 이자가 자본비용이 되고 우선주 배당금도 자본조달시 미리 결정되지만 보통주의 배당은 미리 결정될 수 없고 경영성과에 따라 상이하게 결정된다.

이와 같이 보통주나 채권의 경우는 금융기관 차입금과 같이 자본비용을 인식하기가 쉽지 않다.

둘째, 자본비용은 자본의 원천에 따라 다양하며, 자본제공자가 인식하는 위험의 정도에 따라 자본비용의 크기가 달라진다. 즉, 자본제공자가 인식하는 위험이 크면 클수록 자본비용의 크기가 커진다.

셋째, 자본비용은 고정부채나 자기자본 등 장기자본을 대상으로 하며, 자본비용의 측정기간은 1년을 기준으로 한다. 그리고 자본의 사용기간이 길면 길수록 자본비용이 커진다

넷째, 자본의 원천에 따라 보통 부채, 우선주, 보통주, 유보이익[19]으로 구분하여 개별적으로 자본비용을 산출하고 이들 비용을 가중 평균한 값으로 기업의 자본비용을 인식한다.

---

18 혹은 뛰어 넘어야 할 장애라는 의미로 Hurdle Rate라고도 한다.

19 유보이익은 주주에게 배당금으로 지급하는 대신 투자를 위해 사내에 유보시킨 것이기 때문에 보통주와 동일한 수익률을 적용시켜도 무방할 것이다. 따라서 유보이익의 자본비용은 보통주의 지본비용과 동일하다고 간주하자.

2) 원천별 자본비용

자본비용은 투자안의 평가기준, 자본조달결정의 판단기준이 되기 때문에 투자결정과 자본조달결정을 서로 연결짓는 고리기능을 수행한다. 따라서 최소의 비용으로 소요자본을 조달하는 방법을 결정하는 기준이 되어 최적자본구조를 달성하게 한다. 또한 합리적인 자본조달과 운용으로 기업의 가치를 극대화시켜준다. 이제 자본을 조달하는 원천별로 자본비용을 어떻게 산출해야 하는지 살펴보자.

(1) 부채의 자본비용

① 금융기관차입금의 자본비용

부채의 자본비용은 타인자본의 자본비용을 의미한다. 부채에는 지급어음·외상매입금·미지급금·장단기차입금·사채 등이 있는데 여기에서 의미하는 부채의 자본비용에는 단기부채는 제외한다.

단기부채를 이용하여도 자본비용이 발생하지만(예를 들면 현금매입인 경우 할인 등의 혜택이 주어지나 외상매입에는 이런 혜택이 없다) 관례적으로 이자를 지급하지 않기 때문에 자본비용의 대상에서 제외한다.

부채의 자본비용에는 자금공급자인 투자자에게 이자를 지급하는 이외에도 부수비용이 발생한다. 은행차입금에서도 부동산감정수수료, 등기료 등 비용이 발생하고, 사채를 발행할 경우에도 증권발행료, 판매수수료 등이 이자 이외의 비용으로 지출된다. 일반적인 부채의 자본비용은 다음과 같이 표시된다.

$$K_i = \frac{F}{B} \qquad \text{(식 8-10)}$$

K_i : 부채비용, F : 연간이자지급액, B : 순차입금

이와 같이 금융기관으로부터 차입된 자금에 대한 부채에는 원리금, 이자지급액, 만기가 정해져 있어 자본비용을 쉽게 산출할 수 있다. 그런데 사채나 차입금에 대한 이자지급은 앞에서 설명하였듯이 비용으로 처리되어 과세대상에서 제외된다. 따라서 부채의 자본비용 계산에 있어서는 이자비용의 감세효과(Tax Shield Effect)를 고려해야 한다. 즉, 법인세 절감효과를 고려할 경우의 금융기관

차입금 자본비용은 식 8-11과 같이 된다.

$$K_i = \frac{F(1-t)}{B} \qquad \text{(식 8-11)}$$

대상기업은 신한은행으로부터 연12% 이자율로 10억원을 차입하였다. 법인세율이 34%라면 이 차입금에 대한 자본비용은 얼마인가?

풀이

세후 금융기관 차입금 자본비용 : 세전 금융기관 차입금 자본비용에 (1-t)를 곱해서 구한다.

$$K_i = \frac{F(1-t)}{B} = \frac{1.2\text{억}\,(1-0.34)}{10\text{억}} = 8\%$$

$$\text{혹은}\ K_i = 12\% * (1-0.34) = 8\%$$

② 사채의 자본비용

기업이 채권을 발행하여 자본을 조달할 경우의 자본비용은 표면이자율(Coupon Rate)과는 전혀 관련이 없다. 채권의 표면이자율은 발행시점의 기업의 부채비용을 반영한다는 측면이 있기는 하지만, 채권의 자본비용은 현금흐름을 할인하는 할인율 혹은 만기수익률인 것이지 표면이자율은 아닌 것이다. 그리고 법인세를 고려할 경우 자본비용은 이를 반영하여야 할 것이다. 액면가격 미만으로 발행되는 경우에는 할인액에 대한 감세효과가 발생한다.

강남조선은 8년전에 표면이자율 7%, 만기 30년의 채권을 발행하였는데 현재는 액면가의 97%인 960만원에 거래되고 있다고 한다. 이 회사의 채권의 자본비용은 얼마인가?

풀이

채권의 자본비용을 구하기 위한 데이터를 다음과 같이 워크시트에 입력한다.

	A	B	C	D	E	F	G
36	사채의 자본비용					단위 : 만원	
37	세율	표시이자율	액면가치	현재가	만기	자본비용	
38	40%	10%	1,000	904.53	10	7.00%	
39		7%	1,000	960.00	22	7.37%	강남조선

자본비용을 구하기 위해서 F39셀에 마우스포인트를 위치시키고 [함수마법사]→[Rate 함수]를 선택한다.

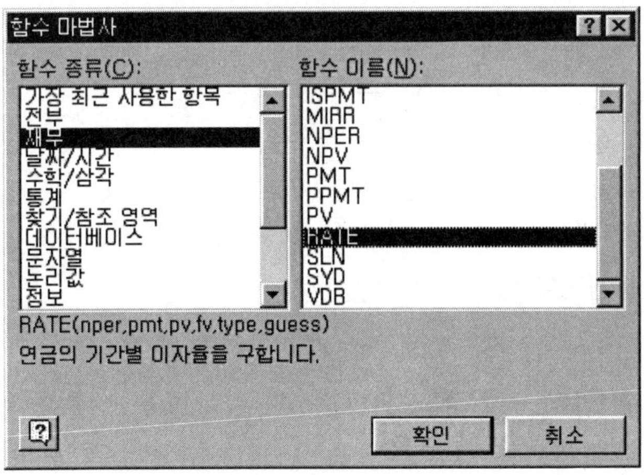

[Rate] 함수대화상자에 다음과 같이 입력한다.

Nper : 만기, Pmt :표면이자율*액면가치.

PV : 마이너스 현재가, FV : 액면가

혹은 F39셀에 다음과 같이 입력하여 결과 값을 구하면 7.37%가 표시된다.

F39 : =RATE(E39,B39*C39,-960,C39)

고려기업은 표면이자율 10%, 액면가 1,000만원, 만기 10년의 채권을 발행하였는데 현재 904.53만원에 거래되고 있다고 한다. 이 회사의 채권의 자본비용은 얼마인가? 법인세율은 40%이다.

[해답] : 7%

(2) 우선주의 자본비용

우선주의 자본비용(Cost of Preferred Stock)은 우선주의 액면 배당금에 따라 결정된다. 일반적으로 우선주에 대한 배당은 보통주에 우선하여 지급되는데, 우선주 발행 당시에 배당률은 미리 결정된다. 따라서 부채로 자본을 조달할 때와 같다.

$$P_p = \sum_{t=1}^{\infty} \frac{E(DIV_p)}{(1+K_p)^t} = \frac{E(DIV_p)}{K_p} \qquad \text{(식 8-12)}$$

단, P_p : 우선주 1주당 가격 K_p : 우선주 자본비용

F_p : 우선주 발행비용

그리고 우선주 발행비용이 있다면, 우선주의 자본비용은 우선주 주당배당금을 발행비용을 차감한 순발행가격으로 나눈 값이 된다. 우선주 자본비용은 다음과 같이 측정된다.

$$K_p = \frac{E(DIV_p)}{P_p(1-F_p)} \qquad \text{(식 8-13)}$$

남양어망(주)은 우선주를 발행하여 자금을 조달하려고 한다. 주당 1,300원의 배당금이 지급되는 우선주의 발행가격은 10,000원이다. 주당발행비용이 3%라면 우선주의 자본비용은 얼마인가?

[풀이] $K_p = \frac{E(DIV_p)}{P_p(1-F_p)} = \frac{1,300}{10,000(1-0.03)} = 0.134 = 13.4\%$

(3) 보통주의 자본비용

이제까지 살펴본 부채의 자본비용이나 우선주의 자본비용은 이자률과 배당률이 사전에 결정되기 때문에 쉽게 계산이 가능하지만 보통주의 자본비용을 측정하는 것은 쉽지 아니하다. 그 이유는 보통주의 경우 경영성과에 따라 배당률이 달라지기 때문이며, 또한 적정수준의 배당을 지급하여야만 증권시장에서 주식을 발행하여 자기자본을 조달할 수 없다. 보통주의 자본비용을 인식하는 방법은 크게 두 가지로 나누어진다. 첫 번째 방법은 배당평가모형중의 하나인 항상성장모형을 이용하는 것이고, 두 번째 방법은 CAPM을 이용하여 자본비용을 측정하는 것이다. 이 두 가지 방법 중에서 어느 것이 더 우수한 방법인가 하는 문제는 방법의 객관적인 우월성에 있는 것이 아니라 투입되는 자료의 질에 의존한다. 항상성장모형에 있어서는 기업이 보통주 주주에게 지불하는 배당과 기대성장율 추정이 중요하고, CAMP을 이용할 경우에는 무위험율과 위험프레미엄의 측정이 중요하다. 항상성장모형은 쉽게 이용할 수 있는 장점이 있지만, 배당을 지급하는 회사만 사용할 수 있고, 배당 성장율의 차이에 따라 자본비용이 민감하게 변하는 단점이 있다. 그리고 항상성장모형은 위험의 정도를 고려하고 있는 CAPM 접근방법보다는 위험정도를 명시적으로 고려하지 못하는 단점이 있다.

한편 CAPM을 이용하는 방법은 배당을 지급하지 않는 기업의 경우에도 사용할 수 있고, 위험을 고려하고 있는 접근방법이다. 이 방법의 경우에도 무위험율 즉 시장요구수익률과 기업 베타의 계수 추정이 어렵고, 추정치를 계산하기 위해 사용되는 데이터가 모두 과거자료라는 단점이 있다.

① 항상성장모형을 이용한 보통주 자본비용의 측정

우리는 앞의 3장에서 주식가치의 계산을 위한 배당평가모형을 이미 학습한 바 있다. 이것을 다시 한번 이용하여 보통주 자본비용을 구한 식을 표시해 본다.

$$P_0 = \frac{E(DIV_1)}{K_s - g}$$

단, P_0 : 보통주 가격, K_s : 보통주 자본비용 , g : 배당성장률위의 식을 K_s에 대해서 정리하면 다음과 같다.

$$K_s = \frac{E(DIV_1)}{P_0} + g \qquad \text{(식 8-14)}$$

파크랜드(주)의 보통주 시장가격이 주당 4,000원이고, 당기말 배당금이 주당 400원으로 예상이 된다. 배당의 연간 성장률은 6%이며, 신주발행에 대한 발행비용이 10%라고 한다. 이 기업의 보통주 자본비용을 배당평가모형을 이용해서 구한다면 얼마가 될까?

[풀이] 신주발행비용이 있다면 보통주 자본비용은 다음과 같다.

$$K_s = \frac{E(DIV_1)}{P_0(1-F_c)} + g = \frac{400}{4,000(1-0.1)} + 0.06 = 17.11\%$$

② CAPM을 이용한 보통주 자본비용의 측정

우리는 이미 CAPM에 의해서 산출되는 주식의 기대수익율은 자본시장이 균형하에서 투자자가 그 주식에 대해서 요구하는 수익률 로 보통주의 자본비용이 된다는 것을 배웠다. 보통주의 자본비용은 다음 식으로 표시된다.

$$E(R_i) = R_F + [E(R_M) - R_F]\beta_i \qquad \text{(식 8-15)}$$

단, $E(R_i)$: 보통주i의 기대수익률, R_F : 무위험수익률

$E(R_M)$: 시장 포트폴리오 기대수익률, β_i : 보통주i의 베타

위의 식 8-15에서 알 수 있듯이 보통주i의 기대수익률 $E(R_i)$는 β_i 계수에 의해서 결정됨을 알 수 있다. 즉, 보통주i의 베타 β_i는 보통주i의 수익률이 시장 포트폴리오 기대수익률 $E(R_M)$에 대해서 얼마나 민감하게 변하는지를 나타낸다.

(주)테즈락의 보통주 베타계수는 1.5이다. 무위험이자율이 8%이고, 종합주가지수의 평균수익률이 연 12%라면 이 기업의 보통주 자본비용은 얼마인가?

[풀이] 17%

$$E(R_i) = R_F + [E(R_M) - R_F]\beta_i = 0.08 + (0.12 - 0.06)(1.5) = 0.17$$

(4) 유보이익의 자본비용

유보이익의 자본비용은 기업이 유보이익에 의해서 자본을 조달 할 경우 이에 대한 주주의 요구수익률로서의 기회비용이다. 사실 사내에 유보된 이익을 재투자해서 사용할 때 회계적 비용은 발생하지 않는다. 그러나 사내 유보금을 보유한다는 것은 주주에게 배당금을 지급하지 않고 재투자한 것이므로 최소한 기업가치가 하락하지 않을 만큼의 수익률을 올리지 못한다면 자기자본의 가치는 하락하게 된다.

현실적으로 기업은 발생한 이익을 전부 배당하지 않고 새내유보하는 경우가 흔하다. 그 이유로서 보통주주가 배당을 받으면 배당소득세를 내어야 하고 또한 거액의 배당을 받게 되는 대주주는 배당금이 종합소득세에 가산되어 고율의 종합소득세를 납부해야 하기 때문에 불리하다. 따라서 사내 유보하여 재투자하는 것이 기업가치가 더 높아진다고 판단할 수 있다. 이렇게 본다면 사내유보비용과 보통주비용은 동일하다고 볼 수 있기 때문에 따로 계산하지 않고 보통주 자본비용을 그대로 사용하면 될 것이다.

3) 가중평균자본비용

이제까지 설명한 바와 같이 기업이 자본을 조달하는 방법은 여러 가지가 있고, 기업의 자본비용은 전체 총자본 즉, 채권자나 주주가 제공하는 모든 자본에 대한 비용(총자본비용)을 의미한다고 볼 수 있다. 기업의 자본비용은 다음 식 8-16과 같이 자본원천별 자본비용을 가중 평균한 값으로 표시된다.

$$K_w(WACC) = \frac{B_0}{B_0 + P_0 + K_0} K_d(1 - \text{법인세율}) + \frac{P_0}{B_0 + P_0 + K_0} K_s$$

$$+\frac{K_0}{B_0+P_0+K_0}K_i(1-\text{법인세율})$$ (식8-17)

단, B_0 : 채권가격 P_0 : 보통주 가격 K_0 : 금융기관 차입금

K_d : 채권자본비용 K_s : 보통주자본비용

K_i : 금융기관차입금 자본비용 K_w : 가중평균자본비용

위 식에서 이자비용의 경우는 감세효과가 있으므로 부채의 자본비용에 각각 (1-법인세율)을 곱해 주었음을 유의해야 할 것이다.

이제 가중평균자본비용의 계산방법을 표 8-3을 통해서 살펴보자. 가중치 산출의 기준을 어디에 두는지에 따라 다음과 같이 3가지로 구분된다.

첫 번째 방법은 회사의 장부상의 가치에 의한 가중치로 WACC를 계산하는 것이고, 두 번째 방법은 시장가치에 의해서 WACC를 계산하는 방법이며, 세 번째는 목표가중치에 의해서 WACC를 계산하는 방법이다.

표 8-3 가중평균자본비용의 계산방법

	A	B	C	D	E	F
40	8-3 WACC 계산					
41	1) 장부가치에 의한 가중치					단위:만원
42		자본구성			자본비용	
43	자본출처	금액	구성비	자본출처	비용(%)	가중자본비용
44	부채	12,000	40.0%	부채	12.5%	5.0%
45	우선주	4,000	13.3%	우선주	21.0%	2.8%
46	보통주	10,000	33.3%	보통주	25.0%	8.3%
47	사내유보금	4,000	13.3%	사내유보금	25.0%	3.3%
48	합계	30,000	100.0%	WACC		19.5%
49						
50	2) 시장가치에 의한 가중치					단위:만원
51	자본출처	장부가치	시장가액	구성비	자본비용	가중자본비용
52	부채	12,000	13,000	30.2%	9.5%	2.9%
53	우선주	4,000	5,000	11.6%	21.0%	2.4%
54	보통주	10,000	20,000	46.5%	25.0%	11.6%
55	사내유보금	4,000	5,000	11.6%	14.0%	1.6%
56	합계	30,000	43,000	100.0%	WACC	18.6%
57						
58	3) 목표(최적자본구조)가중치				단위:만원	
59	자본출처	최적자본구조	가중치	자본비용	가중자본비용	
60	부채	14,000	46.7%	9.5%	4.4%	
61	우선주	2,000	6.7%	21.0%	1.4%	
62	보통주	14,000	46.7%	25.0%	11.7%	
63	합계	30,000	100.0%	WACC	17.5%	

(1) 장부가치에 의한 가중치

장부가치에 의한 가중치는 원천별 자본의 장부가치를 총자본의 장부가치로 나누

어 계산한다. 엑셀 워크시트에서 작업과정은 다음과 같다.

① 장부가치에 의한 부채 가중치를 구하기 위해서 C44셀에 마우스포인트를 두고 다음과 같이 입력한다.

C44셀 : =B44/$B$48

우선주, 보통주, 사내유보금의 가중치는 마우스를 드래그하여 값을 구한다.

② 자본원천별 가중자본비용은 F44셀에 다음과 같이 입력하여 구한다,

F44셀 : =E44*C44

같은 방법으로 마우스 드래그하여 나머지 가중자본비용을 구하고, [자동합계] 도구아이콘을 클릭하여 WACC 값을 구하면 결과 값 19.5%이 F48셀에 표시된다.

(2) 시장가치에 의한 가중치

장부가치에 의한 가중치보다 시장가치에 의한 가중치로 가중자본비용을 계산하는 것이 합리적인 경우가 많다. 예를 들어 차입자본의 금리가 변동하게 되면 부채비용도 달라진다. 우선주비용은 사전에 배당률 이 정해지지만, 보통주의 경우는 경영성과에 따라 시장거래가격이 상이하다. 위의 표 8-3과 같이 시장가치가 변동할 경우 이것을 기준으로 가중평균자본비용을 측정해 본다. 계산방법은 동일하기 때문에 설명은 생략하고 결과 값을 확인하니 F56셀에 18.6%가 표시되었다.

(3) 목표가중치

기업이 조달한 가중평균자본비용이 비교적 적고 지불불능의 위험이 작으며, 기업의 시장가치를 극대화 시켜주는 자본구조가 최적자본구조이다. 따라서 표 8-3에서 가정한 최적자본구조를 목표로 하여 가중평균자본비용을 산출해 보니 17.5%가 되었다. 여기서 우리가 알 수 있는 것은 자본구성이 달라지면 가중평균자본비용도 달라진다는 것이다. 그리고 이 회사의 최적자본구조로 산출된 가중평균자본비용의 결

과 값이 장부가치에 의한 가중치나 시장가치에 의한 가중치의 가중평균자본비용 보다 낮아서(19.5%>18.6%>17.5%) 좋다.

4) 한계자본비용

(1) 가중한계자본비용

한계자본비용은 기업이 필요로 하는 자본 한 단위를 추가로 조달할 경우 발생하는 자본비용이다. 새로운 자본투자액에 대한 원천별 한계자본비용을 가중 평균한 것을 가중한계자본비용이라고 한다. 새로운 투자안에 적용되어야 할 가중평균비용은 가중한계평균비용(WMCC : Weighted Marginal Cost of Capital)이 적용되어야 할 것이다.

여기에서 유의해야 할 점은 일정기간 동안의 자본의 조달규모가 증가하면 할수록 원천별 한계자본비용이 증가하고 따라서 신규 투자안 채택여부를 판단할 때 사용되는 할인율은 가중평균비용이 아니라 가중한계평균자본비용이 적용되어야 할 것이다.

표 8-4 가중한계자본비용의 도출

	A	B	C	D	E	F	G	H	I	J
65	8-4 한계자본비용과 투자기회선			목표자본구조	50%:50%					
66	**원천**	**차지하는 비율**	**수준**	**자본비용**	**세후비용**	**자금조달분기점**	**법인세율**	**배당금**	**주가**	**성장률**
67	부채	50%	1000만원까지	8%	4%		50%	200	5,000	8%
68			추가2000만원까지	10%	5%					
69			추가2000만원초과	12%	6%					
70	자기자본	50%								
71	보통주		2000만원까지	10%	11,600%	발행비용	10%			
72			2000만원초과	20%	11,200%	발행비용	20%			
73	우선주									
74	유보이익		1000만원까지	12,000%	12,000%					
75	**추가자본조달에 따른 가중한계자본비용**									
76	조달자본	2000만원까지	2000만원-4000만원	4000만원초과						
77	부채	2,00%	2,50%	3,0%						
78	자기자본									
79	보통주									
80	우선주									
81	유보이익	6%	5,800%	5,6%						
82										
83	**WACC**	8%	8,30%	8,6%						

예를 들어 어떤 기업의 기초 재무상태표상 사채, 주식, 내부유보액이 각각 5,000만원, 1,000만원, 4,000만원이고 금년도 내부유보액은 1,000만원라고 한다. 이 기업의 부채 : 자기자본 구성비는 50:50의 목표자본구조를 유지하려고 하며, 당기말 주당 배당금은 200원, 주당 주식가격은 5,000원 기대성장율은 8%이다. 법인세율이 20%라고 할

때 조달원천별 추가로 조달되는 자본비용을 산출하면 다음과 같다. 기업이 사채를 발행하여 자본을 조달 할 경우 사채의 세전 발행비용은 1,000만원까지는 8%이고, 추가 2,000만원까지는 105, 추가 2,000만원을 초과하는 경우에는 12%이다. 보통주 발행비용도 2,000만원까지는 10%이고, 2000만원을 초과할 경우에는 20%이라고 가정한다.

① 부채의 자본비용 계산 :

우선 1,000만원까지 세후자본비용는 4%이다.

E67셀 : =D67*(1-$G$67)

추가 2,000만원까지는 법인세 감소효과를 감안하면 5%, 6%가 된다. 작업방법은 E67셀을 아래로 드래그하면 된다.

② 자기자본비용의 계산 :

먼저, 유보이익 1,000만원까지는 12%이다.

보통주의 자기자본비용은 발행비용을 감안하여 자본비용을 계산한다. 2,000만원까지 E71셀에 다음과 같이 입력하여 구한다. 11.6%

E71셀 : =$H$67/$I$67*(1-G71)+$J$67

2,000만원 초과시 보통주 자본비용은 11,2%이다.

E72셀 : =$H$67/$I$67*(1-G72)+$J$6

③ 자본조달액이 증가함에 따라 가중한계자본비용은 다음 표 8-5와 같이 단계별로 변한다.

이 그림을 보면 각각의 단계별로 자본비용이 가장 낮도록 자본조달 원천을 구성하는 것이 최적자본조달정책이 됨을 알 수 있다.

표 8-5 추가자본조달에 따른 가중한계자본비용

추가자본조달에 따른 가중한계자본비용			
조달자본	2000만원까지	2000만원-4000만원	4000만원초과
부채	2.00%	2.50%	3.0%
자기자본			
보통주			
우선주			
유보이익	6%	5.800%	5.6%
WACC	8%	8.30%	8.6%

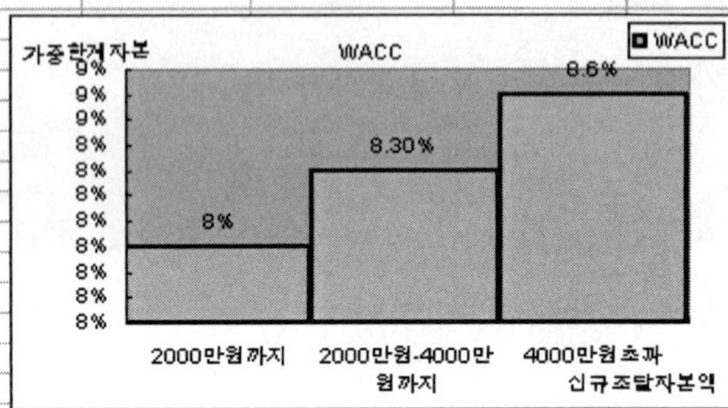

2) 한계자본비용선과 투자기회선

내부수익률이 서로 다른 잠재적인 투자안들이 있을 때 이들 투자안들은 투자수익률이 높은 것부터 채택하게 된다. 잠재적 투자기회로부터 기대되는 수익률 즉, 내부수익률을 나타내는 선을 투자기회선이라고 하며, 한계자본비용선과 투자기회선이 만나는 점에서 기업가치를 극대화시키는 투자규모가 결정된다.

투자안	A	B	C	D
IRR	10.5%	9.8%	9.0%	8.5%
투자액	1,600	1,200	1,000	2,200
투자누계액	1,600	2,800	2,200	3,200

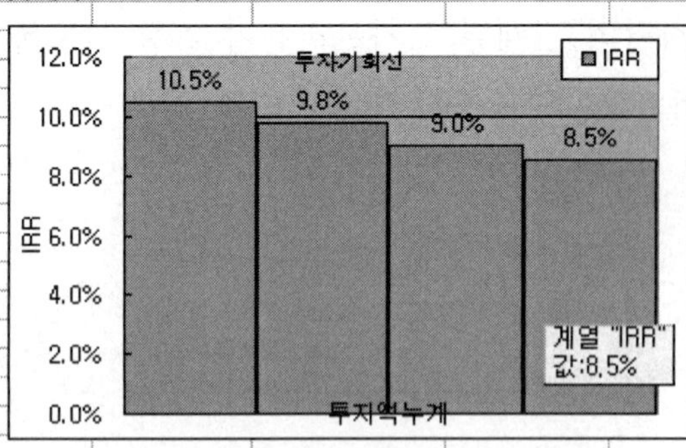

표 8-6 잠재적 투자기회

단위 : 만원

투자안	A	B	C	D
내부수익률	10.5	9.8	9.0	8.5
투자액	1,600	1,200	1,000	2,200

위에서 작성한 한계자본비용선(MCC)과 투자기회선(IOS)이 만나는 점에서 최적투자규모가 결정된다. 그림 8-2에서 보는 바와 같이 잠재적 투자기회 가운데 내부수익률이 가중한계자본비용을 초과하는 투자안 A, B, C가 선택되고 투자안 D는 기각됨을 확인할 수 있다.

우리는 이 기업의 MCC와 IOS가 만나는 점에서의 가중한계자본비용이 기업의 한계자본비용이 되고 이것이 기업의 자본비용이 됨을 확인할 수 있다.

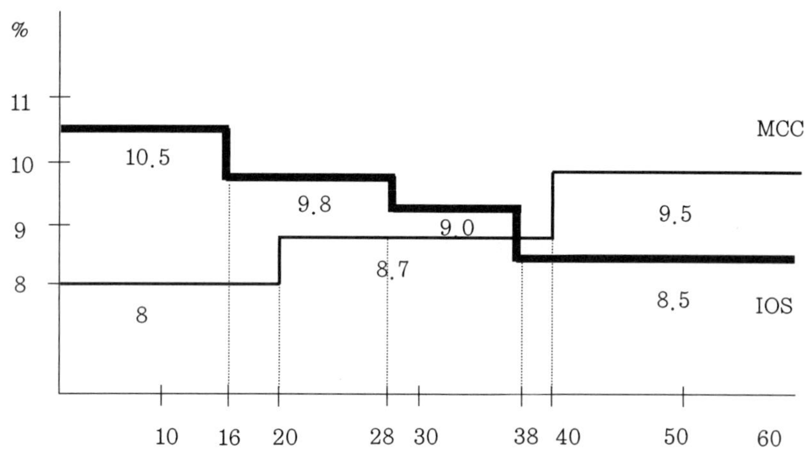

그림 8-2 한계자본비용과 투자기회선

재무 레버리지는 이자비용과 같은 재무고정비용에 달려 있는 것이다. 고정비용이 존재하면 기업의 손익은 매출액의 변동비용 보다 더 큰 비율로 변동한다. 이러한 지렛대 작용의 손익확대효과를 레버리지 효과라고 한다. 만약 고정비율이 없다면, 매출액의 변동과 동일한 비율로 손익이 변동될 것이다. 그러니 고정비용이 존재로 말미암아 기업의 수익을 조업도의 변동에 따라서 조업도의 변동비용 보다 더 큰 비율로 변동하는 것이다.

일반적으로 자본집약적 산업내의 기업은 고정비가 크며, 노동집약적 산업내의 기업은 고정비가 비교적 작다고 볼 수 있다. 예를 들면, 값비싼 첨단장비나 자동화시설을 많이 갖춘 기업은 비교적 자본집약적이며, 노동력에 주로 의존하는 섬유회사와 같은 기업은 비교적 고정비가 작다고 할 수 있다.

연습문제

1. 다음 용어를 간단히 설명하시오.
   (1) 레버리지와 기업위험간의 관계
   (2) 자본비용(Cost of Capital)
   (3) 가중평균자본비용(Weighted Average Cost of Capital)
   (4) 부채비용(Cost of Debt)
   (5) 장애수익률(Hurdle Rate)

2. 기업의 가중평균자본비용을 계산할 때 장부가치를 기준으로 계산하는 것 보다 시장가치를 기준으로 계산하는 것이 합리적이다. 그 이유를 설명해 보시오.

3. 유보이익의 자본비용을 보통주 자본비용과 동일하게 보는 이유는 무엇인가?

4. (보통주 자본비용)

현재 주가의 시장가격이 25,000원이고 당기말의 배당금이 2,500원으로 예상되는 주식이 있다. 이 주식의 연간 기대성장률은 7%이고 신주 발행에 소요되는 비용이 9%라면 신주발행에 따른 보통주의 자본비용을 구하시오.

5. (자본구조와 자본원천별 자본비용)

남해물산의 자본구조와 원천별 자본비용은 다음 표와 같다.

자본원천	시장가치(억원)	가중치(%)	자본비용(%)
타인자본	800	53.33%	6%
우선주	200	13.33%	13%
보통주	500	33.33%	17%

(1) 법인세율이 40%일 때 이 기업의 WACC(가중평균자본비용)를 구하시오.

(2) 위의 자료에서 보통주의 가치는 500만주 액면가격 10,000원의 장부가격이라 한다. 현재의 1주당 시장가격이 12,000원이라면 이 기업의 WACC은 얼마가 되는 가?

6. (CAPM을 이용한 유보이익의 자본비용)

시장평균수익률이 14%, 무위험이자율이 8%인 경우 베타(β)가 1.4인 기업의 유보이익의 자본비용은 얼마인가?

7. 지리산 생수(주)의 생수 판매량은 50만병, 가격 1,000원이고 생수 한병 생산에 소요되는 변동비는 6000원이다. 이 생수 생산과 판매를 위하여 지출한 고정비는 5000만원이다. 초기 생수시설투자를 위해 부족한 자금을 위하여 연간이자율 10%의 부채를 8,000만원 사용하고 있다.

(1) 이 기업의 현 매출 수준에서 영업레버리지를 구한다면 얼마가 되는가?

(2) 재무레버리지와 결합레버리지를 계산해 보시오.

(3) 손익분기점을 계산하시오.

[힌트] 다음 워크시트를 참조하여 작업한다.

C42 = =(B28-B29)*B31/((B28-B29)*B31-B30)

	A	B	C	D	E
27	8-7 레버리지		지리산 생수		
28	판매가격	1000원			
29	변동비	600원			
30	고정비	5000만원			
31	판매량	50만병			
32	부채	8000만원			
33	이자율	10%			
34	매출액		50000만원		
35	매출원가		30000만원		
36	고정비		5000만원		
37	매출총이익		15000만원		
38	고정재무비		800만원		
39	납세전순이익		14200만원		
40	법인세		1420만원		
41	납세후순이익		12780만원		
42	DOL		1.333333		
43	DFL		1.056338		
44	손익분기점		12.50만병		

제9장

자본구조

이제까지 우리는 대차대조표의 차변 즉, 장기투자결정에 대한 문제에 초점을 맞추어 왔지만 지금부터는 대차대조표의 대변 즉, 기업이 필요한 자본을 어떻게 조달하여야 하는가 하는 자본구조에 관한 문제에 초점을 두고자 한다. 기업은 자본을 조달하기 위해서 보통주, 우선주, 사채, 전환사채 등 다양한 증권들을 발행할 수 있으며, 사내 유보이익이나 은행의 장기차입금 등을 이용할 수 있다. 자본구조의 문제는 첫째, 자본구조가 달라짐에 따라 기업가치가 달라지는가 하는 점과, 둘째, 이들 다양한 자본조달원천에서 자기자본과 타인자본을 어떤 비율로 결합하여야 기업의 가치가 극대화될 수 있는 가 하는 가하는 점, 즉 최적자본구조(Optimal Capital Structure)가 존재하는가하는 문제이다.

본장에서는 자본구조이론의 선구자라고 할 수 있는 모디 글리아니와 밀러의 이론(Modigliani & Miller : 이하 MM이론이라 칭한다)을 중심으로 살펴보고자 한다. 따라서 자본구조이론을 ① 자본구조가 기업가치에 영향을 미친다는 MM이전의 전통적 자본구조이론, ② 자본구조와 기업가치는 관계가 없다는 완전시장하의 MM이론, ③ MM이론 이후의 자본구조이론으로서 불완전시장과 자본구조이론으로 나누어 설명하고자 한다.

1. 재무 레버리지효과와 기업가치

1) 자본구조이론의 전개

기업의 자본구조(Capital Structure)란 일반적으로 장기자본의 구성을 의미한다. 장기자본은 보통 1년 이상 기업에서 이용할 수 있는 자본이며, 장기부채와 자기자본으로 구성된다. 기업의 자본구조는 각종 형태의 장기타인자본과 자기자본을 어떻게 조달했느냐에 따라 상이하게 된다. 즉, 기업전체의 입장에서 타인자본 전체와 자기자본 전체의 구성비율에 따라 기업의 가중평균자본비용이 달라지고 이에 따라 기업가치가 달라진다. 이와 같은 전통적인 자본구조이론에 대하여 모디글리아니와 밀러는 1958년 발표된 논문에서 완전자본시장의 조건하에서 기업의 자본구조는 기업가치에 영향을 미칠 수 없다는 자본구조 무관련이론(Irrelivance Theory of Capital Structure)을 주장함으로서 큰 반향을 불러 일으켰다.

먼저, 전통적인 자본구조이론의 내용은 다음과 같다. 타인자본의 비용이 저렴하고, 부채사용에 따른 세금 감세효과와 레버리지효과 등이 있기 때문에 기업이 어느 정도 타인자본을 적절한 수준으로 사용을 하면 기업가치가 상승하나 어느 적절한 수준을 초과하면 자본비용의 상승으로 기업가치는 하락한다. 따라서 기업가치를 최대로 증가시켜주는 최적자본구조를 유지시켜줄 수 있으며, 이런 최적자본구조에서 기업의 가중평균자본비용은 최소화되고 기업가치는 극대화된다는 것이다.

그런데 MM이론은 완전자본시장(Perfect Capital Market)의 가정과 자본구조가 다른 기업간 차익거래(Arbitrage Process)의 가정을 들고서 기업의 자본구조가 기업가치에 영향을 미칠 수 없으며, 기업가치는 영업이익을 레버리지 수준과 관계없이 결정되는 가중평균자본비용으로 할인되어 결정된다고 하였다.

이러한 MM의 주장은 학계에 많은 논란을 불러 일으켰으며, 동시에 자본구조이론의 발전에 획기적인 전기를 마련하였다,.

자본구조이론에 대한 논쟁은 MM이론이 전제한 가정이 현실적으로 어느 정도 타당성을 갖고 있는 가하는 문제로 귀결된다고 본다.

사실, 완전자본시장의 가정은 현실적으로 부합되지 않은 여러 조건을 내세우고 있어서 자본구조에 관한 이론적 논쟁은 명확한 결론이 내려졌다고 보기는 어렵다. MM이후의 자본구조이론은 MM이론의 가정을 완화한 이론들이 발표되고 있다. 이하 파산가능성을 고려한 **파산비용이론**과 주주와 경영자 및 채권자들간의 이해관계를 고려한 **대리인비용이론** 등을 중심으로 자본구조이론의 전개과정을 살펴보고자 한다.

2) 재무레버리지와 기업가치

[높은 부채비율과 기업구조조정]

그동안 우리나라 재벌기업뿐만 아니라 금융기관 등의 높은 부채비율이 한국경제를 위기로 내몬 주범이라고 하나 사실은 기업간 상호출자, 지급보증으로 사업영역을 확장하고, 금융기관으로부터의 차입경영에 의존하여 이것 저것 돈이 될 만한 사업에 손을 뻗치다 경쟁력을 갖춘 핵심사업분야 하나 제대로 가꾸지 못하고 방만한 경영을 일삼은 족벌경영이 문제의 핵심이며, 그 결과 90년대 후반 한라, 진로, 동아, 해태, 한일, 대우 등 재벌그룹 등이 IMF 경제파국으로 줄줄이 퇴출기업명단으로 발표되어 기업이 침몰하였다. 그러면 왜 차입금에 의존한 방만한 경영을 하였는가하는 문제인데 이른바 부채를 사용하면 얻게 되는 유리한 효과 즉, 재무레버리지 효과를 고려하여 방만한 경영을 하였다고 생각할 수 있다. 첫째, 부채에 의존하면 경영권방어에 유리하고, 둘째, 지급이자에 대한 세금 감세효과가 있으며, 셋째, 경제가 호황일 경우 영업이익에 비해 높은 주당순이익을 얻을 수 있었다.

기업이 부채에 의존하는 정도가 높을수록 부채의 사용이 지렛대와 같은 작용을 하여 영업이익이 변동하는 것보다 주당이익이 확대되어 나타나는 재무 레버리지 효과가 나타난다. 이러한 지렛대 역할을 하는 것은 지급이자, 우선주 배당금과 같은 재무고정비의 존재이며, 만약 기업의 투자수익률이 금융비용 등 재무고정비를 능가하지 못할 경우에는 반대로 주주의 손실이 확대되어 나타난다. 이와 같이 당기의 영업이익이 당기의 금융비용인 지급이자와 할인료 등을 제대로 지급하지 못하는 심각한 사태가 발생하면 오히려 주주의 부를 감소하는 **부(負)의 재무레버리지효과**를 나타내게 된다. 실제로 부도기업의 대부분은 이러한 회복불능의 재무상태가 지속되어 몰락한 경우이며, 이와 같은 파국을 사전에 막기 위한 자구노력이 기업구조조정, 사실상 자본구조조정이라 볼 수 있다.

재무레버리지효과

재무레버리지가 주주들에게 미치는 영향을 EBIT-EPS분석을 통해서 살펴보자. 기업 재무의사결정의 궁극적인 목적은 기업가치의 극대화이다. 기업가치의 극대화가 실질적으로 주식가격의 극대화로 귀결된다면 주식가격에 영향을 주는 것 중에서 주당순이익(EPS)이 제일 중요하다. EBIT-EPS분석은 주당순이익과 영업이익과의 관계를 분석하여 가장 높은 주당순이익을 가져다 주는 최적자본구조를 찾아 주식가치를 극대화시켜주는 자본조달방안을 모색해 준다.

먼저 재무레버리지효과를 알아보기 위해 전체 자산이 8,000원이고 4000주의 보통주를 발행한 A기업의 주식이 20원에 거래되고 있다고 가정하자. 지금 A 기업의 재무관리 담당자는 4,000원의 부채를 동원하여 200주의 주식을 매입하여 발행주식수를 200주로 감축하려는 자본구조조정계획을 가지고 있다. 구조조정전과 후의 영업이익은 불황, 보통, 호황으로 구분하여 500원, 1000원, 1,500원으로 예측된다. 부채에 대해서는 10%의 이자를 지급하여야 한다면 구조조정 전과 구조조정 후의 주당순이익(EPS)과 영업이익(EBIT)은 어떻게 변동하는지 살펴보자.

표 9-1 재무레버리지효과

	A	B	C	D	E	F	G
1	9-1 재무레버리지효과와 기업가치						
2		자본구조조정계획					
3		현행	계획				
4	총자산	₩ 8,000	₩ 8,000				
5	부채	0	₩ 4,000				
6	자기자본	₩ 8,000	₩ 4,000				
7	부채비율	0%	100%				
8	주식가격	20	20				
9	발행주식수	400주	200주				
10	이자율	10%	10%				
11							
12		재무레버리지와 수익률					
13		구조조정전			구조조정후		
14		불황	보통	호황	불황	보통	호황
15	영업이익 EBIT	₩ 500	₩ 1,000	₩ 1,500	₩ 500	₩ 1,000	₩ 1,500
16	지급이자	0	0	0	₩ 400	₩ 400	₩ 400
17	순이익	₩ 500	₩ 1,000	₩ 1,500	₩ 100	₩ 600	₩ 1,100
18	자기자본이익률 ROE	6.25%	12.50%	18.75%	2.50%	15.00%	27.50%
19	주당순이익 EPS	₩ 1.25	₩ 2.50	₩ 3.75	₩ 0.50	₩ 3.00	₩ 5.50

① 구조조정전의 순이익 : 영업이익에서 지급이자를 차감하나 부채가 없기 때문에 영업이익과 동일하다.

② 구조조정전의 자기자본이익률(ROE)과 주당순이익(EPS) :
불황인 경우 ROE는 B18셀에 마우스포인트를 두고 다음과 같이 입력하여 값(6.25%)을 구한다.

B18셀 : =B17/$B$6

나머지 경제상태가 보통, 호황인 경우는 마우스를 오른쪽으로 드래그하여 값

(12.5%, 18.75%)을 각각 구한다.

불황인 경우 주당순이익(EPS)은 B19셀에 마우스포인트를 두고 다음과 같이 입력하여 값(1.25원)을 구한다.

B19셀 : =B17/$B$9

나머지 경제상태가 보통, 호황인 경우는 마우스를 오른쪽으로 드래그하여 값(2.5원, 3.75원)을 각각 구한다.

③ 같은 방법으로 구조조정후의 ROE, EPS 값을 구한다.

표 9-2 구조조정후의 ROE, EPS

	불황	보통	호황
ROE	2.50%	15.00%	27.50%
EPS	0.5원	3원	5.50원

④ 구조조정 전과 후의 재무레버리지를 분석하기 위하여 EBIT- EPS분석 도표를 작성해 본다.

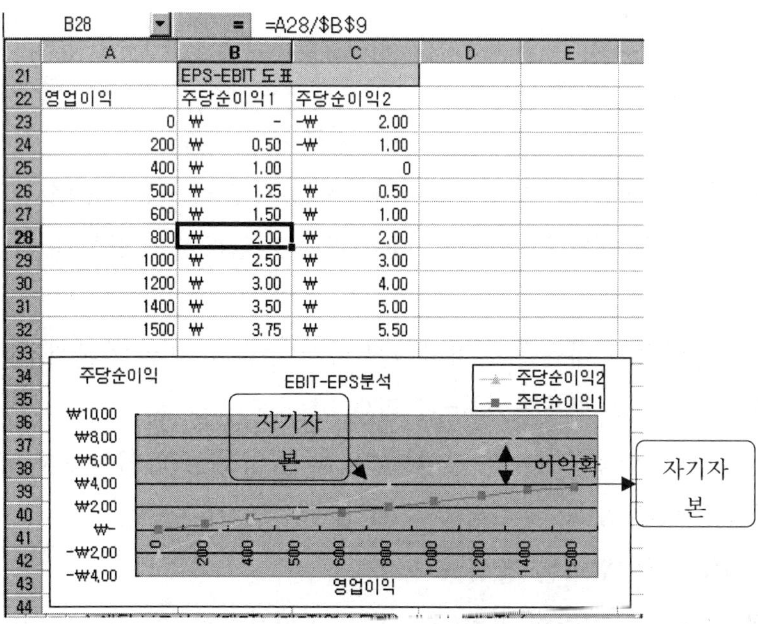
B28 = =A28/$B$9

	A	B	C
21		EPS-EBIT 도표	
22	영업이익	주당순이익1	주당순이익2
23	0	₩ -	-₩ 2.00
24	200	₩ 0.50	-₩ 1.00
25	400	₩ 1.00	0
26	500	₩ 1.25	₩ 0.50
27	600	₩ 1.50	₩ 1.00
28	800	₩ 2.00	₩ 2.00
29	1000	₩ 2.50	₩ 3.00
30	1200	₩ 3.00	₩ 4.00
31	1400	₩ 3.50	₩ 5.00
32	1500	₩ 3.75	₩ 5.50

그림 9-1 EBIT-EPS 분석그래프

구조조정전의 EPS를 "주당순이익1"로, 구조조정후의 EPS를 "주당순이익2"로 하는 그래프를 작성한다. 차트작성방법은 이미 앞에서 자세히 설명하였기 때문에 작업과정은 생략하기로 한다. 그래프에서 알 수 있는 사항은 지적하면 다음과 같다.

첫째, 자본구조 조정후의 주당순이익(EPS)은 영업이익(EBIT)의 변화에 대해서 크게 변동(기울기가 가파르다)한다. 이러한 현상을 재무 레버리지효과라고 하며, 자기자본만을 사용하는 경우에는 영업이익 400원이 증가함에 따라 주당순이익이 1원 증가하지만, 부채를 사용하는 경우에는 영업이익 4000원의 증가는 주당순이익 2원의 증가를 가져온다는 사실을 알 수 있다.

둘째, 영업이익이 800원일 경우 어떤 자본구조를 채택하더라도 주당 순이익은 모두 2원이 된다. 이점이 손익분기점이 되고 영업이익이 이 수준보다 크면 부채를 사용하는 것이 유리하고, 이 수준보다 적으면 부채를 사용하는 것이 불리하게 된다.

2. 전통적 자본구조이론

이제까지 기업의 자본구조는 기업활동에 소요되는 자본을 자기자본과 타인자본으로 각각 어느 정도 조달하였는가에 따라 자본구조가 상이하게 된다. 그리고 자본구조가 달라짐에 따라 기업의 평균자본비용인 가중평균자본비용과 기업가치가 달라진다는 것을 학습하였다. 따라서 기업의 가중평균자본비용을 최소로 하고 기업가치를 최대로 하는 최적자본구조가 바람직하다고 하겠다.

1958년 MM이론이 최초로 발표되어 기업가치는 자본구조와 아무런 관련이 없다는 것을 주장하기 전까지 대체로 기업의 자본구조가 기업가치에 영향을 미친다고 인식되어왔다.

우선 전통적 접근법의 내용을 설명하기에 앞서 다음과 같은 기본가정이 필요하다.

① 법인세, 소득세 등 일체의 세금이 없다.

② 기업의 수명은 영구하며, 매 영업기간마다 발생하는 영업이익은 동일하다.

③ 기업의 순이익은 모두 주주에게 즉시 배당으로 지급된다.

④ 모든 기업의 경영위험은 동일하다.

타인자본을 사용하는 기업의 가치(V_L)는 자기자본가치(S_L)와 타인자본가치(D_L)

의 합으로 표시된다. 앞에서 학습하였듯이 타인자본조달로 처음에는 타인자본비용이 저렴하다는 이점이 작용하지만 동시에 재무위험이 점차 증가하는 불리한 점이 작용한다. 고정적인 재무비용으로 인하여 세후이익의 변동을 확대시켜주는 재무레버리지효과가 커지기 때문에 주주지분인 자기자본의 가치(S_L)에 영향을 미친다. 즉, 부채비율이 어느 일정수준을 넘어 과도하게 높아지면 따라서 재무위험이 점차 커지게 되고, 주주나 채권자들은 위험성을 감안하여 더 높은 이익률과 이자율을 기대하기 때문에 가중평균자본비용은 커진고 기업가치는 감소한다.

$$V_L = S_L + D_L \qquad \text{(식 9-1)}$$

이상과 같은 전통적 자본구조이론을 다음과 같은 사례를 통하여 설명해 보자.

B53 = =B50/B51

	A	B	C	D
45				
46	9-2전통적 자본이론에 의한 자본비용과 기업가치평가			
47		제1안	제2안	제3안
48	영업이익 EBIT	4,000	4,000	4,000
49	지급이자	200	600	1200
50	순이익	3,800	3,400	2,800
51	자기자본비용 K_E	16.00%	16.20%	20%
52	타인자본비용 K_I	10%	10%	12%
53	자기자본가치 S_L	23,750	20,988	14,000
54	타인자본가치 D_L	2,000	6,000	10,000
55	기업가치 V_L	25,750	26,988	24,000
56	레버리지(S_L/D_L)	8%	29%	71%
57	가중평균자본비용(K_o)	15.53%	14.82%	16.67%

① 영업이익 : 현재 4,000만원으로 변동이 없다.

② 자본구성 : 총자본은 그대로 유지한 채 타인자본 사용만 세 가지 경우로 증가시켜간다.

제1안 : 타인자본 2,000만원이며 이때 이자율은 연 10%이며, 자기자본비용은 연 16.0%로 추정한다.

제2안 : 타인자본 6,000만원이며 이때 이자율은 연 12%이며, 자기자본비용은 연 16.2%로 추정한다.

제3안 : 타인자본 8,000만원이며 이때 이자율은 연 14%이며, 자기자본비용은 연 20.0%로 추정한다.

③ 기업가치 평가 : 먼저 세 가지 경우의 자기자본가치를 구한 다음 타인자본가치를 합산한다.

자기자본의 가치는 "순이익/자기자본비용"으로 구한다. 기업의 수명이 영구적이고 매 영업기간마다 영업이익이 동일하며, 순이익은 주주에게 즉시 배당된다고 가정하였기 때문에 B53셀에 다음과 같이 입력하여 결과 값을 구한다.

B53셀 : =B50/B51

기업가치는 식 9-1과 같이 자기자본가치와 타인자본가치를 더한 값이기 때문에 B53셀과 B54셀을 더해서 구한다.

B55셀 : =B53+B54

④ 가중평균자본비용과 레버리지 : 가중평균자본비용(K_O)은 영업이익을 기업가치로 나누어 구한다.

B57셀 : =B48/B55

레버리지는 "타인자본가치/자기자본가치"로 구한다.

⑤ 레버리지 증가에 따른 기업가치 : 수평축에 레버리지, 수직축에 자본비용, 기업가치를 표시한다.

먼저 기업가치와 레버리지 관계를 도식하기 위하여 부채를 사용하지 않는 경우 100% 자기자본의 경우를 추가하여 부채사용이 증가함에 따른 기업가치 변화를 도식한다.

	A	B	C	D	E
45					
46	9-2 전통적 자본이론에 의한 자본비용과 기업가치평가				
47		100%자기자본	제1안	제2안	제3안
48	영업이익 EBIT	4,000	4,000	4,000	4,000
49	지급이자	0	200	720	1400
50	순이익	4,000	3,800	3,280	2,600
51	자기자본비용 K_E	16.00%	16.00%	16.20%	20%
52	타인자본비용 K_I		10%	12%	14%
53	자기자본가치 S_L	25,000	23,750	20,247	13,000
54	타인자본가치 D_L		2,000	6,000	10,000
55	기업가치 V_L	25,000	25,750	26,247	23,000
56	레버리지(S_L/D_L)	0%	8%	30%	77%
57	가중평균자본 비용(K_o)	16.00%	15.53%	15.24%	17.39%

다음 그림 9-2와 같이 기업가치는 부채사용과 함께 증가하다가 최적자본구조에서 극대가 되고 이후 감소함을 표시하고 있다.

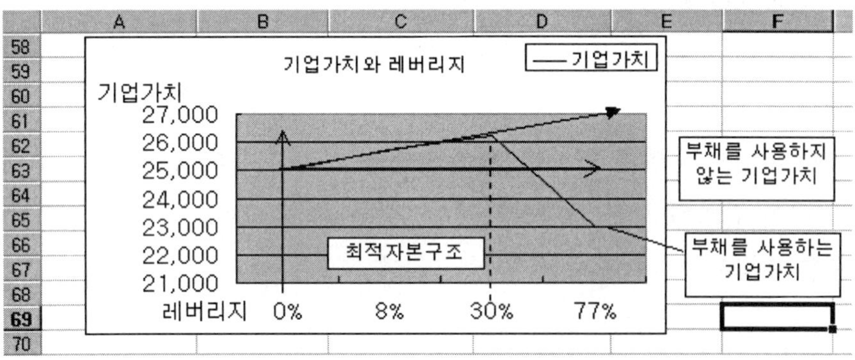

그림 9-2 기업가치와 레버리지

⑥ 자본비용과 레버리지 관계(K_E, K_I, K_O)를 도식하면 가중평균자본비용도 감소하다가 증가한다. 부채를 6,000만원을 사용하는 경우 가중평균자본비용이 15.24%로 최저점이 되다가 부채사용이 증가함에 따라 증가한다. 이 때 기업가치는 극대가 된다.

3. MM의 자본구조이론

1958년 모딜리아니와 밀러는 "자본비용, 기업재무 및 투자론"(the Cost of Capital, Corporate Finance and the Theory of Investment) 라는 논문에서 법인세효과를 고려하지 않는다면 자본구성 및 레버리지는 기업의 자본비용이나 기업가치에 영향을 미치지 않는다고 주장하였다. 이것은 이제까지 일반적으로 인정되어온 레버리지가 기업의 가중평균자본비용에 영향을 미쳐 기업가치가 변하는 전통적인 주장을 부정하는 것이어서 많은 논란을 불러일으켰다.

MM이론에서 가정하고 있는 전제조건은 다음과 같다.

① 완전자본시장을 가정한다. 모든 투자자들은 투자를 위한 정보를 무료로 이용가능하고, 거래비용은 없으며, 투자자들은 합리적인 행동을 한다.

② 모든 기업은 경영위험에 따라 같은 위험집단 즉, 동질적 위험집단(Homogeneous Risk Class)으로 분류될 수 있다.

③ 모든 투자자들은 기업의 미래 현금흐름의 확률분포에 대해 동질적인 기대(Homogeneous Expectation)를 한다.

④ 기업의 모든 현금흐름(영업이익)은 매 연도마다 항상 일정하며, 영구적으로 발생한다.

이것은 기업이 동일한 규모로 계속 영업을 지속하기 위해서 지난 해의 영업으로 인하여 감소된 부분(감가상각비)만 재투자함을 의미한다면 연간 가처분현금흐름은 다음과 같이 표시된다.

$$CF = (R - VC - FC) + dep - dep = EBIT = NOI \quad \text{(식 9-2)}$$

단, R : 매출액, VC : 변동영업비용, FC : 고정영업비용

EBIT : 영업이익(= NOI : Net Operating Income)

⑤ 기업은 주식과 사채 두 가지만 발행하여 자본을 조달한다.

사채는 위험이 없다고 가정한다.

이와 같은 가정하에 그들은 법인세가 존재하지 않을 경우 다음과 같은 세 가지

명제를 주장하였다. 그 내용을 MM 명제Ⅰ, MM 명제Ⅱ, MM 명제 Ⅲ이라고 부른다.

MM 명제Ⅰ : 기업의 가치는 자본구조와 무관하다. 즉, $V_U = V_L$

MM 명제Ⅱ : 타인자본을 사용하는 자기자본비용 R_L^S은 부채비율$(\frac{D_L}{S_L})$이 증가함에 따라 증가하여 상대적으로 저렴한 타인자본의 사용으로 얻을 수 있는 이점을 완전히 상쇄시킨다. 즉,

$$R_L^S = R_U^S + (R_U^S - R_L^d)(\frac{D_L}{S_L})$$

MM 명제 Ⅲ : 새로운 투자안 채택에 따른 기대영업이익의 증분 $\Delta E(EBIT)$를 투자의 증분 ΔI로 나눈 투자수익률은 R_U^S와 같다. 즉, 신규 투자안에 대한 요구수익률은 R_U^S이기 때문에 자본조달방법과는 무관하다.

1) MM 명제 I

기업의 자본구조와 기업가치간의 관계를 살펴보면 법인세가 존재하지 않을 경우 기업의 가지는 자본구조와는 관련이 없다. 일반적으로 기업가치는 매년 기업이 벌어들이는 기대현금흐름을 그 기업의 요구수익률로 할인한 것으로 볼 수 있다. 만약 기업이 보유하고 있는 자산으로부터 매년말 일정한 현금흐름(즉, 기대영업이익: EBIT = NOI)이 영속적으로 발생한다면, 100% 자기자본만을 사용하는 기업U의 가치는 다음과 같이 표시된다.

$$V_U = S_U = \frac{E(EBIT)}{R_U^W} \quad \text{(식 9-3)}$$

단, V_U : 100% 자기자본 사용기업(기업U)의 가치

S_U : 100% 자기자본기업의 자기자본가치

R_U^W : 기업 U의 기업요구수익률

그런데 위에서 기업 요구수익률이란 개념은 기업 U가 보유하고 있는 자산의 위험을 고려한 요구수익률로서 기업 U의 자산에서 발생하는 현금흐름을 할인하는 할인율이 된다.

타인자본을 사용하는 기업 L의 가치를 구하려면 연간 기대 현금흐름 CF_L 중에서 주주에게 지급되는 부분과 채권자에게 지급되는 부분을 합하여 다음과 같이 표시할 수 있다. 즉, CF_L= 주주에게 지급되는 현금흐름+채권자에게 지급되는 현금흐름이므로

$$CF_L = [\text{E(EBIT)} - R_M^d \times D_L] + R_M^d \times D_L = \text{E(EBIT)}$$

단, R_L^s : 주식의 요구수익률　　S_L : 기업 L의 주식가치

R_L^d : 채권의 요구수익률　　D_L : 기업 L의 채권가치

따라서 부채를 사용하는 기업 L의 총시장가치는 기대 현금흐름을 기업의 가중평균자본비용(WACC)으로 할인하여 구한다.

$$V_L = S_L + D_L = \frac{E(EBIT)}{WACC} \qquad \text{(식 9-4)}$$

여기에서 MM 명제1이 성립한다. 기업 U와 기업 L이 보유하고 있는 자산은 동일한 위험을 갖는 자산이므로 동일한 기대 현금흐름이 발생하고 동일한 위험을 갖기 때문에 기업 L의 가치도 매년 동일한 현금흐름 E(EBIT)을 동일한 요구수익률로 할인한 값이므로 기업 U의 가치와 같다.

MM명제1은 자본구조만 서로 다르고 경영위험과 영업이익이 동일한 두 기업의 가치는 동일하다. 즉, 기업가치는 기업이 벌어들이는 영업이익에 의해서 결정되는 것이지, 부채사용의 유무와는 관계가 없다는 것이다.

2) MM 명제Ⅱ

타인자본을 사용하는 기업 L의 자기자본비용 R_L^s은 다음과 같이 표시할 수 있다.[20]

$$R_L^s = \frac{E(EBIT) - R_L^d \times D_L}{S_L} = \frac{(S_L + D_L) \times R_U^s - D_L^d \times D_L}{S_L}$$

$$= R_U^s + \frac{D_L}{S_L} \times R_U^s - \frac{D_L}{S_L} \times R_L^d = R_U^s + (R_U^s - R_L^d) \times \frac{D_L}{S_L} \qquad \text{(식 9-5)}$$

단, R_L^s : 타인자본 사용기업의 주식 요구수익률

R_U^s : 100% 자기자본 사용 기업 U의 주식요구수익률

식 9-5에서 확인할 수 있듯이 기업의 자기자본비용 R_L^s은 부채비율에 비례함을 알 수 있다. 타인자본을 사용하면 할수록 자기자본비용은 증가하여 상대적으로 저렴한 타인자본의 사용으로 얻을 수 있는 이점을 상쇄시킨다.

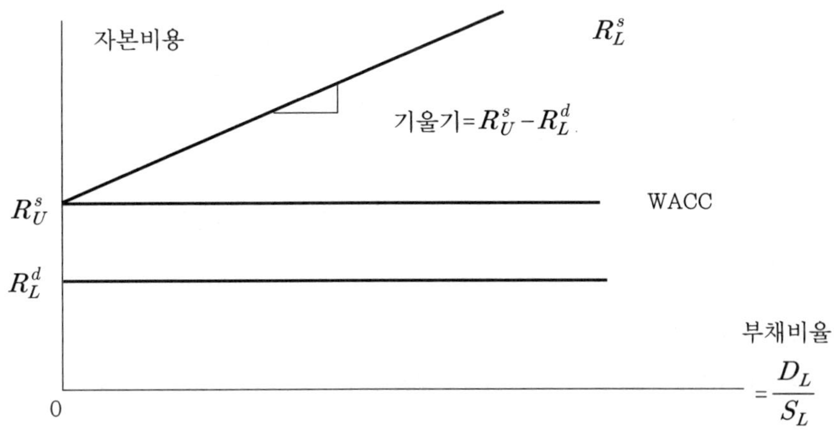

그림 9-3 타인자본 사용기업의 재무레버리지와 자본비용의 관계

위 그림에서 부채비율이 증가함에 따라 상대적으로 저렴한 타인자본을 사용하는 이점이 자기자본비용의 증가로 완전히 상쇄됨으로서 기업의 가중평균자본비용(WACC)은 일정하게 되어 수평으로 표시된다. 이렇게 보면 기업가치는 자본구조에 의해서 영향을 받지 않음을 알 수 있다.

---

20 식 9-5의 도출과정은 식 9-4에서 E(EBIT)=$(S_L + D_L) \times R_U^s$을 대입한다. 이때 WACC는 R_U^s이다.

[법인세가 존재하지 않는 경우의 자기자본비용]

한국화이버(주)의 가중평균비용(WACC)은 세금을 고려하지 않을 경우 12%이다. 이 기업의 부채를 사용할 경우 타인자본비용이 8%이라면 ① 목표 자본구조를 자기자본 40%와 타인자본 60%일 경우 자기자본비용은 얼마가 되는가? ② 자본구조를 50%: 50%를 유지한다면 자기자본비용은 어떻게 변동할 까? ③ 그리고 자본구조가 60%:40%로 각각 다를 경우에도 기업전체의 WACC는 변동이 없음을 보여라

풀이

식 9-5을 이용하여 자본구조가 자기자본 40% : 타인자본60%인 경우의 자기자본비용은 다음과 같이 표시된다,

$$R_U^s + (R_U^s - R_L^d) \times \frac{D_L}{S_L} = 12\% + (12\% - 8\%) \times \frac{60\%}{40\%} = 18\%$$

엑셀에서는 A75셀에 다음 수식을 입력하여 값을 구한다.

A75셀 : =C75+(C75-B75)*C73/B73

또한 자본구조가 자기자본 50% : 타인자본 50%인 경우의 자기자본비용은 16%이다. 세 번째 자기자본 60% : 타인자본 40%인 경우 자기자본비용은 14.67%이다.

이와 같이 부채비율이 높을수록 자기자본비용은 증가한다.

A83 = =C83+(C83-B83)*C81/B81

	A	B	C	D
71	9-3 MM 자본구조이론			
72	1) 자본구조	자기자본	타인자본	
73		40%	60%	
74	자기자본비용	타인자본비용	가중평균자본비	WACC
75	18.00%	8%	12%	12.00%
76	2) 자본구조	자기자본	타인자본	
77		50%	50%	
78	자기자본비용	타인자본비용	가중평균자본비	WACC
79	16.00%	8%	12%	12.00%
80	3) 자본구조	자기자본	타인자본	
81		60%	40%	
82	자기자본비용	타인자본비용	가중평균자본비	WACC
83	14.67%	8%	12%	12.00%

그러나 부채비율이 상이하여도 가중평균자본비용을 각각 계산하여보면 모두 동일하게 12%가 된다.

첫 번째 경우 D75셀에 다음 수식을 입력하여 WACC를 계산하면 12%가 된다.

D75셀 : =B73*A75+C73*B75

두 번째, 세 번째의 경우도 마찬가지로 12%가 된다.

3) MM 명제Ⅲ

기업이 새로운 투자안을 채택하기 위해서는 그 투자안 채택에 따른 기업가치의 증분 ΔV가 투자소요액 ΔI보다 커야 한다.

$$\frac{\Delta V}{\Delta I} \geq 1 \qquad \text{(식 9-6)}$$

위 식에 $\Delta V = \frac{\Delta E(EBIT)}{WACC}$ 을 대입하면,

$$\frac{\Delta E(EBIT)}{\Delta I} \geq WACC \qquad \text{(식 9-7)}$$

식 9-7에서 좌변은 새로운 투자안 채택에 따른 기대영업이익의 증분 $\Delta E(EBIT)$를 투자의 증분 ΔI로 나눈 것으로서, 새로운 투자에 대한 기대수익률을 의미한다. 오른쪽은 투자안의 요구수익률, 즉 신규 투자안에 대한 요구수익률(R_L^W =WACC)로서 다음과 같이 정의된다.

$$R_L^W = \text{WACC} = \left(\frac{S_L}{S_L + D_L}\right)R_L^s + \left(\frac{D_L}{S_L + D_L}\right)R_L^d \qquad \text{(식 9-8)}$$

단, R_L^W : 타인자본 사용기업의 기업 요구수익률

R_U^W : 100% 자기자본 사용기업의 기업요구수익률

식9-5를 식 9-8에 대입하여 정리해 보면, R_L^W=WACC= R_U^S= R_U^W임을 알 수 있다. 즉, 투자결정문제가 자본조달방법과는 무관하다는 것을 알 수 있다.

명제의 내용은 기업의 투자결정은 그 투자안으로부터 벌어들일 수 있는 수익률이 그 투자안에 대한 요구수익률보다 클 때에만 채택되어야 하며, 이러한 투자안에 대한 요구수익률은 기업의 자본구조와는 무관하다는 것이다.

$$\underbrace{\frac{\Delta E(EBIT)}{\Delta I}}_{\text{투자수익률}} \geq \underbrace{WACC = R_U^S}_{\text{요구수익률}}$$

4) 세금효과와 MM이론의 수정

MM 명제 Ⅰ: 타인자본을 사용하는 기업의 가치 V_L 은 타인자본을 전혀 사용하지 않는 기업의 가치 V_U와 이자비용의 법인 절감액의 현가 D_L×법인세율를 합한 것과 같다.

$$V_L = V_U + D_L \times \text{법인세율} \qquad \text{(식 9-9)}$$

앞에서 설명한 것과는 다르게 구체적인 예를 들어 설명해 본다.

	A	B	C
84	9-4 MM수정이론		
85		U기업과 L기업의 손익	
86		U기업	L기업
87	영업이익	11,000	11,000
88	지급이자	-	4,000
89	EBIT	11,000	7,000
90	Tax(20%)	2,200	1,400
91	순이익	8,800	5,600
92			
93	이자지급에 따른 세금절감효과		
94		현금흐름	
95		U기업	L기업
96	영업이익	11,000	11,000
97	세금	2,200	1,400
98	전체현금흐름	8,800	9,600
99			
100		현금흐름의 배분	
101		U기업	L기업
102	주주	88,000	5,600
103	채권소유자	-	4,000
104	전체현금흐름	8,800	9,600

지금 기업 L은 자기자본과 타인자본을 사용하며, 매년 발생하는 현금흐름 11,000원 중에서 4,000원은 지급이자로 7,000원은 배당금으로 지급한다. 기업U와 기업 L이 법인세 20%를 납부한다고 가정하면, 왼쪽 엑셀 작업표와 같이 기업U는 8,800원, 기업L은 9,600원의 현금흐름이 매년 발생한다.

기업 U의 가치= V_U =영속적인 8,800원의 현재가치

기업 L의 가치= V_L =영속적인 9,600원의 현재가치

= 영속적인 8,800원의 현재가치 +영속적인 800원의 가치

여기서 영속적인 현금흐름의 현재가치는 현금흐름을 기업요구수익률, 타인자본비용으로 각각 할인한 값이 된다. 즉, $\frac{8,800원}{R_U^W} = V_U$가 되고, 영속적인 800원의 현재가치는 D_L×법인세율이 된다.

$$\frac{800원}{R_L^d} = \frac{4,000원 \times 법인세율}{R_L^d} = D_L \times 법인세율$$

따라서 기업가치는 $V_L = V_U + D_L \times 법인세율$이 된다. 이와 같이 타인자본을 사용하는 기업가치 V_L이 기업 U의 기업가치 V_U보다 큰 것은 법인세 공제효과(Tax Shield Effect) 때문이다.

이것을 그림으로 표시하면 그림 9-4와 같다.

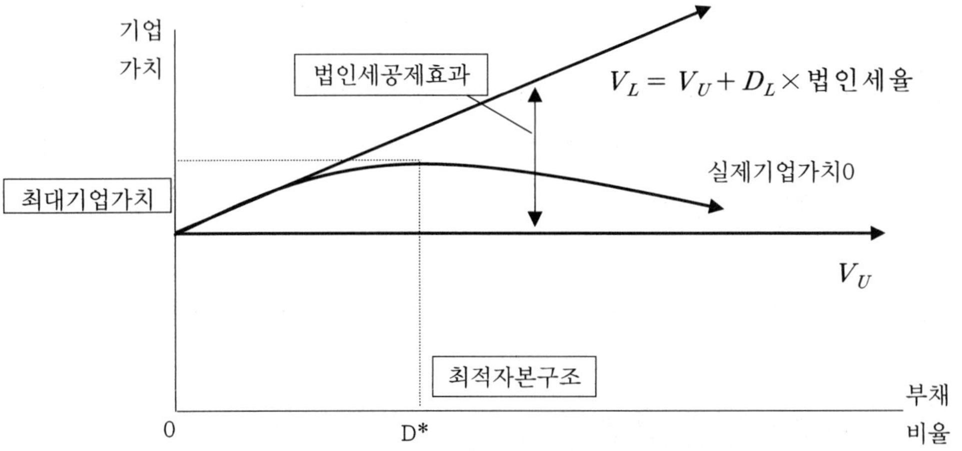

그림 9-4 법인세를 고려할 경우 재무레버리지와 기업가치

MM 명제 Ⅱ : 타인자본을 사용하는 기업 L의 자기자본비용은 다음과 같이 표시할 수 있다.

$$R_L^S = R_U^s + (R_U^s - R_L^d) \times (1 - 법인세율) \times \frac{D_L}{S_L} \qquad (식\ 9\text{-}10)$$

MM 명제 Ⅱ는 법인세가 존재하는 경우 재무레버리지와 자본비용과의 관계를 설명해 주고 있다.

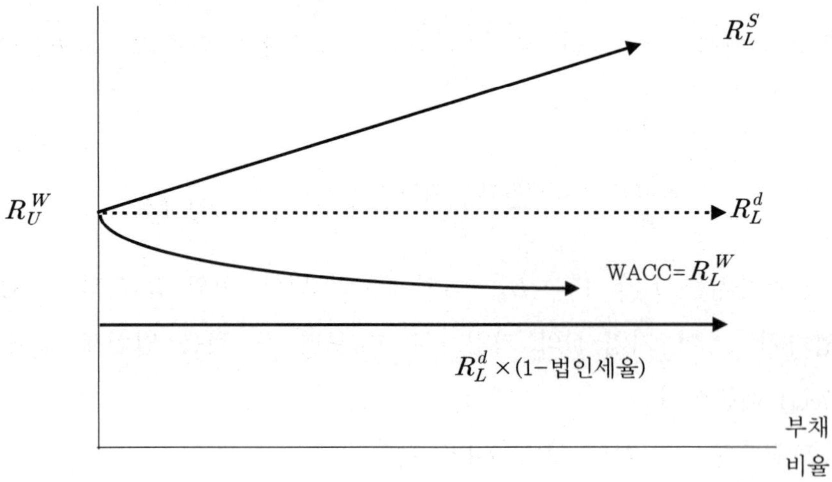

그림 9-5 재무 레버리지와 자본비용의 관계

위 그림에서 보듯이 부채비율이 증가함에 따라 자기자본비용이 증가하나, (1- 법인세율)이 항상 1보다 작기 때문에 식 9-5 보다 작게 증가한다. 즉, 기울기가 $(R_U^s - R_L^d)(1 - 법인세율)$로서 작다.

MM명제 Ⅲ : 기업의 신규투자안에 대한 요구수익률은 다음과 같다.

$$\frac{\Delta E(EBIT)(1 - 법인세율)}{\Delta I} \geq WACC = R_U^S[1 - 법인세율(\frac{D_L}{V_L})] =$$

$$R_U^W(1\text{-법인세율}\times\frac{D_L}{V_L}) \qquad \text{(식 9-11)}$$

결국 $R_L^W=R_U^W(1\text{-법인세율}\times\frac{D_L}{V_L})$이 된다.

이상과 같은 관계식을 기업요구수익률 R_L^W은 주식요구수익률R_L^s과 채권요구수익률 R_L^d의 가중평균으로 구해도 같은 결과가 된다.

$$R_L^W=\frac{S_L}{V_L}R_L^s+\frac{D_L}{V_L}R_L^d(1-\text{법인세율})$$

이와 같은 관계식에서 식 9-5를 R_L^s에 대입하여 정리하면 식 9-11이 된다.

$$R_L^W=\frac{S_L}{V_L}R_L^s+\frac{D_L}{V_L}R_L^d(1-\text{법인세율})$$

$$R_L^W=\frac{S_L}{V_L}[R_U^s+(R_U^s-R_L^d)\frac{D_L}{V_L}]+\frac{D_L}{V_L}R_L^d(1-\text{법인세율})$$

$$=\frac{S_L}{V_L}R_U^s+\frac{D_L}{V_L}R_U^s(1-\text{법인세율})==R_U^s(1-\text{법인세율}\times\frac{D_L}{V_L})$$

그런데 $R_U^s=R_U^W$이므로 $R_L^W=R_U^W(1\text{-법인세율}\times\frac{D_L}{V_L})$이 된다.

전자상거래 업체 아이비전(주)은 자기자본만으로 기업을 운영하고 있으며, 현재 기업가치는 200억원이고, 매년 기대영업이익이 영구히 50억원으로 예상되고 있다. 이 기업이 현재 부채를 조달하여 100억 상당의 주식을 매입하려는 계획을 가지고 있다고 한다. 타인자본의 조달비용은 10%, 법인세율은 40%라고 가정하여 다음 물음에 답하시오.

① 자기자본만으로 운영되는 이 기업의 자기자본비용과 가중평균자본비용을 계산하시오.

② 자본구조가 변경될 경우 자기자본비용과 가중평균비용은 어떻게 되는가?

풀이

① 자기자본만으로 운영되는 아이비전(주)의 자기자본비용과 가중평균자본비용을 계산해 본다.

매년 기대영업이익 50억원의 현금흐름이 영구히 지속되기 때문에 기업가치를 구하는 식에서 기업요구수익률을 계산한다.

$R_U^s = R_U^W$ 이기 때문에 $V_U = \dfrac{EBIT}{R_U^W} = \dfrac{EBIT}{R_U^s}$ 이다.

위 식에서 $R_U^s = \dfrac{50}{200} = 0.25 = R_U^W$가 된다.

B111 = =B108/B114

	A	B	C
106	9-5 아이비전(주) 자본비용		단위 : 억원
107		자기자본100%	타인자본사용
108	EBIT	50	50
109	법인세(40%)		
110	부채	0	100
111	자기자본비용	25%	
112	타인자본비용	10%	10%
113	가중평균자본비용		
114	기업가치	200	

엑셀작업은 B111셀에 마우스포인트를 위치시키고
수식 입력란에 다음과 같이 입력한다.

B111: =B108/B114

② 자본구조가 변경된 경우 타인자본을 사용하는 기업가치는 증가한다. 이것은 법인세 절감효과이며, 다음과 같이 계산한다.

$V_L = V_U +$ 법인세율 $\times D_L$에 해당되는 수식을 C114셀에 입력하여 값을 구한다.

C114 = =B114+0.4*C110

	A	B	C
106	9-5 아이비전(주) 자본비용		단위 : 억원
107		자기자본100%	타인자본사용
108	EBIT	50	50
109	법인세(40%)		
110	부채	0	100
111	자기자본비용	25%	
112	타인자본비용	10%	10%
113	가중평균자본비용		
114	기업가치	200	240

법인세를 고려할 경우 기업 L의 타인자본은 다음과 같다.

C112셀 : =B112*(1-0.4)

그리고 법인세를 고려할 경우 기업 L의 타인자본을 계산하니 31.4%가 된다. 식 9-10을 사용하여 해당 값을 입력한다.

$$R_L^S = R_U^s + (R_U^s - R_L^d) \times (1 - \text{법인세율}) \times \frac{D_L}{S_L}$$

마지막으로 기업 L의 가중평균자본비용을 계산하면 20.8%가 된다.

C113 = =C112*100/240+C111*140/240

	A	B	C	D	E
106	9-5 아이비전(주) 자본비용		단위 : 억원		
107		자기자본100%	타인자본사용		
108	EBIT	50	50		
109	법인세(40%)				
110	부채	0	100		
111	자기자본비용	25%	31.43%		
112	타인자본비용	10%	6%		
113	가중평균자본비용	25%	20.8%		
114	기업가치	200	240		

4. MM이후의 자본구조이론

1) 파산비용과 자본구조

파산비용

법인세를 고려할 경우 부채를 사용하는 비중이 증가하면 부채에 대한 이자감면효과가 증가하기 때문에 WACC는 감소하게 되고 기업가치는 증가한다고 하였다. 그러나 타인자본 의존도가 높아지게 되면 자기자본 소유주의 위험을 증가시켜 자기자본 비용이 증가하게 되고, 타인자본 사용의 이점을 완전히 상쇄하게 된다. 이와 같이 타인자본을 과도하게 사용하는 기업의 경우에는 타인자본의 사용이 법인세 절감효과라는 긍정적인 효과 이외에도 **기업의 부실화**라는 **부정적 효과**도 함께 작용한다는 사실을 유념해야 할 것이다. 기업이 부채를 사용하게 되면 정해진 날짜에 이자를 지급해야 하고 만기에는 채권자들에게 원금을 반드시 상환해야 한다는 사실을 기억해야 할 것이다. 그러나 지나치게 타인자본에 의존해 온 우리나라 대기업들의 부도사례를 살펴보면, 의욕적으로 벌인 사업들이 애초의 투자계획처럼 현금흐름의 유입이 이루어지지 않아, 보유하고 있는 자산에서 유입되는 현금흐름이 이자지급에도 못 미치는 어려움을 겪다가, 결국 부실의 늪에서 헤어나지 못하고 도산하고 만 케이스를 쉽게 찾아볼 수 있다.

원칙적으로 기업의 실제 자산가치가 부채가치와 같아지는 시점에서 파산이 발생하고 소유권은 채권자에게 넘어가지 때문에 채권자의 입장에서 손실이 발생하는 것은 아니다. 그러나 기업의 회생 가능성이 적어 채권자가 법원에 파산을 신청하게 되면 파산절차를 거쳐 기업이 정리된다. 파산이 신청이 되면 여기에 따르는 비용이 발생하는 데 이러한 비용을 **파산비용**(Bankruptcy Cost)라고 한다.

파산비용에는 크게 파산에 따르는 직접비용과 간접비용이 있다.

파산에 따르는 직접비용은 파산절차가 진행되는 동안 법률적, 행정적 처리과정에서 변호사, 공인회계사 등 전문가를 선임하게 되어 지출하는 비용과 기타 파산 관련 행정처리비용이 해당된다.

파산에 따르는 간접비용은 파산기업이 기업이미지 실추로 입게 되는 간접적인 비용으로 여기에는 고객과 거래처를 잃고 판매량이 감소하여 현금흐름유입이 작아지는 손실을 입게 되고, 또 신규 자금조달을 위해서는 높은 조달비용을 감수함으로써 발생하는 추가비용이 여기에 해당된다. 파산위험에 처해진 기업의 손실은 비단 역기에서 머물지 않는다. 일단 부도가능성이 알려지면 발행된 어음이 만기가 되기 전이라도 회수를 하려고 하며, 거래시 어음보다는 현금결제를 요구하게 된다. 기업 구성원의 도덕적 해이도 극에 달하게 되고, 유능한 인재는 손안에 든 모래가 빠져나가듯이 회사를 떠나게 된다.

이러한 파산비용을 감안한다면 부채비율이 높아짐에 따라 기대파산비용도 커지게 되어 부채사용 기업의 가치 V_L는 감소하게 될 것이다.

파산비용과 자본구조

MM의 자본구조이론의 내용은 완전자본시장의 가정아래에서 기업가치는 자본구조와 관련이 없다는 것이다. 그러나 완전자본시장의 가정을 완화하여 법인세와 파산비용이 존재할 경우에는 부채사용증가가 법인세 절감효과(플러스 효과)와 함께 기대파산비용이 증가하는 효과(마이너스 효과)를 가져온다.

그러므로 자본구조의 정태이론(Static Theory of Capital Struct
-ure)에서는 플러스효과 마이너스 효과를 함께 고려하여 기업가치가 극대화되는 최적자본구조를 다음과 같이 구할 수 있다.

$$V_L = V_U + \text{법인세율} \times D_L \text{-기대파산비용의 현가} \qquad \text{(식 9-12)}$$

위의 식 9-12를 그림으로 도식하면 그림 9-6이 된다.

부채를 많이 사용할수록 법인세 절감효과의 현가 "법인세율$\times D_L$"가 커지나, 기대파산비용의 현재가치도 함께 증가한다. 따라서 D*와 같은 최적자본구조가 존재하게 된다.

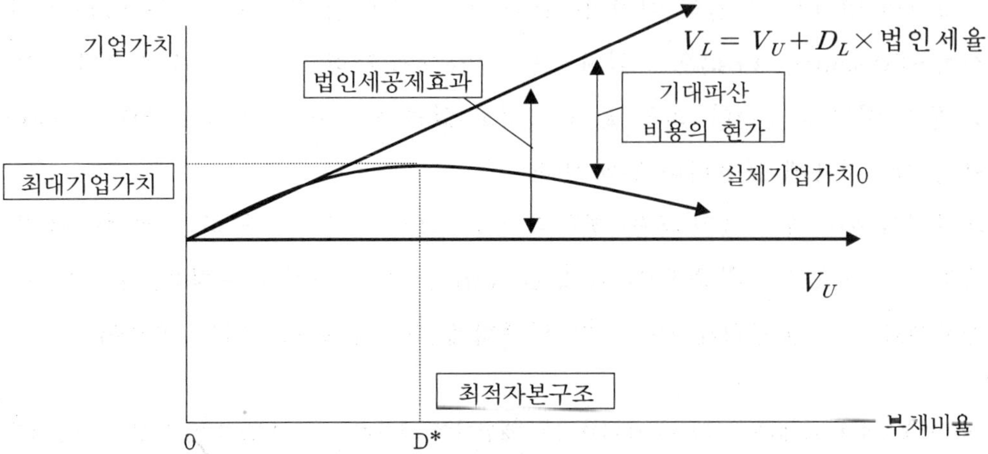

그림 9-6 법인세와 파산비용을 고려할 경우의 기업가치

2) 대리비용

다른 사람에게 의사결정권을 위양함으로써 자기자신을 위한 행위를 대산 수행하도록 하는 계약관계를 일반적으로 대리관계(Agency Relationship)이라 한다. 권한을 위양한 사람을 본인 또는 위양자(Principle)이라 하고, 위양받은 사람을 대리인(Agent)라고 한다.

오늘날 기업경영은 수많은 이해관계자로 구성이 되어 있다. 경영자, 주주, 채권자, 종업원, 소비자, 정부 등 다양한 이해관계자들은 자신들의 이익을 극대화하기 위해 노력하는 과정에서 표출되는 이해다툼으로 인하여 발생하는 비용을 대리비용(Agent Cost)이라 한다. 대표적인 대리비용의 문제는 자본과 경영이 분리되면서 주주 부의 극대화를 위해서 노력해야 할 경영자가 주주의 이익에 충실하지 않고 자신의 이익을 위하여 행동할 가능성이 있다. 이미 제1장 재무관리의 기초개념에서 주주 부의 극대화와 대리인 문제를 설명한 바 있지만, 경영자가 원칙적으로 주주를 대신하여 주주의 이익을 보호하고 주주를 위한 의사결정을 해야 하나 경영자 자신의 이해가 주주의 이해와 상충될 경우에는 자신에게 유리한 의사결정을 하는 사례를 얼마든지 찾아볼 수 있었다.[21]

젠슨과 메클링(M. Jensen & W. Meckling)은 이러한 대리인문제로부터 발생하는 대리비용을 방지하기 위한 수단에 따라 감시비용, 확증비용, 잔여손실 세 가지로 분류하고 있다.

① 대리인의 행위가 본인의 이익에 위배되지 않도록 감시하는데 드는 비용인 **감시비용**(Monitoring Cost)으로 감사활동, 경영자에 대한 보상약속에 소요되는 비용 등이 여기에 속한다. 최근 물의를 빚고 있는 사외이사제도도 기업내 감사와 함께 감시비용에 포함된다고 하겠다.

② 대리인이 본인에게 해가 되는 행위를 하고 있지 않음을 보증하는 과정에서 발생하는 비용으로서 **확증비용**(Bonding Cost)이 있다. 여기에 속하는 비용으로는 재무제표보고, 공인회계사에 의한 외부회계감사 등에 소요되는 비용이다.

---

21 이러한 이해상충의 관계가 존재하는 대리관계는 채권자와 채무자, 지주와 소작인, 은행과 예금가입자, 증권회사와 고객, 보험회사와 보험가입자 등 경제활동 전반에 걸쳐 광범위하게 나타나고 있다. 따라서 이와 같은 대리인문제가 발생하지 않도록 본인은 미리 계약에 여러 가지 규정을 두어 본인의 목적에 위배되지 않도록 제약을 가하거나 대리인들의 행동을 감독하는 제도적 장치가 필요하다.

③ 대리인의 의사결정과 본인의 입장에서 본 최적의사결정 사이에 존재하는 갭에 의해서 발생하는 부의 감소인 **잔여손실**(Residual Loss)이다.

그러나 근래에 와서는 대리비용을 대리비용 방지수단에 따라 감시비용, 확증비용, 잔여손실로 분류하지 않고, **대리비용의 발생원인**에 따라 자기자본(지분)의 대리비용과 부채의 대리비용으로 구분하는 것이 일반적인 방법이다.

대리비용의 유형

대리비용을 기업의 소유권구조에 따라 소유경영자(내부주주), 외부주주, 채권자와 같이 3자 관계로 나누어 ① 소유경영자(내부주주)와 외부주주간의 대리관계, ② 주주(채무자)와 채권자간의 대리관계로 구분하여 살펴보고자 한다.22

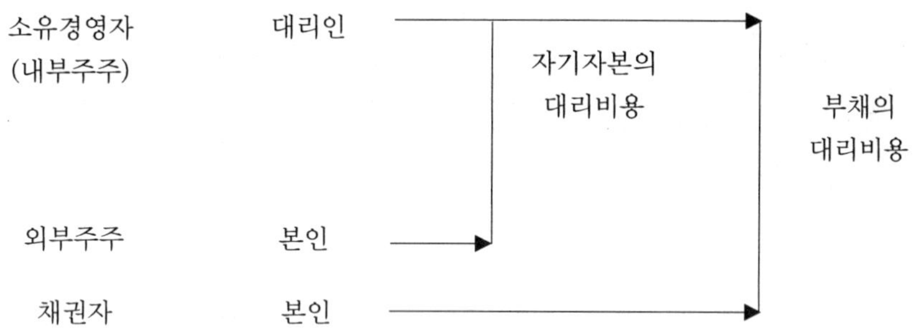

그림 9-7 대리비용의 유형

(1) 자기자본의 대리비용

자기자본의 대리비용은 외부주주인 본인과 소유경영자(내부주주)인 대리인간의 갈등에 따라 발생하는 대리비용이다. 소유경영자가 기업의 지분을 100% 소유하고 있다면 자신의 기업에 대하여 본인인 동시에 대리인이기 때문에 갈등의 소지 발생하지 않지만, 자본시장을 통해서 외부자금을 조달하게 된다면 불필요하게 자신의 집무

22 젠슨과 멕클링은 주식의 발행에 따른 대리비용을 자기자본(지분)의 대리비용(Agency Cost of Equity)이라 하고, 사채발행에 따른 대리비용을 부채의 대리비용(Agency Cost of Debt)라고 하였다.
M. Jensen & W. Meckling, "The Theory of the Firm : Managerial Behavior, Agency Costs and Ownership Structure,"Journal of Financial Economics, (Oct.1976) pp.305-360

실을 호화롭게 꾸민다든지, 최고급 승용차를 운행하고 매력적인 젊은 여비서를 채용하는 등 과시적 소비를 하거나, 경영활동과 관련해서 지나친 접대비나 기밀비를 지출하게 될 것이다.

최근 벤처기업의 젊은 창업인들이 벤처기업으로 투자자금이 몰리자, 수익성이 없는 모바일 벤처비즈니스에 방만한 투자를 일삼는 것은 외부주주의 부의 극대화라는 본래의 목적과는 위배되는 대리문제의 한 사례라고 하겠다.

이러한 자기자본의 대리비용을 다음 사례를 통해서 설명하고자 한다.

표 9-3 자기자본 대리비용의 예

B122 = =B119-B121

	A	B	C	D	E
115	9-6 대리비용				
116	(1) 자기자본의 대리비용				단위 : 만원
117		부채발행		주식발행	
118		6시간근무	8시간근무	6시간근무	8시간 근무
119	현금흐름	3,000	4,000	3,000	4,000
120	자금조달액	20,000	20,000	20,000	20,000
121	지금이자(연12%)	2,400	2,400	-	-
122	지분의 현금흐름	600	1,600	3,000	4,000
123	소유주의 현금흐름	600	1,600	1,000	1,333
124	소유주의 지분	100%	100%	1/3	1/3
125	소유주 현금흐름증감		1,000		333

서울 강남 테헤란로에 자리잡고 있는 신생 벤처기업 사장인 김 사장은 1억원의 현재가치를 지닌 기업(B 컴퓨터)을 자신이 직접 창업자금을 조달하여 설립한 소유경영자이다. 이제 새로운 모바일 비즈니스 사업영역을 개척하기 위하여 2억원의 자금을 조달할 계획을 수립하고 있다. 자금조달 방법은 사채 2억원을 발행하거나 주식 2억원을 발행하는 방법 중에서 하나를 선택하려고 한다. 이러한 두 개의 자금조달방법에 대한 새로운 사업안의 현금흐름은 표 9-3과 같다고 한다.

여기서 창업자인 김 사장은 자신의 근무시간을 하루 6시간 또는 8시간 중에서 임의로 근무시간을 선택할 수 있다고 가정한다. 표 9-3에서 김 사장은 사채를 발행하여 자금을 조달할 경우 100% 지분을 그대로 유지하고 있기 때문에 2시간 추가 근무로 **1,000만원**(1,600만원-600만원)의 수입을 더 얻을 수 있다. 즉, 지분의 현금흐름은 새로운 사업안으로부터 발생하는 현금흐름에서 지급이자를 뺀 금액이 지분(자기자본)의 현금흐름이 되므로, 6시간 근무할 경우 지분의 현금흐름은 600만원이고, 8시간 근무할 경우의 지분의 현금흐름은 1,600만원이기 때문이다.

그러나 주식을 발행할 경우 김 사장의 지분은 1/3이 되기 때문에 그의 몫은 지분의 1/3만 얻게 되므로, 8시간 근무를 할 경우 1,333만원의 수입을 얻을 수 있기 때문에 2시간의 추가적인 근무로부터 얻게되는 수입의 증가액은 단지 **333만원**(1,333만원 -1,000만원)이 된다.

그러므로, 창업자인 김 사장은 주식 발행 경우보다 부채를 발행할 경우 훨씬 더 열심히 일할 의욕을 느낄 것이다.

한편 김 사장의 지분이 1/3인 상태에서 위에서 살펴본 것과 같이 고급 집무실을 유지하고 지나친 접대비, 기밀비를 지출하며, 승용차 구입과 잦은 해외 출장 및 휴가 등 직무상의 특권을 행사하게 된다면 그러한 비용의 2/3는 다른 주주가 비용을 지불하는 것이 된다. 반면에 그가 회사의 지분 100%를 소유하고 있다면, 그러한 직무상의 특권행사에 따른 비용부담을 100% 소유주주인 자신이 부담해야 될 것이기 때문에 특권적 소비를 줄이게 될 것이다.

이와 같이 내부주주인 소유경영자가 자신의 욕구를 추구하는 과정에서 특권적 소비를 일삼고 회사 업무를 등한시할 때 기업의 부는 감소하게 된다. 이상과 같은 내부주주와 외부주주와의 대리비용은 내부주주의 **지분비율이 낮을수록** 발생할 가능성이 높다.

다음으로 자기자본의 대리비용을 감소시킬 수 있는 방안은 없을지 생각해 보자. 차입매수(LBO : Leveraged Buyouts)가 하나의 방안이 될 수 있다. LBO는 현재의 임원 혹은 종업원들이 자금을 마련하여 기업의 주식을 매입한 다음, 실질적인 기업의 소유주로 경영에 임하는 것이다. 이렇게 된다면 고용된 신분으로 일하는 것보다 훨씬 더 열심히 일하게 될 것이다.

(2) 부채의 대리비용

부채의 대리비용(Agency Cost of Debt)은 본인인 채권자와 소유경영자(주주)간의 갈등에 따라 발생하는 대리비용을 지칭한다. 주주와 채권자사이에 발생하는 갈등은 다음과 같이 세 가지로 구분된다.

이하 위험 선호유인, 과소 투자유인, 재산도피 등으로 나누어 부채의 대리비용을 살펴보자.

① 위험선호유인

주식회사의 주주는 자기가 투자한 금액에 대해서만 투자를 하는 유한책임을 진다. 따라서 부채사용비율이 높은 기업의 주주는 위험이 크고 **기대수익률이 높은 투자안**을 **선호**하는 경향을 가지고 있다. 왜냐하면 위험이 높은 투자안을 선택하여 성공하면 높은 수익률을 얻을 수 있고, 투자성공의 과실이 자신에게 귀속이 되기 때문이다. 반면에 실패하게 되더라도 주주가 부담하게 되는 손실은 주주로서 유한책임에 따라 투자금액 범위 내에서만 책임을 지면 된다.

채권자의 입장은 이와는 다르다. 주주가 위험이 큰 투자안을 선호하여 방만한 투자를 행하다 경영부실로 수익이 악화되면 약정된 지급이자 뿐만 아니라 대출금 회수마저도 곤란해진다. 따라서 투자손실로 발생할지 모를 불이익(파산위험의 증가로 타인자본 가치의 하락)을 보전하기 위하여 높은 이자율을 요구하게 된다. 이렇게 본다면 위험이 높은 투자안에 투자하여 높은 수익을 얻게 된다면 주주의 부는 증가하나 실패할 경우 자기자본을 초과하는 손실은 채권자의 부를 감소시키게 되므로 채권자로부터 주주에게로 부가 이전되는 효과가 나타나게 된다. [23]

이와 같은 사실을 표 9-4를 통하여 살펴보자. 여기에서 소유경영자는 기업의 기대가치를 증가시킬 수 있는 위험이 낮은 투자안 A를 선택하지 않고, 자신의 부를 극대화시키기 위하여 주식의 가치가 증가하는 위험이 높은 투자안 B를 선택하고 있다.

즉, 주주는 위험이 낮은 투자안 A를 선택하지 않고 위험이 높은 투자안 B를 선택함으로써, 호황에서 기업가치의 증가액 4억원(24억원-20억원) 전액을 주주가 수취하고, 반면에 불황시에는 기업가치 감소액 5억원(5억원-10억원)은 주주 대신 채권자가 부담하게 된다.

여기서 우리는 채권자의 부가 주주에게로 이전한 현상을 확인할 수 있다.

23 최근 유동성위기에 몰려 워크아웃을 신청한 대우를 비롯한 재벌기업들의 부실경영으로 이들 기업에 자금을 대출한 은행 등 금융기관에 막대한 손실을 끼쳤다. 결과적으로 은행의 부실화는 공적자금의 투입이라는 형태로 국민경제 전체에 부담을 안겨주게 되었다. 이와 같은 사례에서 우리는 채권자로부터 주주에게로 부의 이전효과가 발생하였다는 사실을 확인할 수 있다.

표 9-4 부채의 대리비용

	A	B	C	D	E
126	(2) 부채의 대리비용				
127	위험선호유인				
128	위험이 작은 투자안 A를 선택한 경우				단위 :억원
129		확률	기업가치	주식가치	채권가치
130	불황	50%	10	0	10
131	호황	50%	20	10	10
132	기대가치		15	5	10
133	위험이 높은 투자안 B를 선택한 경우				
134		확률	기업가치	주식가치	채권가치
135	불황	50%	5	0	5
136	호황	50%	24	14	10
137	기대가치		14.5	7	7.5
138	과소투자유인				단위 : 만원
139		투자안을 실시하지않을 경우		투자안을 실시하는 경우	
140		호황(50%)	불황(50%)	호황(50%)	불황(50%)
141	기업가치	5,000	2,400	6,700	4,100
142	부채가치	4,000	2,400	4,000	4,000
143	자기자본가치	1,000	-	2,700	100
144	기대청구권		500		1,400
145	투자안의 내용				
146	투자원금	1000			
147	미래현금흐름 현가	1700			
148	투자안의 순현가	700			

그러면 채권자의 입장에서 이러한 위험선호유인에 따르는 대리비용을 방지하기 위한 조치는 어떤 것이 있을까?

우선 생각해 볼 수 있는 것이 채권계약을 할 경우 위험자산에 투자하지 못하도록 **제한조항**을 두는 방법과 추가로 조달되는 부채에 대해서 자신들 보다 후순위 청구권을 갖도록 하거나 추가담보를 제공하게 하는 등 **채권보호조항**을 삽입하는 방법이 있다.

② 과소 투자유인

기업이 부채를 사용하지 않는다면 순현가가 0보다 큰 투자안이라면 주주는 투자를 하려고 한다. 그러나 부채를 사용하는 기업의 주주는 파산할 가능성이 매우 높은 경우 투자안의 순현가가 0보다 큰 경우라고 하더라도 순현가가 매우 높지 않으면 투자하지 않으려는 유인이 작용한다. 이것을 과소 투자유인(Underinvestment Incentive)이라고 한다.

이것을 설명하기 위해 표 9-4를 살펴보자. 이제 투자원금이 1,000만원이 들고 미래현금흐름의 현가가 1,700만원인 투자안이 있다면 주주들은 이러한 투자안에 대하여 어떤 결정을 내릴까?

투자안을 채택하지 않을 경우 주주들의 청구권의 기대가치는 다음과 같이 500만원이다.

B144셀 : =0.5*B143+0.5*C143

그리고 투자안을 채택할 경우 주주들의 기대가치는 1,400만원이 된다.

D144셀 : =0.5*D143+0.5*E143

투자안을 채택하는 경우 주주들의 청구권은 자신들의 출자액 1,000만원에도 못 미치는 900만원(1,400만원-500만원)이 증가하게 되어 소유경영자들은 새로운 투자안을 당연히 채택하지 않으려 할 것이다.

이와 같은 결과를 초래하게 된 원인은 주주들의 부가 감소되고 채권자 부가 증가하는 부의 이전효과가 발생했기 때문이다.

③ 재산도피

부채를 많이 사용하면 주주들은 부채의 사용대가로 채권자들에게 많은 이자를 지급해야 하기 때문에 이자지급을 줄이기 위하여 주주들에게 과도한 배당을 지급하거나 기업의 자금을 빼돌려 자사의 자산 가치를 줄인다. 극단적으로 파산지경에 이르게 되면 경영자는 기업의 전 자산을 매각하여 주주에게 배당으로 지급한다면 채권의 청구권은 소멸하게 될 것이다. 이렇게 자금을 빼돌리고, 과도한 배당을 지급하는 등 채권자들에게 돌아갈 가치를 줄이는 현상을 재산도피라고 한다.

대리비용과 최적자본구조

기업이 부채를 많이 사용하면 부채의 대리비용은 증가하고, 반대로 부채 대신에 외부주식의 비율이 증가하면 자기자본의 대리비용이 증가한다. 대리비용은 이와 같은 두 가지 대리비용을 합한 것이기 때문에 다음 그림 9-와 같이 두 가지 대리비용의 합이 최소가 되는 레버리지 수준에서 최적자본구조가 성립된다.

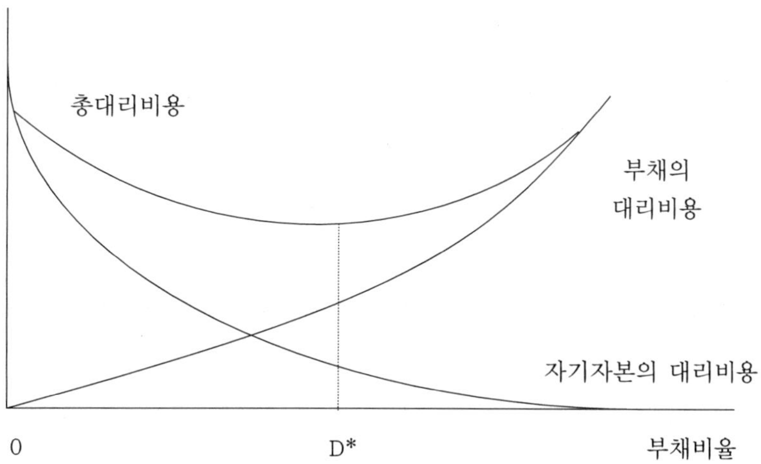

그림 9-8 대리비용과 최적자본구조

이상에서 살펴본 바와 같이 MM이후의 자본구조이론은 자본시장의 불완전요인을 고려함으로써 완전자본시장의 가정을 완화하는 방향으로 진행되어 왔다고 볼 수 있다.

연습문제

1. 다음 용어를 간단히 설명하시오.

(1) 최적자본구조 (2) 완전자본시장

(3) 대리비용 (4) 감시비용

(5) 확증비용 (6) 잔여손실

(7) 특권적 소비 (8) 정보의 비대칭성

2. 전통적인 접근방법에 따라 자본구조이론을 설명하시오.

3. 기업의 입장에서 우선주의 장점을 언급하시오.

4. 파산에 따르는 직접비용과 간접비용은 어떤 것이 있는지 조사해 보자.

5. 동해산업은 매년 일정한 기대영업이익 1억 2천만원의 현금흐름이 영구히 지속될 것으로 예상된다. 현재 이 기업의 주가는 6,000원이며 10만주를 발행하여 자기자본을 조달하고 있다. 만약 이자율 10%로 사채 3억원을 발행하여 자사주를 매입하여 소각할 계획이라고 한다. 법인세가 없다면 사채 발행전의 자기자본비용과 가중평균자본비용은 어떻게 되는가?

6. (타인자본사용기업의 주식요구수익률)
똑같은 성격의 자산을 보유하고 있는 기업 U와 기업 L이 있다. 기업 U는 자기자본만을 100% 사용하는 기업이고 주식요구 수익률은 연 14%이다. 한편 타인자본을 사용하는 기업인 L기업이 타인자본(부채)을 각각 20%, 40%, 60% 사용한다면 법인세를 고려하지 않을 경우 L 기업의 주식에 적용되는 요구수익률은 얼마가 되는 가? 여기서 채권요구수익률은 11%로 가정한다.

[힌트] $R_L^s = R_U^s + (R_U^s - R_L^d) \times \frac{D_L}{S_L}$ (식 9-5)을 사용한다.

제6편

배당정책

제10장 배당정책

제10장

배당정책

기업들이 경영활동의 종합적인 성과로서 얻어진 이익 가운데 얼마를 주주들에게 배당으로 지급하고, 새로운 투자활동에 필요한 자금을 위하여 사내에 얼마를 축적하여야 기업가치가 극대화될 수 있는가하는 문제는 경영자에게나 투자자인 주주 모두에게 매우 중요한 관심사가 된다. 경영자의 입장에서는 성장률이 높은 투자기회가 있다면, 이익의 일부를 사내에 유보시키는 것이 바람직하다. 왜냐 하면 은행 등 금융권으로부터의 차입에 의한 부채증가는 고정된 지급이자의 부담이 있으며, 외부주주로부터 자금을 조달하기 위하여 주식을 발행하는 방법은 기존 주주의 지분이 줄어들어 경영지배권에 위협이 될 수 있기 때문이다. 주주의 입장에서도 출자한 자금에 대한 보수로서 배당을 지급 받게 될 경우 직접적으로 이득을 취할 수 있어 사내에 유보하는 것보다는 선호한다고 볼 수 있다. 그러나 사내유보를 통해서도 주가가 상승하기 때문에 배당이외에도 주식전매에 따른 자본이득을 기대할 수 있다.

이와 같이 기업이 법인세와 이자를 지급하고 남은 현금흐름 중에서 주주들에게 지급되는 배당과 재투자를 위해서 사내에 유보하여야 할 유보현금을 배분하는 결정을 배당정책이라 한다.

배당정책은 투자정책과 자금조달정책과도 맞물려 있다고 생각하여야 한다. 먼저 투자규모가 결정되고, 이 중 얼마의 자금을 자기자본으로 조달할 것인지 결정되면, 배당규모가 결정된다. 반대로 적극적으로 배당규모를 먼저 정하게 되면 이것에 따라서 투자정책과 자본조달정책이 영향을 받게 된다.

이 장에서는 배당정책이 기업가치에 어떤 영향을 미치는 가에 초점을 두고서 배당과 기업가치의 관계에 대한 이론들을 살펴본 다음, 배당정책의 특수한 형태로서 현금 대신 주식으로 배당을 지급하는 주식 배당과 배당을 줄 수 있는 현금으로 자기회사의 주식을 매입하는 금고주에 대해서 공부하고자 한다.

1. 배당정책의 의의

배당정책이 기업가치에 어떤 영향을 미치는가에 대한 설명을 위하여 먼저 기업의 투자결정이 선행된 다음, 배당정책이 결정되고, 배당으로 인한 추가적인 부채의 발행이 없다고 가정하자. 기업의 투자와 자본구조가 일정하다고 가정함으로써 배당이 기업가치에 미치는 순효과를 살펴볼 수 있을 것이다.

이제까지 배당정책과 기업가치의 관계에 대해서는 많은 연구가 이루어져 왔는데 이들 연구결과를 정리하면, 완전자본시장에서는 배당정책이 기업가치에 전혀 영향을 미치지 못한다는 배당무관련이론이 있고, 기업가치에 영향을 미친다는 배당관련이론이 있다.

배당무관련이론(Irrelevance Theory of Dividend)으로는 MM이론이 있으며 기업가치는 본질적으로 기업자산의 수익력에 의해서 좌우되고, 배당정책은 기업의 이익을 배당과 유보이익으로 나누는 단순한 작업에 불과하다고 하였다.

배당관련이론(Relevance Theory of Dividend)으로는 제임스 월터(J. Walter)의 모형과 고든(M. J. Gordon)의 모형이 있으며, 배당여부와 배당금지급액 정도에 따라 기업가치가 달라진다고 하였다.

기업이 어느 정도 배당을 지급하고 있는 지를 나타내는 척도로서 주당배당, 배당수익률, 배당성향, 배당률이 있다. 주당배당(Dividend Per Share)은 주식 1주당 배당금액으로 표시하고, 배당수익률(Dividend Yield)은 1주당 배당금을 주식가격으로 나눈 값이다. 배당성향(Dividend Payout Ratio)은 기업의 순이익 중 주주에게 배당으로 지출된 금액의 비율을 표시한다.

배당률은 주당배당금을 액면가로 나눈 값이다.

[현금배당의 유형과 배당제도의 문제점]

배당은 대부분 현금의 형태로 지급되나 기업의 사정상 주식배당(Stock Dividend), 자사주매입(Stock Repurchase), 주식분할(Stock Split) 등 특수한 형태를 취할 때가 있다. 현금배당(Cash Dividend)은 가장 일반적인 형태의 배당으로 매기 정규적으로 지급되는 정규현금배당과 추가현금배당, 특별현금배당이 있다.

① 정규현금배당 : 매 사업연도 결산 후 정기주주총회의 의결을 거쳐 당기순이익에서 정기적으로 지급되는 배당을 말한다. 정규현금배당은 기업의 경영성과와 관계없이 일정하게 지급되는 경향이 있어 순이익이 일시적으로 감소하더라도 안정적인 배당을 하는 경향이 있다.

② 추가현금배당 : 기업전망이 장기적으로 개선될 여지를 보이고 일시적으로 많은 이익을 얻을 때 정규현금배당이외에 추가적으로 지급하는 현금배당을 말한다. 순이익 증가가 지속될 경우에는 추가현금배당이 계속 지급될 수 있으나 순이익 증가가 일시적인 현상이라면 계속 지급되기가 어렵다.

③ 특별현금배당 : 정상적인 배당지급시기이외에 임시주주총회의 의결을 거쳐 보너스형식으로 지급되는 현금배당이다.

현금배당의 지급시기에 대해서는 매회계연도 종료일로부터 3개월 내에 열리는 주주총회에서의 의결에 따라 지급하도록 상법에 규정되어 있다. 여기에는 지급되는 주당배당금, 배당기준일, 배당지급일 등이 포함되어 있으며, 회사가 지급할 수 있는 한도금액에 대해서는 규정이 있으나 그 한도내에서 얼마를 배당으로 지급하여야 하는지 에 대한 규정은 없다. 우리나라에서 배당금결정은 주주의 이익을 보호한다는 차원에서 주주총회에서 결정되도록 하고 있다. 따라서 결산기 이후에 개최되는 주주총회에서 배당결정이 이루어지기 때문에 배당금이 결정되기 전에 배당락이 일어나는 모순이 발생한다.

그러나 미국에서는 주주총회가 아닌 이사회에서 배당을 결정하도록 규정하고 있어 이러한 문제가 발생하지 않는다.

---

2. 배당정책에 대한 이론

1) MM의 배당무관련이론

기업의 배당정책은 투자정책과 자본조달정책이 결정되어 있는 경우에는 그에 따라 유보현금흐름의 크기가 결정되고 배당금도 자동으로 결정된다.

배당 = 법인세 및 이자지급후 현금흐름-유보현금흐름
= 법인세 및 이자지급후 현금흐름
-(투자소요액-신규 자본조달액)

투자소요액은 기업의 투자정책에 따라 결정되고 신규 자본조달액은 자본조달정책 및 자본구조에 따라 결정된다. 즉, 배당금은 유용한 투자기회를 수행하고 남은 **잔여 현금흐름**(Residual Cash Flow)의 성격을 갖는다.

예를 들어 어떤 교육포털 사이트(배움닷컴)는 사이버교육 사업의 영역을 오프라인 학원교육사업과 같이 확장하기 위하여 투자계획을 가지고 있다. 현재 1.8억원의 당기순이익이 발생한 상태에서 잉여금으로 축적할 것인지 배당금으로 지급할 것인지를 검토하고 있다.

이 기업의 배당정책에 관한 의사결정은 다음과 같이 이루어질 것이다.

① 최적자본자출에 대해서 결정해야 할 것이다. 투자규모는 새로운 사업안의 투자수익률과 한계자본비용이 만나는 곳에서 결정될 것이다.

② 투자액 중에서 목표자본구조에 따라 자기자본으로 조달해야 할 자금규모를 산출해야 한다. 이 기업은 부채와 자기자본 비율을 3:7로 유지하고자 한다.

③ 잉여금이 투자에 필요한 자기자본보다 적은 경우에는 주식을 발행하여 자금을 외부에서 조달할 것이다.

④ A, B, C 투자규모는 각각 1.5억, 2.4억, 3.2억이다. 이 기업의 투자규모에 따른 각각의 자기자본을 구해 보자.

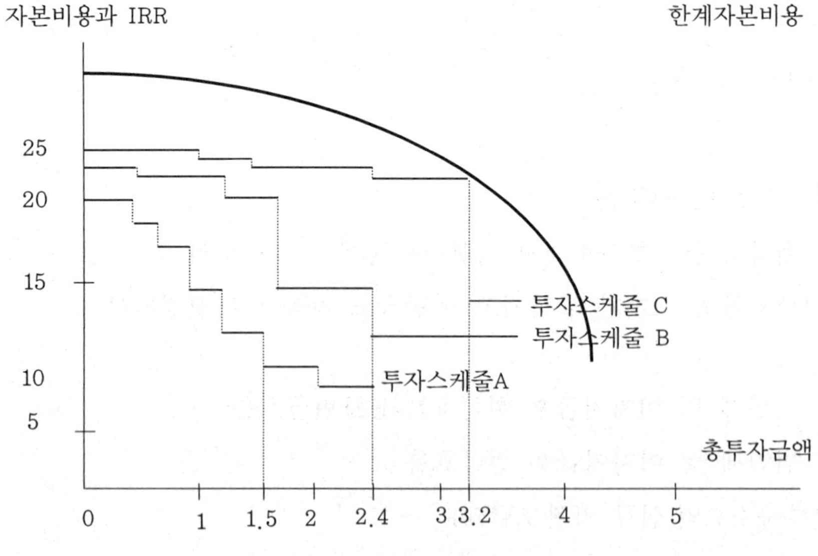

그림 10-1 한계비용과 투자스케줄

투자기회와 배당금 (잔여현금흐름)

배움닷컴의 투자기회와 배당현금흐름은 다음 표 10-1과 같다.

표 10-1

B8 = =B5*B7

	A	B	C	D	E
1	10-1 배당정책				
2	(1) 배당무관련이론				
3		www.Baeoom.com		투자기회와 배당금	
4		A	B	C	
5	투자규모	1.50억	2.40억	3.20억	
6	잉여금규모	1.80억	1.80억	1.80억	
7	자기자본비율	0.7	0.7	0.7	
8	자본소요	1.05억	1.68억	2.24억	
9	배당금	0.75억	0.12억	0	
10	배당성향	41.7%	6.7%	0%	

[엑셀작업순서]

① 투자규모에 A, B, C에 대한 자기자본비율을 곱하여 신규 투자에 소요되는 자본을 구한다. B8셀에 B7을 곱한다.

② 배당금은 잉여금규모에서 자본소요를 차감에서 구한다.

투자규모 C에서 배당금은 제로가 된다. 투자에 필요한 자기자본규모가 이익잉여금보다 큰 경우에는 배당금 지급이 되지 않는 다는 것이다. 따라서 D8셀에는 IF함수를 사용하여 다음과 같이 입력한다.

D8셀 : =IF(D6-D8<0, "0")

③ 배당성향은 "배당/잉여금"으로 구한다.

위에서 살펴 본 바와 같이 기업의 배당은 잔여현금흐름으로 기업가치에 전혀 영향을 미치지 않는다는 배당무관련이론으로 귀결된다. MM(Miller & Modigliani)에 의하면 세금, 거래비용 등이 존재하지 않는 완전자본시장에서는 자본투자액이 정해진 경우 기업의 배당정책과 기업가치와는 아무런 관련이 없다고 한다. 이들이 전제한 기존 가정은 다음과 같다. ① 세금이 없다. ② 거래비용이 없다. ③ 투자자들은 시장정보를 공유하고 있다. ④ 투자자금은 얼마든지 외부에서 조달 가능하다. 이런 가정하에서는 기업가치는 기업의 수익인 현금흐름에 의해서 결정되는 것이며, 수익 중에서 얼마를 유보하고 어느 정도 배당을 지급하는 가하는 배당정책과는 아무런 관련이 없다한다. 주어진 투자결정 아래서 배당지급후 필요한 투자자금을 신주발행에 의해서 조달한다면 배당지급은 신주발행이 있기 이전의 주주인 기존주주의 부에는 영향을 미치지 못한다는 것이다. 왜냐하면 배당이 있기 이전의 기업의 총가치는 배당지급 후에는 정확하게 배당지급액 만큼 감소하기 때문이다.

배당후 기업의 총가치=배당전 기업의 총가치-배당액 + 신주발행액
단, 배당액=신주발행액

MM의 배당무관련이론은 배당의 수령에 의한 부의 증가는 동일한 정도의 주가하락에 의해서 상쇄되고, 또한 배당의 수령을 포기하여 유보이익이 증가하게 되면 포기한 배당액만큼의 주가상승이 일어나기 때문에 주주의 부는 전혀 변동이 없는 것이라 한다.

구체적인 수식을 사용하여 MM의 배당무관련이론을 설명해 보기로 한다. MM은 어떤 영업기간의 기초의 주가는 그 영업기간의 기말 배당과 기말의 주가의 합계액을 적절한 할인율로 할인한 현가와 같다는 데에서 출발하고 있다. 이를 수식으로 표시하면 다음과 같다.

$$P_0 = \frac{1}{1+k_e}(D_1 + P_1) \qquad \text{(식 10-1)}$$

단, P_0 : 기초의 주가, P_1 : 기말의 주가(배당락)

D_1 : 기말의 주당배당

K_e : 자본환원율(모든 기간을 통하여 항상 일정)

따라서 기간 0기간에 기발행 주식수가 n이고, 기간 1에 P_1의 가격으로 새로 발행된

주식 수를 m이라 한다면, 현재 기업의 총가치는 다음과 같이 표시된다.

$$n.P_0 = \frac{1}{1+K_e}[n.D_1 + (n+m)P_1 - m.P_1] \quad \text{(식 10-2)}$$

위의 식이 뜻하는 바는 기간 0에 있어서의 총가치($n.P_0$)는 기간 1에 지급될 배당액($n.D_1$)과 기간1의 총발행주식가치[$(n+m)P_1$]에서 신규발행주식의 가치($m.P_0$)를 차감한 금액의 현가(K_e로 할인)가 된다는 것이다,

한편 제1기 중의 총투자소요액에서 유보이익에 의하여 조달할 수 있는 부분을 차감한 나머지는 신주발행에 의해서 조달되기 때문에 신주발행액은 다음과 같이 표시된다.

$$m \cdot P_1 = I - (X - n \cdot D_1) \quad \text{(식 10-3)}$$

단, I : 제1기 중의 신규투자액

X : 제1기 중의 순이익

$(X - n \cdot D_1)$: 순이익－제1기 중 배당지급액＝사내 유보액

식 10-3을 식 10-2에 대입하여 정리하면 다음과 같다.

$$\begin{aligned} n.P_0 &= \frac{1}{1+K_e}[n.D_1 + (n+m)P_1 - (I - (X - n_1 \cdot D_1))] \\ &= \frac{1}{1+K_e}[n.D_1 + (n+m)P_1 - I - n \cdot D_1 + X] \\ &= \frac{1}{1+K_e}[(n+m)P_1 - I + X] \end{aligned} \quad \text{(식 10-4)}$$

식 10-4를 보면 기업의 가치는 배당과는 전혀 관계가 없고 새로운 투자소요액, 순이익, 주식발행총액 그리고 자본환원율 등에 의해서 좌우됨을 알 수 있다. 바꾸어 말하면 배당의 증가에 의한 주주소득의 변화는 주식종가(Terminal Value)의 하락으로 상쇄되어 주주 부에 영향을 미치지 않는다. 즉, 기업가치는 미래기대이익흐름에 의해서 결정되는 것이지 미래의 이익유보와 배당지급에 대해서는 아무런 영향을 받지 않음을 보여주고 있다.

그러면 현실적으로 기업들은 서로 다른 배당정책을 취하고 있는 데 그 이유는 무엇일까? MM은 **고객효과**(Clientele Effect)에 의해서 그 이유를 설명하고 있다. 증권시장에서 배당성향이 서로 다른 주식들이 서로 거래되고 있는 데 이것은 투자자들이 그들의 기호에 따라 배당성향이 서로 다른 주식을 선호하게 된 결과라고 한다. 즉, 자본이득을 선호하는 투자자는 배당성향이 낮은 기업의 주식을 선호하고, 반면에 배당소득에 의존하는 투자자들은 배당성향이 높은 기업의 주식을 선호하여 투자를 할 것이라는 설명이다.

따라서 연금생활자와 같은 투자자들은 높은 배당을 선호하며, 기업 경영권 장악에 관심이 많은 법인주주들은 배당에 대한 높은 소득세율 때문에 낮은 배당을 더 선호할 것이다. 이렇게 본다면 현금배당을 선호하는 투자자가 많은 기업은 높은 배당을 지급하게 되고, 대주주 등 낮은 배당을 선호하는 투자자가 많은 기업은 낮은 배당을 지급하게 될 것이다. 그러므로 투자자들은 자신의 배당 선호에 맞는 기업에 투자함으로써 스스로 자신의 취향에 맞는 배당수준을 조정해 나갈 수 있어 기업의 배당정책은 주주의 부(기업가치)와는 아무런 관련이 없게 된다는 것이다.

고객이론의 핵심은 완전자본시장이라는 가정 아래에서는 기업이 배당정책을 변경시킨다하더라도 투자자들이 스스로 배당수준을 조정할 수 있기(자기배당) 때문에 배당정책은 주가(기업가치)에 영향을 미치지 않는다는 것이다.

[배당과 기업가치의 무관련성]

경남기업의 보통주 총발행주식수는 100,000주이고, 초기인 현재 주가는 15,000원이다. 이 기업은 기말에 3억원 규모의 투자금액이 소요되는 신규투자를 계획하고 있다. 이 기업의 기말 법인세 차감후 순이익은 2억원으로 예상되며, 기말에도 전기와 같이 순이익의 50%를 배당으로 지급하려고 한다. 이 기업의 자기자본환원율이 10%라고 한다면, 기말 예상주가와 신규투자를 위해서 발행할 보통주의 주식수를 MM이론을 이용해서 추정해보시오. 다음으로 기말 배당성향을 20%로 낮출 경우 기말 예상주가와 예상기업가치는 어떻게 변동하는지 MM이론을 이용해서 비교해 보시오.

식 10-5에서 알 수 있는 것은 주주의 실제적인 수입은 배당의 형태로 구체화되므로 일정시점에서의 보통주의 가치는 그 시점에서 계속적으로 수령 가능한 미래배당의 현가의 합으로 구해 질 수 있다는 것이다. 따라서 만일 현재 배당을 전혀 지급하지 않는 기업의 주식이라도 주가가 형성되는 이유는 미래에 배당지급가능성이 있기 때문이며, 주식을 전매하는 경우에도 식 10-5가 성립하는 이유는 주식매도가격이 매도시점이후에도 영속적으로 수령 받는 배당금의 현가로 볼 수 있기 때문이다.

배당이 기업가치를 증가시킨다는 입장에서 본다면 위에서 살펴본 고든 모형이외에 **정보전달효과**(Signalling Effect)를 들 수 있다. 배당의 정보전달효과는 경영자가 일반투자자들보다 기업의 경영내용전반에 대해서 더 우월한 정보를 가지고 있다는 정보의 비대칭성(Information Asymmetry)에 근거하고 있다.

일반투자자들은 기업들이 주주에게 지급하고 있는 배당의 변화에 민감하다. 대부분의 경영자들은 주가시가기준 2-5%수준에서 배당금을 지급하는 **안정적인 배당정책**을 실시하고 있으며, 미래의 현금흐름에 대한 기대가 극도로 비관적이어서 현재의 배당수준을 지속하기가 곤란하지 않는 한 현재의 배당수준을 유지하려고 한다. 따라서 주주들은 예상외의 배당금을 증가시켜 지급하게 되면 경영 호전에 따른 미래수익력의 증가로 받아들여 주가에 플러스 영향(good news로 주가상승)을 미치게 되고, 예상외의 배당금 감소지급은 미래수익력의 감소로 해석하여 주가에 마이너스 영향(bad news로 주가하락)을 미치게 된다.

이와 같이 배당지급 자체가 기업의 재무구조 전반에 대한 하나의 신호로서 작용하여 주가에 영향을 미치게 된다.

배당이 기업가치를 증가시킨다는 입장에서 주주들의 **배당선호론**을 들 수 있다. 소액주주들은 유보보다는 배당을 선호한다. 그 이유는 당장 확실한 현실수입을 불확실한 미래의 자본이득보다 선호하기 때문이다. 그리고 기업이 배당을 지급할 경우 소액주주들은 배당소득에 대하여 주식매각에 의해 실현되는 자본이득의 경우보다도 높은 세율의 소득세가 부과되어 불리하다. 반면에 대주주들은 미래의 투자기회를 대비하여 사내에 유보하는 것을 더 선호한다. 투자에 필요한 자금을 사채를 발행하거나 주식을 발행하여 조달하는 것은 지급이자의 부담과 주식지분이 줄어드는 부담이 따르기 때문이다.

이상에서 살펴본 바와 같이 배당지급이 세금면에서 투자자들에게 불이익이 되는 점도 있지만, 대체로 투자자들은 유보보다는 배당결정이 기업가치결정에 중요한 역할을 한다고 주장하고 있다.

그 이유를 요약하면 다음과 같다.

첫째, 현금배당은 주주들의 기업 내적·외적 미래 불확실성에 대한 불안을 제거시켜주기 때문에 배당을 이익유보보다 더 선호한다.

둘째, 배당의 안정적인 지급은 기업 재무구조의 전반적인 건전성을 암시하여 기업가치를 높인다.

셋째, 대다수의 소액투자자들은 장래의 불확실한 자본이득보다는 현재의 확실한 현금수입을 더 선호한다.

(2) 배당이 기업가치를 감소시킨다는 주장

앞에서 설명한 MM의 배당무관련이론은 세금, 발행비용 등을 무시하여 이론을 전개하였지만, 현실적으로 이러한 가정을 풀고 이들이 존재한다고 본다면 배당이 기업가치를 감소시킨다는 주장도 일리가 있다고 본다.

구체적으로 그 내용을 살펴보자. 첫째, 외부자금 조달시 발생하는 자본조달비용문제이다. 기업이 배당을 실시하게 되면 그만큼 기업 내부 유보이익이 줄어들게 되어 새로운 투자기회를 만나게 될 경우 주식발행이나 사채발행, 차입 등으로 외부로부터 자금을 조달해야 한다. 외부자금조달은 일정한 자본조달비용이 수반되기 때문에 그만큼 기업의 현금유출이 발생하기 때문에 기업가치가 감소한다는 주장이다. 둘째, 투자자들에게 부과되는 배당소득세와 주식매매로 인한 자본이득세가 동일하지 않고 상이할 경우 배당정책은 주주의 부에 영향을 미친다. 주주의 입장에서는 두 가지 소득세율이 차이가 없고 동일하다면 배당정책은 주주의 부에 영향을 미치지 못한다. 그러나 현실적으로 우리나라의 경우는 2천만원 이하의 배당소득에 대해서는 15.4%의 세율이 적용되고, 주식매매차익에 대한 자본이득세는 납부하지 않는다. 그러나 증권매도시 0.5%의 증권거래세가 부과되어 이것을 자본이득에 대한 세금으로 간주할 수 있겠다.[25] 이와 같은 세금구조에서 본다면 100만원의 배당금에 대해서는 15.4

---

25 증권거래세법 8조(거래세율)

만원의 배당소득세를 납부하여야 하지만, 동일한 금액을 증권거래세로 납부하는 주식거래대금은 3,080만원(=15.4만원÷0.005)이 된다. 따라서 주식의 배당수익률(주당배당액/주가)이 3.24%(100만원÷3,080만원)이상이면 배당소득세 납부액이 많아지고, 그 미만이면 증권거래세 납부액이 많아지게 된다. 일반적인 경우에 배당소득세가 자본이득세 보다 크기 때문에 납세후 기준으로 볼 때 투자자들은 배당보다는 유보에 의한 자본이득을 더 선호한다는 것이다. 특히, 대주주나 개인기업 소유주인 경우는 배당소득이 다른 소득에 합산되어 과세되기 때문에 더욱 이러한 경향은 두드러진다.

(3) 배당이 기업가치에 미치는 영향은 미래성장가능성에 따라 달라진다는 주장

월터(J. E. Walter)는 자기자본비용과 유보이익에 의한 미래 재투자 수익율과의 관계에서 적정 배당성향이 결정된다는 모형을 제시하고 있다. 월터는 배당정책과 주가모형을 설명함에 있어 다음과 같은 다섯 가지 가정을 설정하고 있다.

① 기업이 투자를 위한 소요자금을 조달함에 있어 타인자본이나 신주발행에 의존하지 않고, 전부 기업이 축적한 유보이익에만 의존한다.

② 기업의 수명은 영속적이다.

③ 기업의 재투자수익율(r)과 자기자본비용(자기자본환원율: K_e)은 일정하다.

④ 기업이 당기에 실현한 순이익은 모두 배당으로 지급되거나 사내 유보된다.

⑤ 최초의 순이익과 배당은 변하지 않는다.

이상의 가정에서 모순은 있지만 월터가 의도한 것은 유보이익의 재투자수익율(r)과 미래 자기자본비용이 주가에 영향을 미치는 것으로 보았다. 즉, 재투자수익율(r)이 자기자본비용(K_e)보다 높은 기업은 성장기업으로서 가능한 유보이익을 늘이는 것(기업내에 투자)이 기업가치 증가에 유리하며, 재투자수익율(r)이 자기자본비용(K_e)보다 낮은 기업은 사양기업으로서 가능한 배당을 늘이는 것이 기업가치 증가에 유리하다.

이것을 설명하는 월터의 주가모형은 다음과 같다.

$$P = \frac{D + \frac{r}{K_e}(E - D)}{K_e} = \frac{1}{K_e}D + \frac{r}{K_e^2}(E - D) \qquad \text{(식 10-6)}$$

단, P : 보통주의 주당시장가치, D : 주당배당금(DPS)

E : 주당이익금(EPS), r : 유보이익의 재투자수익율

K_e : 자기자본비용

위 식에서 $\frac{1}{K_e}D$는 기업의 수명이 존속하는 한 영구히 지급되는 배당금을 할인한 것이기 때문에 현가를 나타낸다. 또한 E-D는 주당이익금에서 주당배당금을 뺀 유보이익이며, 이것에 의한 재투자수익은 $r(E-D)$으로 표시된다. 이와 같은 재투자수익은 매년 반복적으로 발생하기 때문에 매년 반복적으로 발생하는 재투자수익의 현가의 합계는 $\frac{r(E-D)}{K_e^2}$가 된다. 식 10-6에서 배당과 유보이익의 계수를 각각 비교해 보자.

첫째, $\frac{1}{K_e} < \frac{r}{K_e^2}$인 경우 즉, $K_e < r$일 때에는 기업(성장기업)은 가능한 배당을 줄이고 유보이익을 늘려 재투자하면 기업가치가 증가한다.

둘째, $\frac{1}{K_e} > \frac{r}{K_e^2}$인 경우 즉, $K_e > r$일 때에는 배당이 유보이익보다 기업가치에 미치는 영향이 크기 때문에 기업(사양기업)은 가능한 배당을 늘이면 기업가치가 증가한다.

셋째, $\frac{1}{K_e} = \frac{r}{K_e^2}$인 경우 즉, $K_e = r$일 때에는 기업이 어느 정도배당을 하든지 또는 어느 정도 유보를 하든지 기업가치에는 영향이 없다. 다만 실현시킨 이익의 크기에 따라 기업가치가 결정된다.

3. 특수한 형태의 배당

이제까지 우리는 배당이 기업가치에 영향을 미치는 지 여부에 대해서 학습하였다. 현실적으로 기업의 배당정책은 기업가치와 주주의 부에 영향을 미치기 때문에 대부분의 기업들은 배당수준의 결정에 신중을 기하고 있다. 그러나 대부분의 기업에서는 영

업이익수준의 변동 여부에 관계없이 낮은 수준에서 안정배당정책을 실시함을 설명한 바 있다.

배당의 지급형태는 현금배당이 일반적이지만 주식배당, 유상증자, 주식분할, 자사주 매입 등 특수한 형태도 주주들에게 배당을 하였을 경우와 비슷한 영향을 미치기 때문에 배당정책의 일환으로 고려될 수 있겠다. 이들에 대한 내용을 자세히 알아보자.

1) 주식배당

주식배당(Stock Dividend)은 기존주주들에게 현금배당 대신에 자사주식을 추가로 발행하여 주식소유비율에 따라 무상으로 나누어주는 것이다. 주식배당을 실시하면 추가로 발행된 주식수 만큼 총발행 주식수가 늘어나지만 기업의 입장에서는 전혀 현금유입이 발생하는 것은 아니다. 따라서 기업가치는 변동이 없으며, 단지 기업의 이익잉여금이나 자본잉여금이 납입자본금으로 전입되어서 자본계정상에 변동이 발생하게 될 뿐이다.

최근 증권시장이 활성화되고 주가가 상승함에 따라 우리나라에서도 내부 유보율이 높고 주가가 높은 기업들을 중심으로 현금배당 대신에 주식 배당을 실시하는 기업이 늘어나고 있는 추세에 있다.주식배당이 배당 그 자체로서 기업가치에 변동을 초래하지 않음에도 불구하고 기업들이 이를 실시하는 이유는 다음과 같다.

첫째, 현금배당으로 인한 기업의 자금유출을 막고 사내 유보를 증가시켜 기업의 유동성을 유지하거나 투자재원을 확보할 수 있다. 따라서 성장기회가 많은 기업들에서는 주식배당을 실시하는 경우가 흔하다.

둘째, 주가가 너무 높게 형성된 기업의 경우는 주가를 하락시키는 수단이 된다. 따라서 주식배당을 함으로써 증권시장에서의 유동성을 확보할 수 있다.

셋째, 대부분의 경우 기업들은 안정적인 배당을 실시하기 때문에 주식배당이후에도 주당현금배당(Dividend Per Share : DPS)[26]은 종전과 같이 유지될 것이다. 결과적으로 배당현금흐름이 증가하게 될 것이다.

반면에 **불리한 점**도 작용한다.

첫째, 주식배당은 신주를 발행하여 지급하게 되므로 신주발행비용이 든다.

---

26 우리나라의 경우 액면배당제도이기 때문에 DPS는 500원정도 수준으로 유지된다.

둘째, 배당의 안정성을 중시하는 기업에서는 주식배당을 통하여 당장은 배당재원이 사외로 유출이 되지는 않지만 미래의 현금배당은 증가하게 된다.

셋째, 특수한 경우 기업이 현금배당도 할 수 없는 곤궁한 처지라는 것을 알려주는 신호로 해석되기도 한다.

이상과 같은 주식배당의 효과를 사례를 들어 설명해 보기로 한다.

[현금배당과 주식배당에 의한 자본구조의 변동]

성원패션(주)은 20만주의 보통주를 발행하여 자본금은 10억원(=5,000원×20만주)이다. 이 기업의 당기순이익을 포함한 이익잉여금은 5억원이며 보통주의 현재시가는 주당 15,000원으로 거래되고 있다. 현재 이 기업의 경영자는 배당률 20%로 현금배당을 할 것인지, 아니면 주식배당을 실시할 것인지를 고려하고 있다. 두 가지 경우에 자본구조와 주가는 어떻게 변동되는지 비교 설명해 보시오.

풀이

엑셀 워크시트에 다음과 같이 배당전과 배당후로 나누어 기본 데이터를 입력한다. 배당후는 현금배당의 경우와 주식배당으로 구분하는 것이 설명하기 쉽다.

표 10-3 주식배당의 효과

B35 = =B27*B34/B28

	A	B	C	D	E
23	(2) 배당형태와 배당효과				
24	주식배당	성원패션(주)의 자기자본구조			단위 : 만원
25		주식배당전	주식배당후		
26			현금배당	주식배당	
27	자본금	100000만원	100000만원	120000만원	
28	발행주식수	20만주	20만주	24만주	
29	액면가	5000원	5000원	5000원	
30	이익잉여금	50000만원	30000만원	30000만원	
31	자기자본합계	150000만원	130000만원	150000만원	
32	주가변동				
33	보통주시가	15000원	15000원	15000원	
34	배당율	20%	20%	20%	
35	주당배당액	1000원	1000원	1000원	
36	배당락주가		14000원	12500원	

(1) 현금배당을 실시하는 경우

배당금지급총액은 2억원(=10억원×20%)이다. 따라서 이익잉여금은 3억원이되고 배당지급후 자기자본 합계는 C31셀에서 13억원이 된다.

주가변동은 상황을 살펴보면 다음과 같다.

① 주당배당액은 배당금액을 주식발행수로 나누어 구한다

B35셀 : =B27*B34/B28

② 배당락 주가 : 현금배당을 지급하면 주가가 하락한다.

배당락 주가 = 주식의 시가-주당배당액=14,000원.

(2) 주식배당을 실시하는 경우

20%의 주식배당을 실시하기 때문에 주식수는 20% 증가한다. 따라서 D28셀에 "=B28*1.2"과 같이 입력한다.

배당금지급에 따른 자본구조는 이익잉여금이 3억이고 자본금은 12억이 된다.

주가변동상황은 다음과 같다.

① 주당배당액은 1,000원

② 배당전 주가가 15,000원이며 20% 주식배당으로 발행주식수가 20% 증가되었기 때문에 배당락 주가(12,500원)는 다음과 같이 계산된다. 즉, 주식배당으로 기업가치의 실질적인 증가 없이 발행주식수만 증가하였기 때문에 배당락 주가는 하락한다.

D36셀 : =D33/(1+D34)

그러나 주식배당이전(20만주 소유)이나 주식배당이후(24만주 소유)의 주주의 지분가치(30억원)는 변동이 없다.

표 10-4 현금배당과 주식배당에 의한 지분가치의 변동

	A	B	C	D
23	(2) 배당형태와	배당효과		
24	주식배당	성원패션(주)의 자기자본구조		
25		주식배당전	주식배당후	
26			현금배당	주식배당
27	자본금	100000만원	100000만원	120000만원
28	발행주식수	20만주	20만주	24만주
29	액면가	5000원	5000원	5000원
30	이익잉여금	50000만원	30000만원	30000만원
31	자기자본합계	150000만원	130000만원	150000만원
32	주가변동			
33	보통주시가	15000원	15000원	15000원
34	배당율	20%	20%	20%
35	주당배당액	1000원	1000원	1000원
36	배당락주가		14000원	12500원
37	지분가치	300000만원	280000만원	300000만원

따라서 현금배당을 할 때에는 이익잉여금이 줄어들어 실질적인 자본이 감소되는데 비하여 주식배당을 할 때에는 이익잉여금이 자본금으로 전입되어 계정과목간에 이체만 이루어진다는 사실을 확인할 수 있다. 그리고 주식배당은 현금배당과 달라 기업의 성과를 주주에게 배분하는 것이 아니므로 지분가치는 변동이 없다.

[배당수익율, 배당율, 주가수익율, 권리락주가]

효성전자는 신제품 생산라인을 확장하기 위한 투자계획을 가지고 있다. 다음과 같이 무상증자와 유상증자로 자금을 조달하려고 한다.

① 20% 무상증자 계획 : 주식액면가액이 5,000원이고 연간 주당 800원씩 배당금을 지급하고 있으며, 주식의 현재시장가격은 주당 6,500원에 거래되고 있다. 이 기업의 법인세 납부후 주당순이익은 1,2000원이며, 20% 무상증자를 하려고 한다. 이 기업의 배당수익율, 배당성향, 주가 수익율, 권리락 주가는 각각 얼마가 되는가?

② 50% 유상증자 계획 : 이 기업은 신주로 2억원을 유상증자하려고 한다. 신주 발행가격을 5,000원으로 하고 구주주에게 신주인수권을 주어 배정하려고 한다. 이 기업의 유상증자 비율, 신주 발행후의 주가, 신주발행후 총주식수, 유상증자 후 총지분가치, 신주인수권1단위 권리의 가치는 각각 얼마가 되는가?

풀이

① 먼저 20% 무상증자의 예를 설명해 본다.

•배당수익율($\frac{주당배당액}{주가}$)= $\frac{800}{6,500}$ =12.3%

•배당율($\frac{주당배당액}{주가액면가액}$)= $\frac{800}{5,000}$ =16.0%

•주가수익율(Price Earning Ratio : PER= $\frac{주가}{주당수익}$)

$$= \frac{6,500}{1,200} = 5.42배$$

•권리락 주가 $= \frac{권리부(기준)주가 + 1주당납입금}{1 + 증자비율} = \frac{6,500}{(1+0.2)}$

≒5,417원

단, 권리부(기준)가격은 유상/무상 증자전의 주가이고, 유상증자인 경우 1주당 납입금은 신주인수가격(신주발행가격)에다 증자비율을 곱한 것이다.

② 유상증자의 경우를 설명해 본다.

B41 = =200000000/B43

	A	B	C
39	유상증자	효성전자	단위 : 원, 주수
40	구주식발행수	80,000	
41	신주식발행수	40,000	
42	구주식거래가격	6,500	
43	신주식발행가격	5,000	

2억 유상증자이므로 신주발행수는 B41셀에 값을 구한다.

$\frac{2억}{5,000}$ =40,000주

•유상증자비율 : 신주식발행수/구주식발행수=0.5

•신주발행후 주가 : 다음 표 10-5와 같이 C45셀에 (구주거래가격+(유상증자비율*신주발행가격))/(1+유상증자비율)에 해당되는 수식을 입력한다.

표 10-5 유상증자의 효과

C45 =(B42+(C44*B43))/(1+C44)

	A	B	C	D
39	유상증자	효성전자	단위 : 원, 주수	
40	구주식발행수	80,000		
41	신주식발행수	40,000		
42	구주식거래가격	6,500		
43	신주식발행가격	5,000		
44	(1) 유상증자비율		0.5	
45	(2) 신주발행후 주가		6000	
46	(3) 신주발행후 총주식수		120,000	
47	(4) 유상증자후 총주식가치		720,000,000	
48	(5) 신주인수권 1단위의 가치		500	

•신주발행후 총주식수 : 구주발행수+ 신주발행수

•유상증자후 총주식가치 : (구주발행수*구주거래가격)+(신주발행수*신주발행가격)

•신주인수권 1단위의 가치 : 구주거래가격-신주발행후 주가

2) 주식분할

주식분할(Stock Split)은 1주의 주식을 다수의 주식으로 분할하여 세분화는 것으로 단순히 주식수가 증가하고 이에 따라 액면가가 줄어들게 된다. 주식분할로 개별주주의 지분은 전혀 변동이 없게 되고 지분가치(주식가치)도 변동이 없게 된다. 따라서 엄밀한 의미에서는 배당의 한 형태라고 할 수 없으나 주식배당과 유사한 경제적 효과가 있다. 주식배당과의 차이점은 이익잉여금의 자본으로의 전입이 전혀 이루어지지 않는다는 점이다.

E54 =B54*2

	A	B	C	D	E
49					
50	**주식분할**	성원패션의 자기자본구조			
51		배당전	배당후		
52			현금배당	주식배당	주식분할(1주를 2주로)
53	자본금	100000만원	100000만원	120000만원	100000만원
54	발행주식수	20만주	20만주	24만주	40만주
55	액면가	5000원	5000원	5000원	2500원
56	이익잉여금	50000만원	30000만원	30000만원	50000만원
57	자기자본합계	150000만원	130000만원	150000만원	150000만원

앞에서 사용한 사례 성원패션을 다시 사용하여 2:1로 주식분할을 실시하는 경우를 가정해 보자. 위 그림에서 주식분할로 주식수는 40만주가 되고, 액면가는 주식 분할 전 5,000원에서 그 절반인 2,500원으로 낮아진다. 주식배당과는 달리 이익잉여금은 변동이 없고 자기자본은 종전과 그대로 변동이 없다.

이처럼 주식분할을 실시하면 액면가가 낮아지고 주시가격을 낮추는 효과가 있어 주식거래가 활발하게 되는 효과가 있다. 그러나 우리나라에서는 상법상 주식회사의 주당 액면가는 5,000원 이상으로 규정되어 있어 현실적으로 주식분할이 사실상 어렵다, 외국에서는 무액면제도를 취하고 있기 때문에 기업의 성장과 함께 주가가 높아질 경우에는 주식분할을 통해서 주가를 적정선으로 낮추고 있다.[27]

주식분할과는 달리 여러 주식을 하나의 주식으로 통합하는 것을 주식병합(Stock Consolidation)이라 한다. 주식병합을 실시하게되는 이유는 주가가 너무 낮게 형성되어 있는 경우에 주가를 적정 수준으로 끌어올리기 위해 실시된다. 그러나 우리나라에서는 주식병합 역시 액면가 제한 때문에 위와 같은 효과가 발생하지 않고 오히려 사실상의 보통주 자본금의 감소, 즉 감자(減資)의 효과를 가져온다.

3) 자사주 재매입

자사주 재매입(Stock Repurchase)은 이미 발행된 자기회사의 주식을 재매입하여 소각하거나 사내에 보유하는 것을 말한다. 이렇게 사내에 보유하는 주식을 금고주(Treasury Stock)이라고 한다. 자사주를 재매입하게 되면 주식발행수가 줄어들게 되고 주당이익이 증가하여 결가적으로는 주가가 상승하여 주주의 부가 증가한다. 주주의 입장에서는 주식전매에 따르는 자본이득을 볼 수 있는 데 이것은 주주에게는 배당지급과 동일한 효과를 제공하게 된다.

그러나 자사주를 재매입할 경우 주가가 올라 이것을 처분하여 얻게 되는 자본이득에 대한 세율은 배당소득세 보다는 낮은 세율이 적용되어 결과적으로 주주는 혜택을 볼 수 있다.

---

27 이론상으로는 주식분할이 주가를 분할배수만큼 하락시킨다고 하겠지만 실세로 분할직후에 형성되는 주가는 이론적인 주가보다 약간 높게 형성된다. 주식배당과 같이 주식시장에서 일반 투자자들은 해당 기업의 미래 성장 가능성에 대한 좋은 뉴스로 받아들이기 때문이다.

이러한 자사주재매입의 배당효과를 다음 사례를 통해서 고찰해 보자.

[자사주 재매입의 배당효과]
성원패션은 5,000원짜리 액면의 보통주 20만 주를 발행하여 10억원의 납입자본금과 5억원의 잉여금이 있어 15억원의 자기자본 합계가 있다. 이 잉여금 중에서 2억원으로 주당 1,000원의 배당을 지급하거나 현재 시장가격 주당 10,000원으로 보통주를 매입하려고 한다. 이와 같은 경우에 자사주 재매입의 배당효과를 설명하시오.

풀이

주주에게 귀속되는 부를 설명하면 다음과 같다.

① 배당을 지급하는 경우

•배당후 주식의 총시장가격 =15억-2억=13억

•배당후 1주당 시장가격=13억÷20만주=6,500원

따라서 배당을 지급할 경우 배당후 총 주식가격은 다음과 같이 13억원이 된다.

6,500원×20만주=13억

이때 주주의 부는 현금배당액과 총 주식가격의 합이므로 다음과 같다.

총배당금+배당후 총 주식가격=2억+13억=15억

② 주식을 재매입하는 경우

주식을 시장가격인 10,000원으로 재매입한다면 2만주의 자사주를 재매입할 수 있고 재매입후 주가는 다음과 같이 계산된다.

재매입후 주식의 시장가격=(15억-2억)÷(200,000주-20,000주)
=7,222원

따라서 재매입후 총 주식가격은 다음과 같다.

7,222원×(200,000주-20,000주)=13억

이때 주주의 부는 재매입대금과 총 주식가격의 합이므로 다음과 같다.

재매입대금+재매입후 총주식가격=2억+13억=15억원

이와같이 자사주 재매입은 현금으로 배당을 지급하는 효과를 갖게 한다.

표 10-6 자사주 재매입의 배당효과

	A	B	C	D
58				
59	**자사주재매입**	성원패션		
60		배당전	배당후	
61			현금배당	자사주재매입
62	자본금	100000만원	100000만원	100000만원
63	발행주식수	20만주	20만주	20만주
64	액면가	5000원	5000원	5000원
65	이익잉여금	50000만원	30000만원	30000만원
66	자기자본합계	150000만원	130000만원	130000만원
67	주가변동			
68	보통주시가	10000원	6500원	7222원
69	주당배당액		1000원	
70	총주식가격		130000만원	130000원
71				
72	주주의 부		150000만원	150000만원

4. 배당정책의 결정요인

이제까지 살펴본 바와 같이 배당정책이 기업가치에 영향을 미치는가에 대한 학자들의 논란이 계속되어 왔지만, 아직 뚜렷한 결론에 도달한 것은 아니라고 하겠다. 따라서 기업 경영자나 재무담당자들은 현실적으로 배당정책이 기업가치에 중요한 영향을 미친다는 인식아래에서 배당실시 여부와 배당수준의 결정에 신중을 기하고 있다. 우리가 앞에서 살펴본 것처럼 투자자들은 미래의 기대되는 자본이득보다는 현재 실현된 현금배당을 더 선호하고 있다. 숲속의 많은 새보다는 현재 내 손안에 있는 한 마리의 새를 더 선호한다는 논리로 풀이해 볼 수 있다. 실제로 어떤 기업이 배당을 증가시킨다는 발표가 나가면 해당 기업의 주식가격이 상승하는 현상을 목격할 수 있다.

그러면 실제 배당정책을 결정할 때 고려해야 할 요인은 어떤 것이 있는 지 살펴보기로 한다.

기업의 이익수준과 법률적 제한

원칙적으로 배당은 기업의 이익(당기순이익) 중에서 지급되므로 해당기업의 법인세 납세후 순이익의 규모가 배당금지급 여부 및 배당금 지급수준을 결정하게 될 것이다. 그리고 배당결정은 법률적으로는 기업의 자율적 의사결정사항이지만 기업이 건전한 자본구조를 유지하기 위하여 배당재원을 일정한 한도로 제한하고 있다. 우리나라 현행 상법에는 대차대조표상 순재산액(총자산-총부채)에서 자본금과 해당 결산기까지 적립된 자본준비금 및 이익준비금의 합계액

그리고 해당 결산기에 적립해야 할 이익준비금을 모두 공제한 나머지 금액 범위로 배당금 지급한도를 제한하고 있다.

사채약정서의 제한조항

기업이 사채를 발행하거나 금융기관으로부터 차입을 많이 하였다면 부채상환자금을 마련하기 위해서 배당지급을 자제할 것이다. 또한 부채로 자금을 조달할 경우 채권자들로부터 배당금 지급을 제한하는 조항을 요구받아 사채약정서상에 이를 명기하는 수가 많다.

기업의 유동성과 성장가능성

기업이 실제로 배당을 지급하기 위해서는 배당지급기에 기업의 유동성이 좋지 못하면 배당을 지급할 수 없을 것이다. 기업의 수익력이 좋아 배당가능이익이나 유보이익이 많아도 실제 유동성이 나빠지면 배당지급 규모를 축소해야 할 것이다. 따라서 배당지급은 배당가능이익이 아니라 기업의 유동성(현금보유수준)에 결정되는 경우가 많다.

또한 기업이 투자기회가 많고 미래 성장 가능성이 밝을 때에는 기업이 설혹 이익이 많이 실현되어도 미래 투자자금을 확보하기 위해서 가능한 배당을 줄이고 사내에 유보시키는 것이 현명한 일이다. 이러한 경우에 배당규모를 줄이고 이익을 사내에 유보시킴으로서 기업가치를 높일 수 있다.

기업의 지배구조

기업이 많은 배당을 지급하게 되면, 앞으로 수익성이 있는 투자기회에 대한 자금조달을 신주발행이나 부채 등으로 해결하여야 된다. 신주 발행의 경우 기존주주에게 신주인수권이 부여되지 않거나 기존주주가 신주인수권을 포기하면 기존주주들의 기업지배권은 약화된다. 기존주주인 대주주는 일반적으로 기업지배권의 변동을 바라지 않기 때문에 배당보다는 유보를 선호하게 된다. 반면에 배당소득으로 생활하는 소액주주의 입장에서는 배당을 선호하게 된다. 따라서 소액주주가 많은 기업에서는 배당률 이 높은 편이다.

기타 고려요인

기업의 배당여부 및 배당수준을 결정하는 요인으로서 위에서 언급한 것 외에도 시장금리수준, 물가수준, 차입능력 등 많은 요인들이 있다. 시장금리수준은 주식투자수익률과 대체관계에 있기 때문에 금리가 오르면 자금을 유인하기 위해서 배당수준도 높아지는 현상을 보이고 있다. 그러나 우리나라의 경우는 무위험율이라고 볼 수 있는 공금리수준과 비교해 보면 국내 상장기업의 평균 배당수익율은 공금리의 20%수준 이하로 떨어지고 있어 투자수익율로서 의미는 상실했다고 본다. 물가상승율(인플레이션)도 투자자들에게 주식투자의 실질소득을 보장하기 위해서 플러스 상관관계가 있으며, 차입능력도 차입능력이 큰 기업이 안정된 배당을 지급할 수 있기 때문에 현금배당의 가능성도 함께 증가한다고 볼 수 있다.

연습문제

1.다음 용어들을 간단히 설명하시오.

(1) 잔여배당정책 (2) 배당과 유보이익의 상충관계)

(3) 고객효과 (4) 정보효과

(5) 주식배당과 주식분할의 차이점

(6) 금고주 (7) 숲속의 새, 손안에 든 새

2. MM의 배당무관련이론을 설명하시오.

3. 투자자들이 안정배당주식을 선호하는 이유는 무엇인가?

4. 기업이 배당결정시 고려해야 할 사항은 ?

5. 자사주 재매입에 관련된 기업사례를 조사해 보시오.

6. (잔여배당정책)

B사는 잔여배당정책을 실시하며 부채 : 자기자본의 비율을 40% : 60%의 비율을 유지해 오고 있다. 이익잉여금이 2,500,000원이며, 신주를 발행하지 않고 기능한 자본지출의 최대금액은 얼마인가? 그리고 B사가 다음연도에 3,000,000원이 소요되는 투자안을 계획하고 있다면 얼마의 배당금을 지급할 수 있는가? 배당성향도 구해보시오.

부록

〈부록 1〉 미래가치요소 CVIF (Compound Value Interest Factor)

	1%	2%	3%	4%	5%	6%	7%	8%	9%	10%
1	1.01000	1.02000	1.03000	1.04000	1.05000	1.06000	1.07000	1.08000	1.09000	1.10000
2	1.02010	1.04040	1.06090	1.08160	1.10250	1.12360	1.14490	1.16640	1.18810	1.21000
3	1.03030	1.06121	1.09273	1.12486	1.15763	1.19102	1.22504	1.25971	1.29503	1.33100
4	1.04060	1.08243	1.12551	1.16986	1.21551	1.26248	1.31080	1.36049	1.41158	1.46410
5	1.05101	1.10408	1.15927	1.21665	1.27628	1.33823	1.40255	1.46933	1.53862	1.61051
6	1.06152	1.12616	1.19405	1.26532	1.34010	1.41852	1.50073	1.58687	1.67710	1.77156
7	1.07214	1.14869	1.22987	1.31593	1.40710	1.50363	1.60578	1.71382	1.82804	1.94872
8	1.08286	1.17166	1.26677	1.36857	1.47746	1.59385	1.71819	1.85093	1.99256	2.14359
9	1.09369	1.19509	1.30477	1.42331	1.55133	1.68948	1.83846	1.99900	2.17189	2.35795
10	1.10462	1.21899	1.34392	1.48024	1.62889	1.79085	1.96715	2.15892	2.36736	2.59374
11	1.11567	1.24337	1.38423	1.53945	1.71034	1.89830	2.10485	2.33164	2.58043	2.85312
12	1.12683	1.26824	1.42576	1.60103	1.79586	2.01220	2.25219	2.51817	2.81266	3.13843
13	1.13809	1.29361	1.46853	1.66507	1.88565	2.13293	2.40985	2.71962	3.06580	3.45227
14	1.14947	1.31948	1.51259	1.73168	1.97993	2.26090	2.57853	2.93719	3.34173	3.79750
15	1.16097	1.34587	1.55797	1.80094	2.07893	2.39656	2.75903	3.17217	3.64248	4.17725
16	1.17258	1.37279	1.60471	1.87298	2.18287	2.54035	2.95216	3.42594	3.97031	4.59497
17	1.18430	1.40024	1.65285	1.94790	2.29202	2.69277	3.15882	3.70002	4.32763	5.05447
18	1.19615	1.42825	1.70243	2.02582	2.40662	2.85434	3.37993	3.99602	4.71712	5.55992
19	1.20811	1.45681	1.75351	2.10685	2.52695	3.02560	3.61653	4.31570	5.14166	6.11591
20	1.22019	1.48595	1.80611	2.19112	2.65330	3.20714	3.86968	4.66096	5.60441	6.72750
21	1.23239	1.51567	1.86029	2.27877	2.78596	3.39956	4.14056	5.03383	6.10881	7.40025
22	1.24472	1.54598	1.91610	2.36992	2.92526	3.60354	4.43040	5.43654	6.65860	8.14027
23	1.25716	1.57690	1.97359	2.46472	3.07152	3.81975	4.74053	5.87146	7.25787	8.95430
24	1.26973	1.60844	2.03279	2.56330	3.22510	4.04893	5.07237	6.34118	7.91108	9.84973
25	1.28243	1.64061	2.09378	2.66584	3.38635	4.29187	5.42743	6.84848	8.62308	10.83471
26	1.29526	1.67342	2.15659	2.77247	3.55567	4.54938	5.80735	7.39635	9.39916	11.91818
27	1.30821	1.70689	2.22129	2.88337	3.73346	4.82235	6.21387	7.98806	10.24508	13.10999

11%	12%	13%	14%	15%	16%	17%	18%	19%	20%
1.11000	1.12000	1.13000	1.14000	1.15000	1.16000	1.17000	1.18000	1.19000	1.20000
1.23210	1.25440	1.27690	1.29960	1.32250	1.34560	1.36890	1.39240	1.41610	1.44000
1.36763	1.40493	1.44290	1.48154	1.52088	1.56090	1.60161	1.64303	1.68516	1.72800
1.51807	1.57352	1.63047	1.68896	1.74901	1.81064	1.87389	1.93878	2.00534	2.07360
1.68506	1.76234	1.84244	1.92541	2.01136	2.10034	2.19245	2.28776	2.38635	2.48832
1.87041	1.97382	2.08195	2.19497	2.31306	2.43640	2.56516	2.69955	2.83976	2.98598
2.07616	2.21068	2.35261	2.50227	2.66002	2.82622	3.00124	3.18547	3.37932	3.58318
2.30454	2.47596	2.65844	2.85259	3.05902	3.27841	3.51145	3.75886	4.02139	4.29982
2.55804	2.77308	3.00404	3.25195	3.51788	3.80296	4.10840	4.43545	4.78545	5.15978
2.83942	3.10585	3.39457	3.70722	4.04556	4.41144	4.80683	5.23384	5.69468	6.19174
3.15176	3.47855	3.83586	4.22623	4.65239	5.11726	5.62399	6.17593	6.77667	7.43008
3.49845	3.89598	4.33452	4.81790	5.35025	5.93603	6.58007	7.28759	8.06424	8.91610
3.88328	4.36349	4.89801	5.49241	6.15279	6.88579	7.69868	8.59936	9.59645	10.69932
4.31044	4.88711	5.53475	6.26135	7.07571	7.98752	9.00745	10.14724	11.41977	12.83918
4.78459	5.47357	6.25427	7.13794	8.13706	9.26552	10.53872	11.97375	13.58953	15.40702
5.31089	6.13039	7.06733	8.13725	9.35762	10.74800	12.33030	14.12902	16.17154	18.48843
5.89509	6.86604	7.98608	9.27646	10.76126	12.46768	14.42646	16.67225	19.24413	22.18611
6.54355	7.68997	9.02427	10.57517	12.37545	14.46251	16.87895	19.67325	22.90052	26.62333
7.26334	8.61276	10.19742	12.05569	14.23177	16.77652	19.74838	23.21444	27.25162	31.94800
8.06231	9.64629	11.52309	13.74349	16.36654	19.46076	23.10560	27.39303	32.42942	38.33760
8.94917	10.80385	13.02109	15.66758	18.82152	22.57448	27.03355	32.32378	38.59101	46.00512
9.93357	12.10031	14.71383	17.86104	21.64475	26.18640	31.62925	38.14206	45.92331	55.20614
11.02627	13.55235	16.62663	20.36158	24.89146	30.37622	37.00623	45.00763	54.64873	66.24737
12.23916	15.17863	18.78809	23.21221	28.62518	35.23642	43.29729	53.10901	65.03199	79.49685
13.58546	17.00006	21.23054	26.46192	32.91895	40.87424	50.65783	62.66863	77.38807	95.30622
15.07986	19.04007	23.99051	30.16658	37.85680	47.41412	59.26966	73.94898	92.09181	114.47546
16.73865	21.32488	27.10928	34.38991	43.53531	55.00038	69.34550	87.25980	109.58925	137.37055

28	1.32129	1.74102	2.28793	2.99870	3.92013	5.11169	6.64884	8.62711	11.16714	14.42099
29	1.33450	1.77584	2.35657	3.11865	4.11614	5.41839	7.11426	9.31727	12.17218	15.86309
30	1.34785	1.81136	2.42726	3.24340	4.32194	5.74349	7.61226	10.06266	13.26768	17.44940
31	1.36133	1.84759	2.50008	3.37313	4.53804	6.08810	8.14511	10.86767	14.46177	19.19434
32	1.37494	1.88454	2.57508	3.50806	4.76494	6.45339	8.71527	11.73708	15.76333	21.11378
33	1.38869	1.92223	2.65234	3.64838	5.00319	6.84059	9.32534	12.67605	17.18203	23.22515
34	1.40258	1.96068	2.73191	3.79432	5.25335	7.25103	9.97811	13.69013	18.72841	25.54767
35	1.41660	1.99989	2.81386	3.94609	5.51602	7.68609	10.67658	14.78534	20.41397	28.10244
36	1.43077	2.03989	2.89828	4.10393	5.79182	8.14725	11.42394	15.96817	22.25123	30.91268
37	1.44508	2.08069	2.98523	4.26809	6.08141	8.63609	12.22362	17.24563	24.25384	34.00395
38	1.45953	2.12230	3.07478	4.43881	6.38548	9.15425	13.07927	18.62528	26.43668	37.40434
39	1.47412	2.16474	3.16703	4.61637	6.70475	9.70351	13.99482	20.11530	28.81598	41.14478
40	1.48886	2.20804	3.26204	4.80102	7.03999	10.28572	14.97446	21.72452	31.40942	45.25926
41	1.50375	2.25220	3.35990	4.99306	7.39199	10.90286	16.02267	23.46248	34.23627	49.78518
42	1.51879	2.29724	3.46070	5.19278	7.76159	11.55703	17.14426	25.33948	37.31753	54.76370
43	1.53398	2.34319	3.56452	5.40050	8.14967	12.25045	18.34435	27.36664	40.67611	60.24007
44	1.54932	2.39005	3.67145	5.61652	8.55715	12.98548	19.62846	29.55597	44.33696	66.26408
45	1.56481	2.43785	3.78160	5.84118	8.98501	13.76461	21.00245	31.92045	48.32729	72.89048
46	1.58046	2.48661	3.89504	6.07482	9.43426	14.59049	22.47262	34.47409	52.67674	80.17953
47	1.59626	2.53634	4.01190	6.31782	9.90597	15.46592	24.04571	37.23201	57.41765	88.19749
48	1.61223	2.58707	4.13225	6.57053	10.40127	16.39387	25.72891	40.21057	62.58524	97.01723
49	1.62835	2.63881	4.25622	6.83335	10.92133	17.37750	27.52993	43.42742	68.21791	106.71896
50	1.64463	2.69159	4.38391	7.10668	11.46740	18.42015	29.45703	46.90161	74.35752	117.39085

18.57990	23.88387	30.63349	39.20449	50.06561	63.80044	81.13423	102.96656	130.41121	164.84466
20.62369	26.74993	34.61584	44.69312	57.57545	74.00851	94.92705	121.50054	155.18934	197.81359
22.89230	29.95992	39.11590	50.95016	66.21177	85.84988	111.06465	143.37064	184.67531	237.37631
25.41045	33.55511	44.20096	58.08318	76.14354	99.58586	129.94564	169.17735	219.76362	284.85158
28.20560	37.58173	49.94709	66.21483	87.56507	115.51959	152.03640	199.62928	261.51871	341.82189
31.30821	42.09153	56.44021	75.48490	100.69983	134.00273	177.88259	235.56255	311.20726	410.18627
34.75212	47.14252	63.77744	86.05279	115.80480	155.44317	208.12263	277.96381	370.33664	492.22352
38.57485	52.79962	72.06851	98.10018	133.17552	180.31407	243.50347	327.99729	440.70061	590.66823
42.81808	59.13557	81.43741	111.83420	153.15185	209.16432	284.89906	387.03680	524.43372	708.80187
47.52807	66.23184	92.02428	127.49099	176.12463	242.63062	333.33191	456.70343	624.07613	850.56225
52.75616	74.17966	103.98743	145.33973	202.54332	281.45151	389.99833	538.91004	742.65059	1020.67470
58.55934	83.08122	117.50580	165.68729	232.92482	326.48376	456.29805	635.91385	883.75421	1224.80964
65.00087	93.05097	132.78155	188.88351	267.86355	378.72116	533.86871	750.37834	1051.66751	1469.77157
72.15096	104.21709	150.04315	215.32721	308.04308	439.31654	624.62639	885.44645	1251.48433	1763.72588
80.08757	116.72314	169.54876	245.47301	354.24954	509.60719	730.81288	1044.82681	1489.26636	2116.47106
88.89720	130.72991	191.59010	279.83924	407.38697	591.14434	855.05107	1232.89563	1772.22696	2539.76527
98.67589	146.41750	216.49682	319.01673	468.49502	685.72744	1000.40975	1454.81685	2108.95009	3047.71832
109.53024	163.98760	244.64140	363.67907	538.76927	795.44383	1170.47941	1716.68388	2509.65060	3657.26199
121.57857	183.66612	276.44478	414.59414	619.58466	922.71484	1369.46091	2025.68698	2986.48422	4388.71439
134.95221	205.70605	312.38261	472.63732	712.52236	1070.34921	1602.26927	2390.31063	3553.91622	5266.45726
149.79695	230.39078	352.99234	538.80655	819.40071	1241.60509	1874.65504	2820.56655	4229.16030	6319.74872
166.27462	258.03767	398.88135	614.23946	942.31082	1440.26190	2193.34640	3328.26853	5032.70076	7583.69846
184.56483	289.00219	450.73593	700.23299	1083.65744	1670.70380	2566.21528	3927.35686	5988.91390	0100.43015

〈부록 2〉 연금미래가치요소 CVIFA (Compound Value Interest Factor for an Annuity)

	1%	2%	3%	4%	5%	6%	7%	8%	9%	10%
1	1.00000	1.00000	1.00000	1.00000	1.00000	1.00000	1.00000	1.00000	1.00000	1.00000
2	2.01000	2.02000	2.03000	2.04000	2.05000	2.06000	2.07000	2.08000	2.09000	2.10000
3	3.03010	3.06040	3.09090	3.12160	3.15250	3.18360	3.21490	3.24640	3.27810	3.31000
4	4.06040	4.12161	4.18363	4.24646	4.31013	4.37462	4.43994	4.50611	4.57313	4.64100
5	5.10101	5.20404	5.30914	5.41632	5.52563	5.63709	5.75074	5.86660	5.98471	6.10510
6	6.15202	6.30812	6.46841	6.63298	6.80191	6.97532	7.15329	7.33593	7.52333	7.71561
7	7.21354	7.43428	7.66246	7.89829	8.14201	8.39384	8.65402	8.92280	9.20043	9.48717
8	8.28567	8.58297	8.89234	9.21423	9.54911	9.89747	10.25980	10.63663	11.02847	11.43589
9	9.36853	9.75463	10.15911	10.58280	11.02656	11.49132	11.97799	12.48756	13.02104	13.57948
10	10.46221	10.94972	11.46388	12.00611	12.57789	13.18079	13.81645	14.48656	15.19293	15.93742
11	11.56683	12.16872	12.80780	13.48635	14.20679	14.97164	15.78360	16.64549	17.56029	18.53117
12	12.68250	13.41209	14.19203	15.02581	15.91713	16.86994	17.88845	18.97713	20.14072	21.38428
13	13.80933	14.68033	15.61779	16.62684	17.71298	18.88214	20.14064	21.49530	22.95338	24.52271
14	14.94742	15.97394	17.08632	18.29191	19.59863	21.01507	22.55049	24.21492	26.01919	27.97498
15	16.09690	17.29342	18.59891	20.02359	21.57856	23.27597	25.12902	27.15211	29.36092	31.77248
16	17.25786	18.63929	20.15688	21.82453	23.65749	25.67253	27.88805	30.32428	33.00340	35.94973
17	18.43044	20.01207	21.76159	23.69751	25.84037	28.21288	30.84022	33.75023	36.97370	40.54470
18	19.61475	21.41231	23.41444	25.64541	28.13238	30.90565	33.99903	37.45024	41.30134	45.59917
19	20.81090	22.84056	25.11687	27.67123	30.53900	33.75999	37.37896	41.44626	46.01846	51.15909
20	22.01900	24.29737	26.87037	29.77808	33.06595	36.78559	40.99549	45.76196	51.16012	57.27500
21	23.23919	25.78332	28.67649	31.96920	35.71925	39.99273	44.86518	50.42292	56.76453	64.00250
22	24.47159	27.29898	30.53678	34.24797	38.50521	43.39229	49.00574	55.45676	62.87334	71.40275
23	25.71630	28.84496	32.45288	36.61789	41.43048	46.99583	53.43614	60.89330	69.53194	79.54302
24	26.97346	30.42186	34.42647	39.08260	44.50200	50.81558	58.17667	66.76476	76.78981	88.49733
25	28.24320	32.03030	36.45926	41.64591	47.72710	54.86451	63.24904	73.10594	84.70090	98.34706
26	29.52563	33.67091	38.55304	44.31174	51.11345	59.15638	68.67647	79.95442	93.32398	109.18177
27	30.82089	35.34432	40.70963	47.08421	54.66913	63.70577	74.48382	87.35077	102.72313	121.09994

11%	12%	13%	14%	15%	16%	17%	18%	19%	20%
1.00000	1.00000	1.00000	1.00000	1.00000	1.00000	1.00000	1.00000	1.00000	1.00000
2.11000	2.12000	2.13000	2.14000	2.15000	2.16000	2.17000	2.18000	2.19000	2.20000
3.34210	3.37440	3.40690	3.43960	3.47250	3.50560	3.53890	3.57240	3.60610	3.64000
4.70973	4.77933	4.84980	4.92114	4.99338	5.06650	5.14051	5.21543	5.29126	5.36800
6.22780	6.35285	6.48027	6.61010	6.74238	6.87714	7.01440	7.15421	7.29660	7.44160
7.91286	8.11519	8.32271	8.53552	8.75374	8.97748	9.20685	9.44197	9.68295	9.92992
9.78327	10.08901	10.40466	10.73049	11.06680	11.41387	11.77201	12.14152	12.52271	12.91590
11.85943	12.29969	12.75726	13.23276	13.72682	14.24009	14.77325	15.32700	15.90203	16.49908
14.16397	14.77566	15.41571	16.08535	16.78584	17.51851	18.28471	19.08585	19.92341	20.79890
16.72201	17.54874	18.41975	19.33730	20.30372	21.32147	22.39311	23.52131	24.70886	25.95868
19.56143	20.65458	21.81432	23.04452	24.34928	25.73290	27.19994	28.75514	30.40355	32.15042
22.71319	24.13313	25.65018	27.27075	29.00167	30.85017	32.82393	34.93107	37.18022	39.58050
26.21164	28.02911	29.98470	32.08865	34.35192	36.78620	39.40399	42.21866	45.24446	48.49660
30.09492	32.39260	34.88271	37.58107	40.50471	43.67199	47.10267	50.81802	54.84091	59.19592
34.40536	37.27971	40.41746	43.84241	47.58041	51.65951	56.11013	60.96527	66.26068	72.03511
39.18995	42.75328	46.67173	50.98035	55.71747	60.92503	66.64885	72.93901	79.85021	87.44213
44.50084	48.88367	53.73906	59.11760	65.07509	71.67303	78.97915	87.06804	96.02175	105.93056
50.39594	55.74971	61.72514	68.39407	75.83636	84.14072	93.40561	103.74028	115.26588	128.11667
56.93949	63.43968	70.74941	78.96923	88.21181	98.60323	110.28456	123.41353	138.16640	154.74000
64.20283	72.05244	80.94683	91.02493	102.44358	115.37975	130.03294	146.62797	165.41802	186.68800
72.26514	81.69874	92.46992	104.76842	118.81012	134.84051	153.13854	174.02100	197.84744	225.02560
81.21431	92.50258	105.49101	120.43600	137.63164	157.41499	180.17209	206.34479	236.43846	271.03072
91.14788	104.60289	120.20484	138.29704	159.27638	183.60138	211.80134	244.48685	282.36176	326.23686
102.17415	118.15524	136.83147	158.65862	184.16784	213.97761	248.80757	289.49448	337.01050	392.48424
114.41331	133.33387	155.61956	181.87083	212.79302	249.21402	292.10486	342.60349	402.04249	471.98108
127.99877	150.33393	176.85010	208.33274	245.71197	290.08827	342.76268	405.27211	479.43056	567.37730
143.07864	169.37401	200.84061	238.49933	283.56877	337.50239	402.03234	479.22109	571.52237	681.85276

28	32.12910	37.05121	42.93092	49.96758	58.40258	68.52811	80.69769	95.33883	112.96822	134.20994
29	33.45039	38.79223	45.21885	52.96629	62.32271	73.63980	87.34653	103.96594	124.13536	148.63093
30	34.78489	40.56808	47.57542	56.08494	66.43885	79.05819	94.46079	113.28321	136.30754	164.49402
31	36.13274	42.37944	50.00268	59.32834	70.76079	84.80168	102.07304	123.34587	149.57522	181.94342
32	37.49407	44.22703	52.50276	62.70147	75.29883	90.88978	110.21815	134.21354	164.03699	201.13777
33	38.86901	46.11157	55.07784	66.20953	80.06377	97.34316	118.93343	145.95062	179.80032	222.25154
34	40.25770	48.03380	57.73018	69.85791	85.06696	104.18375	128.25876	158.62667	196.98234	245.47670
35	41.66028	49.99448	60.46208	73.65222	90.32031	111.43478	138.23688	172.31680	215.71075	271.02437
36	43.07688	51.99437	63.27594	77.59831	95.83632	119.12087	148.91346	187.10215	236.12472	299.12681
37	44.50765	54.03425	66.17422	81.70225	101.62814	127.26812	160.33740	203.07032	258.37595	330.03949
38	45.95272	56.11494	69.15945	85.97034	107.70955	135.90421	172.56102	220.31595	282.62978	364.04343
39	47.41225	58.23724	72.23423	90.40915	114.09502	145.05846	185.64029	238.94122	309.06646	401.44778
40	48.88637	60.40198	75.40126	95.02552	120.79977	154.76197	199.63511	259.05652	337.88245	442.59256
41	50.37524	62.61002	78.66330	99.82654	127.83976	165.04768	214.60957	280.78104	369.29187	487.85181
42	51.87899	64.86222	82.02320	104.81960	135.23175	175.95054	230.63224	304.24352	403.52813	537.63699
43	53.39778	67.15947	85.48389	110.01238	142.99334	187.50758	247.77650	329.58301	440.84566	592.40069
44	54.93176	69.50266	89.04841	115.41288	151.14301	199.75803	266.12085	356.94965	481.52177	652.64076
45	56.48107	71.89271	92.71986	121.02939	159.70016	212.74351	285.74931	386.50562	525.85873	718.90484
46	58.04589	74.33056	96.50146	126.87057	168.68516	226.50812	306.75176	418.42607	574.18602	791.79532
47	59.62634	76.81718	100.39650	132.94539	178.11942	241.09861	329.22439	452.90015	626.86276	871.97485
48	61.22261	79.35352	104.40840	139.26321	188.02539	256.56453	353.27009	490.13216	684.28041	960.17234
49	62.83483	81.94059	108.54065	145.83373	198.42666	272.95840	378.99900	530.34274	746.86565	1057.18957
50	64.46318	84.57940	112.79687	152.66708	209.34800	290.33590	406.52893	573.77016	815.08356	1163.90853

159.81729	190.69889	227.94989	272.88923	327.10408	392.50277	471.37783	566.48089	681.11162	819.22331
178.39719	214.58275	258.58338	312.09373	377.16969	456.30322	552.51207	669.44745	811.52283	984.06797
199.02088	241.33268	293.19922	356.78685	434.74515	530.31173	647.43912	790.94799	966.71217	1181.88157
221.91317	271.29261	332.31511	407.73701	500.95692	616.16161	758.50377	934.31863	1151.38748	1419.25788
247.32362	304.84772	376.51608	465.82019	577.10046	715.74746	888.44941	1103.49598	1371.15110	1704.10946
275.52922	342.42945	426.46317	532.03501	664.66552	831.26706	1040.48581	1303.12526	1632.66981	2045.93135
306.83744	384.52098	482.90338	607.51991	765.36535	965.26979	1218.36839	1538.68781	1943.87708	2456.11762
341.58955	431.66350	546.68082	693.57270	881.17016	1120.71295	1426.49102	1816.65161	2314.21372	2948.34115
380.16441	484.46312	618.74933	791.67288	1014.34568	1301.02703	1669.99450	2144.64890	2754.91433	3539.00937
422.98249	543.59869	700.18674	903.50708	1167.49753	1510.19135	1954.89356	2531.68570	3279.34805	4247.81125
470.51056	609.83053	792.21101	1030.99808	1343.62216	1752.82197	2288.22547	2988.38913	3903.42418	5098.37350
523.26673	684.01020	896.19845	1176.33781	1546.16549	2034.27348	2678.22379	3527.29918	4646.07477	6119.04820
581.82607	767.09142	1013.70424	1342.02510	1779.09031	2360.75724	3134.52184	4163.21303	5529.82898	7343.85784
646.82693	860.14239	1146.48579	1530.90861	2046.95385	2739.47840	3668.39055	4913.59137	6581.49649	8813.62941
718.97790	964.35948	1296.52895	1746.23582	2354.99693	3178.79494	4293.01695	5799.03782	7832.98082	10577.35529
799.06547	1081.08262	1466.07771	1991.70883	2709.24647	3688.40213	5023.82983	6843.86463	9322.24718	12693.82635
887.96267	1211.81253	1657.66781	2271.54807	3116.63344	4279.54648	5878.88090	8076.76026	11094.47414	15233.59162
986.63856	1358.23003	1874.16463	2590.56480	3585.12846	4965.27391	6879.29065	9531.57711	13203.42423	18281.30994
1096.16880	1522.21764	2118.80603	2954.24387	4123.89773	5760.71774	8049.77006	11248.26098	15713.07483	21938.57193
1217.74737	1705.88375	2395.25082	3368.83801	4743.48239	6683.43257	9419.23097	13273.94796	18699.55905	26327.28631
1352.69958	1911.58980	2707.63342	3841.47534	5456.00475	7753.78179	11021.50024	15664.25859	22253.47527	31593.74358
1502.49653	2141.98058	3060.62577	4380.28188	6275.40546	8995.38687	12896.15528	18484.82514	26482.63557	37913.49229
1668.77115	2400.01825	3459.50712	4994.52135	7217.71628	10435.64877	15089.50167	21813.09367	31515.33633	45497.19075

〈부록 3〉 현가요소 PVIF (Present Value Interest Value)

	1%	2%	3%	4%	5%	6%	7%	8%	9%	10%
1	0.99010	0.98039	0.97087	0.96154	0.95238	0.94340	0.93458	0.92593	0.91743	0.90909
2	0.98030	0.96117	0.94260	0.92456	0.90703	0.89000	0.87344	0.85734	0.84168	0.82645
3	0.97059	0.94232	0.91514	0.88900	0.86384	0.83962	0.81630	0.79383	0.77218	0.75131
4	0.96098	0.92385	0.88849	0.85480	0.82270	0.79209	0.76290	0.73503	0.70843	0.68301
5	0.95147	0.90573	0.86261	0.82193	0.78353	0.74726	0.71299	0.68058	0.64993	0.62092
6	0.94205	0.88797	0.83748	0.79031	0.74622	0.70496	0.66634	0.63017	0.59627	0.56447
7	0.93272	0.87056	0.81309	0.75992	0.71068	0.66506	0.62275	0.58349	0.54703	0.51316
8	0.92348	0.85349	0.78941	0.73069	0.67684	0.62741	0.58201	0.54027	0.50187	0.46651
9	0.91434	0.83676	0.76642	0.70259	0.64461	0.59190	0.54393	0.50025	0.46043	0.42410
10	0.90529	0.82035	0.74409	0.67556	0.61391	0.55839	0.50835	0.46319	0.42241	0.38554
11	0.89632	0.80426	0.72242	0.64958	0.58468	0.52679	0.47509	0.42888	0.38753	0.35049
12	0.88745	0.78849	0.70138	0.62460	0.55684	0.49697	0.44401	0.39711	0.35553	0.31863
13	0.87866	0.77303	0.68095	0.60057	0.53032	0.46884	0.41496	0.36770	0.32618	0.28966
14	0.86996	0.75788	0.66112	0.57748	0.50507	0.44230	0.38782	0.34046	0.29925	0.26333
15	0.86135	0.74301	0.64186	0.55526	0.48102	0.41727	0.36245	0.31524	0.27454	0.23939
16	0.85282	0.72845	0.62317	0.53391	0.45811	0.39365	0.33873	0.29189	0.25187	0.21763
17	0.84438	0.71416	0.60502	0.51337	0.43630	0.37136	0.31657	0.27027	0.23107	0.19784
18	0.83602	0.70016	0.58739	0.49363	0.41552	0.35034	0.29586	0.25025	0.21199	0.17986
19	0.82774	0.68643	0.57029	0.47464	0.39573	0.33051	0.27651	0.23171	0.19449	0.16351
20	0.81954	0.67297	0.55368	0.45639	0.37689	0.31180	0.25842	0.21455	0.17843	0.14864
21	0.81143	0.65978	0.53755	0.43883	0.35894	0.29416	0.24151	0.19866	0.16370	0.13513
22	0.80340	0.64684	0.52189	0.42196	0.34185	0.27751	0.22571	0.18394	0.15018	0.12285
23	0.79544	0.63416	0.50669	0.40573	0.32557	0.26180	0.21095	0.17032	0.13778	0.11168
24	0.78757	0.62172	0.49193	0.39012	0.31007	0.24698	0.19715	0.15770	0.12640	0.10153
25	0.77977	0.60953	0.47761	0.37512	0.29530	0.23300	0.18425	0.14602	0.11597	0.09230
26	0.77205	0.59758	0.46369	0.36069	0.28124	0.21981	0.17220	0.13520	0.10639	0.08391
27	0.76440	0.58586	0.45019	0.34682	0.26785	0.20737	0.16093	0.12519	0.09761	0.07628

11%	12%	13%	14%	15%	16%	17%	18%	19%	20%
0.90090	0.89286	0.88496	0.87719	0.86957	0.86207	0.85470	0.84746	0.84034	0.83333
0.81162	0.79719	0.78315	0.76947	0.75614	0.74316	0.73051	0.71818	0.70616	0.69444
0.73119	0.71178	0.69305	0.67497	0.65752	0.64066	0.62437	0.60863	0.59342	0.57870
0.65873	0.63552	0.61332	0.59208	0.57175	0.55229	0.53365	0.51579	0.49867	0.48225
0.59345	0.56743	0.54276	0.51937	0.49718	0.47611	0.45611	0.43711	0.41905	0.40188
0.53464	0.50663	0.48032	0.45559	0.43233	0.41044	0.38984	0.37043	0.35214	0.33490
0.48166	0.45235	0.42506	0.39964	0.37594	0.35383	0.33320	0.31393	0.29592	0.27908
0.43393	0.40388	0.37616	0.35056	0.32690	0.30503	0.28478	0.26604	0.24867	0.23257
0.39092	0.36061	0.33288	0.30751	0.28426	0.26295	0.24340	0.22546	0.20897	0.19381
0.35218	0.32197	0.29459	0.26974	0.24718	0.22668	0.20804	0.19106	0.17560	0.16151
0.31728	0.28748	0.26070	0.23662	0.21494	0.19542	0.17781	0.16192	0.14757	0.13459
0.28584	0.25668	0.23071	0.20756	0.18691	0.16846	0.15197	0.13722	0.12400	0.11216
0.25751	0.22917	0.20416	0.18207	0.16253	0.14523	0.12989	0.11629	0.10421	0.09346
0.23199	0.20462	0.18068	0.15971	0.14133	0.12520	0.11102	0.09855	0.08757	0.07789
0.20900	0.18270	0.15989	0.14010	0.12289	0.10793	0.09489	0.08352	0.07359	0.06491
0.18829	0.16312	0.14150	0.12289	0.10686	0.09304	0.08110	0.07078	0.06184	0.05409
0.16963	0.14564	0.12522	0.10780	0.09293	0.08021	0.06932	0.05998	0.05196	0.04507
0.15282	0.13004	0.11081	0.09456	0.08081	0.06914	0.05925	0.05083	0.04367	0.03756
0.13768	0.11611	0.09806	0.08295	0.07027	0.05961	0.05064	0.04308	0.03670	0.03130
0.12403	0.10367	0.08678	0.07276	0.06110	0.05139	0.04328	0.03651	0.03084	0.02608
0.11174	0.09256	0.07680	0.06383	0.05313	0.04430	0.03699	0.03094	0.02591	0.02174
0.10067	0.08264	0.06796	0.05599	0.04620	0.03819	0.03162	0.02622	0.02178	0.01811
0.09069	0.07379	0.06014	0.04911	0.04017	0.03292	0.02702	0.02222	0.01830	0.01509
0.08170	0.06588	0.05323	0.04308	0.03493	0.02838	0.02310	0.01883	0.01538	0.01258
0.07361	0.05882	0.04710	0.03779	0.03038	0.02447	0.01974	0.01596	0.01292	0.01048
0.06631	0.05252	0.04168	0.03315	0.02642	0.02109	0.01687	0.01352	0.01086	0.00874
0.05974	0.04689	0.03689	0.02908	0.02297	0.01818	0.01442	0.01146	0.00912	0.00728

〈부록 4〉 연금현가요소 PVIFA (Present Value Interest Factor of an Annuity)

	1%	2%	3%	4%	5%	6%	7%	8%	9%	10%
1	0.99010	0.98039	0.97087	0.96154	0.95238	0.94340	0.93458	0.92593	0.91743	0.90909
2	1.97040	1.94156	1.91347	1.88609	1.85941	1.83339	1.80802	1.78326	1.75911	1.73554
3	2.94099	2.88388	2.82861	2.77509	2.72325	2.67301	2.62432	2.57710	2.53129	2.48685
4	3.90197	3.80773	3.71710	3.62990	3.54595	3.46511	3.38721	3.31213	3.23972	3.16987
5	4.85343	4.71346	4.57971	4.45182	4.32948	4.21236	4.10020	3.99271	3.88965	3.79079
6	5.79548	5.60143	5.41719	5.24214	5.07569	4.91732	4.76654	4.62288	4.48592	4.35526
7	6.72819	6.47199	6.23028	6.00205	5.78637	5.58238	5.38929	5.20637	5.03295	4.86842
8	7.65168	7.32548	7.01969	6.73274	6.46321	6.20979	5.97130	5.74664	5.53482	5.33493
9	8.56602	8.16224	7.78611	7.43533	7.10782	6.80169	6.51523	6.24689	5.99525	5.75902
10	9.47130	8.98259	8.53020	8.11090	7.72173	7.36009	7.02358	6.71008	6.41766	6.14457
11	10.36763	9.78685	9.25262	8.76048	8.30641	7.88687	7.49867	7.13896	6.80519	6.49506
12	11.25508	10.57534	9.95400	9.38507	8.86325	8.38384	7.94269	7.53608	7.16073	6.81369
13	12.13374	11.34837	10.63496	9.98565	9.39357	8.85268	8.35765	7.90378	7.48690	7.10336
14	13.00370	12.10625	11.29607	10.56312	9.89864	9.29498	8.74547	8.24424	7.78615	7.36669
15	13.86505	12.84926	11.93794	11.11839	10.37966	9.71225	9.10791	8.55948	8.06069	7.60608
16	14.71787	13.57771	12.56110	11.65230	10.83777	10.10590	9.44665	8.85137	8.31256	7.82371
17	15.56225	14.29187	13.16612	12.16567	11.27407	10.47726	9.76322	9.12164	8.54363	8.02155
18	16.39827	14.99203	13.75351	12.65930	11.68959	10.82760	10.05909	9.37189	8.75563	8.20141
19	17.22601	15.67846	14.32380	13.13394	12.08532	11.15812	10.33560	9.60360	8.95011	8.36492
20	18.04555	16.35143	14.87747	13.59033	12.46221	11.46992	10.59401	9.81815	9.12855	8.51356
21	18.85698	17.01121	15.41502	14.02916	12.82115	11.76408	10.83553	10.01680	9.29224	8.64869
22	19.66038	17.65805	15.93692	14.45112	13.16300	12.04158	11.06124	10.20074	9.44243	8.77154
23	20.45582	18.29220	16.44361	14.85684	13.48857	12.30338	11.27219	10.37106	9.58021	8.88322
24	21.24339	18.91393	16.93554	15.24696	13.79864	12.55036	11.46933	10.52876	9.70661	8.98474
25	22.02316	19.52346	17.41315	15.62208	14.09394	12.78336	11.65358	10.67478	9.82258	9.07704
26	22.79520	20.12104	17.87684	15.98277	14.37519	13.00317	11.82578	10.80998	9.92897	9.16095
27	23.55961	20.70690	18.32703	16.32959	14.64303	13.21053	11.98671	10.93516	10.02658	9.23722

11%	12%	13%	14%	15%	16%	17%	18%	19%	20%
0.90090	0.89286	0.88496	0.87719	0.86957	0.86207	0.85470	0.84746	0.84034	0.83333
1.71252	1.69005	1.66810	1.64666	1.62571	1.60523	1.58521	1.56564	1.54650	1.52778
2.44371	2.40183	2.36115	2.32163	2.28323	2.24589	2.20958	2.17427	2.13992	2.10648
3.10245	3.03735	2.97447	2.91371	2.85498	2.79818	2.74324	2.69006	2.63859	2.58873
3.69590	3.60478	3.51723	3.43308	3.35216	3.27429	3.19935	3.12717	3.05763	2.99061
4.23054	4.11141	3.99755	3.88867	3.78448	3.68474	3.58918	3.49760	3.40978	3.32551
4.71220	4.56376	4.42261	4.28830	4.16042	4.03857	3.92238	3.81153	3.70570	3.60459
5.14612	4.96764	4.79877	4.63886	4.48732	4.34359	4.20716	4.07757	3.95437	3.83716
5.53705	5.32825	5.13166	4.94637	4.77158	4.60654	4.45057	4.30302	4.16333	4.03097
5.88923	5.65022	5.42624	5.21612	5.01877	4.83323	4.65860	4.49409	4.33893	4.19247
6.20652	5.93770	5.68694	5.45273	5.23371	5.02864	4.83641	4.65601	4.48650	4.32706
6.49236	6.19437	5.91765	5.66029	5.42062	5.19711	4.98839	4.79322	4.61050	4.43922
6.74987	6.42355	6.12181	5.84236	5.58315	5.34233	5.11828	4.90951	4.71471	4.53268
6.98187	6.62817	6.30249	6.00207	5.72448	5.46753	5.22930	5.00806	4.80228	4.61057
7.19087	6.81086	6.46238	6.14217	5.84737	5.57546	5.32419	5.09158	4.87586	4.67547
7.37916	6.97399	6.60388	6.26506	5.95423	5.66850	5.40529	5.16235	4.93770	4.72956
7.54879	7.11963	6.72909	6.37286	6.04716	5.74870	5.47461	5.22233	4.98966	4.77463
7.70162	7.24967	6.83991	6.46742	6.12797	5.81785	5.53385	5.27316	5.03333	4.81219
7.83929	7.36578	6.93797	6.55037	6.19823	5.87746	5.58449	5.31624	5.07003	4.84350
7.96333	7.46944	7.02475	6.62313	6.25933	5.92884	5.62777	5.35275	5.10086	4.86958
8.07507	7.56200	7.10155	6.68696	6.31246	5.97314	5.66476	5.38368	5.12677	4.89132
8.17574	7.64465	7.16951	6.74294	6.35866	6.01133	5.69637	5.40990	5.14855	4.90943
8.26643	7.71843	7.22966	6.79206	6.39884	6.04425	5.72340	5.43212	5.16685	4.92453
8.34814	7.78432	7.28288	6.83514	6.43377	6.07263	5.74649	5.45095	5.18223	4.93710
8.42174	7.84314	7.32998	6.87293	6.46415	6.09709	5.76623	5.46691	5.19515	4.94759
8.48806	7.89566	7.37167	6.90608	6.49056	6.11818	5.78311	5.48043	5.20601	4.95632
8.54780	7.94255	7.40856	6.93515	6.51353	6.13636	5.79753	5.49189	5.21513	4.96360

28	24.31644	21.28127	18.76411	16.66306	14.89813	13.40616	12.13711	11.05108	10.11613	9.30657
29	25.06579	21.84438	19.18845	16.98371	15.14107	13.59072	12.27767	11.15841	10.19828	9.36961
30	25.80771	22.39646	19.60044	17.29203	15.37245	13.76483	12.40904	11.25778	10.27365	9.42691
31	26.54229	22.93770	20.00043	17.58849	15.59281	13.92909	12.53181	11.34980	10.34280	9.47901
32	27.26959	23.46833	20.38877	17.87355	15.80268	14.08404	12.64656	11.43500	10.40624	9.52638
33	27.98969	23.98856	20.76579	18.14765	16.00255	14.23023	12.75379	11.51389	10.46444	9.56943
34	28.70267	24.49859	21.13184	18.41120	16.19290	14.36814	12.85401	11.58693	10.51784	9.60857
35	29.40858	24.99862	21.48722	18.66461	16.37419	14.49825	12.94767	11.65457	10.56682	9.64416
36	30.10751	25.48884	21.83225	18.90828	16.54685	14.62099	13.03521	11.71719	10.61176	9.67651
37	30.79951	25.96945	22.16724	19.14258	16.71129	14.73678	13.11702	11.77518	10.65299	9.70592
38	31.48466	26.44064	22.49246	19.36786	16.86789	14.84602	13.19347	11.82887	10.69082	9.73265
39	32.16303	26.90259	22.80822	19.58448	17.01704	14.94907	13.26493	11.87858	10.72552	9.75696
40	32.83469	27.35548	23.11477	19.79277	17.15909	15.04630	13.33171	11.92461	10.75736	9.77905
41	33.49969	27.79949	23.41240	19.99305	17.29437	15.13802	13.39412	11.96723	10.78657	9.79914
42	34.15811	28.23479	23.70136	20.18563	17.42321	15.22454	13.45245	12.00670	10.81337	9.81740
43	34.81001	28.66156	23.98190	20.37079	17.54591	15.30617	13.50696	12.04324	10.83795	9.83400
44	35.45545	29.07996	24.25427	20.54884	17.66277	15.38318	13.55791	12.07707	10.86051	9.84909
45	36.09451	29.49016	24.51871	20.72004	17.77407	15.45583	13.60552	12.10840	10.88120	9.86281
46	36.72724	29.89231	24.77545	20.88465	17.88007	15.52437	13.65002	12.13741	10.90018	9.87528
47	37.35370	30.28658	25.02471	21.04294	17.98102	15.58903	13.69161	12.16427	10.91760	9.88662
48	37.97396	30.67312	25.26671	21.19513	18.07716	15.65003	13.73047	12.18914	10.93358	9.89693
49	38.58808	31.05208	25.50166	21.34147	18.16872	15.70757	13.76680	12.21216	10.94823	9.90630
50	39.19612	31.42361	25.72976	21.48218	18.25593	15.76186	13.80075	12.23348	10.96168	9.91481

8.60162	7.98442	7.44120	6.96066	6.53351	6.15204	5.80985	5.50160	5.22280	4.96967
8.65011	8.02181	7.47009	6.98304	6.55088	6.16555	5.82039	5.50983	5.22924	4.97472
8.69379	8.05518	7.49565	7.00266	6.56598	6.17720	5.82939	5.51681	5.23466	4.97894
8.73315	8.08499	7.51828	7.01988	6.57911	6.18724	5.83709	5.52272	5.23921	4.98245
8.76860	8.11159	7.53830	7.03498	6.59053	6.19590	5.84366	5.52773	5.24303	4.98537
8.80054	8.13535	7.55602	7.04823	6.60046	6.20336	5.84928	5.53197	5.24625	4.98781
8.82932	8.15656	7.57170	7.05985	6.60910	6.20979	5.85409	5.53557	5.24895	4.98984
8.85524	8.17550	7.58557	7.07005	6.61661	6.21534	5.85820	5.53862	5.25122	4.99154
8.87859	8.19241	7.59785	7.07899	6.62314	6.22012	5.86171	5.54120	5.25312	4.99295
8.89963	8.20751	7.60872	7.08683	6.62881	6.22424	5.86471	5.54339	5.25472	4.99412
8.91859	8.22099	7.61833	7.09371	6.63375	6.22779	5.86727	5.54525	5.25607	4.99510
8.93567	8.23303	7.62684	7.09975	6.63805	6.23086	5.86946	5.54682	5.25720	4.99592
8.95105	8.24378	7.63438	7.10504	6.64178	6.23350	5.87133	5.54815	5.25815	4.99660
8.96491	8.25337	7.64104	7.10969	6.64502	6.23577	5.87294	5.54928	5.25895	4.99717
8.97740	8.26194	7.64694	7.11376	6.64785	6.23774	5.87430	5.55024	5.25962	4.99764
8.98865	8.26959	7.65216	7.11733	6.65030	6.23943	5.87547	5.55105	5.26019	4.99803
8.99878	8.27642	7.65678	7.12047	6.65244	6.24089	5.87647	5.55174	5.26066	4.99836
9.00791	8.28252	7.66086	7.12322	6.65429	6.24214	5.87733	5.55232	5.26106	4.99863
9.01614	8.28796	7.66448	7.12563	6.65591	6.24323	5.87806	5.55281	5.26140	4.99886
9.02355	8.29282	7.66768	7.12774	6.65731	6.24416	5.87868	5.55323	5.26168	4.99905
9.03022	8.29716	7.67052	7.12960	6.65853	6.24497	5.87922	5.55359	5.26191	4.99921
9.03624	8.30104	7.67302	7.13123	6.65959	6.24566	5.87967	5.55389	5.26211	4.99934
9.04165	8.30450	7.67524	7.13266	6.66051	6.24626	5.88006	5.55414	5.26228	4.99945